权威·前沿·原创

皮书系列为
"十二五""十三五"国家重点图书出版规划项目

BLUE BOOK

智库成果出版与传播平台

冰雪蓝皮书

BLUE BOOK OF
ICE AND SNOW SPORTS

中国冰上运动产业发展报告
（2019）

ANNUAL REPORT ON DEVELOPMENT OF ICE-SPORTS
INDUSTRY IN CHINA (2019)

主　　编／郭子兴　张　金　伍　斌　邢　崔　张鸿俊
执行主编／赵昀昀　杨　熙

社会科学文献出版社
SOCIAL SCIENCES ACADEMIC PRESS（CHINA）

图书在版编目（CIP）数据

中国冰上运动产业发展报告. 2019／郭子兴等主编
. －－北京：社会科学文献出版社，2020.12
（冰雪蓝皮书）
ISBN 978 - 7 - 5201 - 7028 - 4

Ⅰ. ①中…　Ⅱ. ①郭…　Ⅲ. ①冰上运动 - 体育产业 -
产业发展 - 研究报告 - 中国 - 2019　Ⅳ. ①G862

中国版本图书馆 CIP 数据核字（2020）第 138940 号

冰雪蓝皮书
中国冰上运动产业发展报告（2019）

主　　编／郭子兴　张　金　伍　斌　邢　崔　张鸿俊
执行主编／赵昀昀　杨　熙

出 版 人／王利民
责任编辑／张　媛　宋　静

出　　版／社会科学文献出版社·皮书出版分社（010）59367127
　　　　　地址：北京市北三环中路甲 29 号院华龙大厦　邮编：100029
　　　　　网址：www. ssap. com. cn
发　　行／市场营销中心（010）59367081　59367083
印　　装／天津千鹤文化传播有限公司

规　　格／开　本：787mm×1092mm　1/16
　　　　　印　张：17.5　字　数：226 千字
版　　次／2020 年 12 月第 1 版　2020 年 12 月第 1 次印刷
书　　号／ISBN 978 - 7 - 5201 - 7028 - 4
定　　价／128.00 元

《中国冰上运动产业发展报告（2019）》
编 委 会

总 顾 问　赵英刚

顾　　问　纪俊峰　佟　健　冯　飞　侯东亮　姚冰妍
　　　　　　董峻儒

主　　编　郭子兴　张　金　伍　斌　邢　崔　张鸿俊

执行主编　赵昀昀　杨　熙

副 主 编　纪俊峰　黄　珂　刘　煜

成　　员　纪俊峰　刘川翔　李　非　陈　希　邓　悦
　　　　　　耿　伟　刘　煜　安福秀　长子中
　　　　　　Mike Beharrell　　林　强　王　伟　王梦思
　　　　　　郝莎莎　余　乐　胡欢欢　朱志波　宋　馨
　　　　　　薛　蕾　付雅薇　杨佳妮　尤　冬

机构简介

一　奥山冰雪产业公司

奥山冰雪产业公司与奥山商业、奥山地产共同隶属于奥山控股有限公司，以多元产业组合致力于美好人居以及阳光生活的建设。2022年北京冬奥会，让冰雪运动迎来黄金发展期。为推动冰雪运动普及，助力冬奥会，奥山冰雪怀揣"成为中国最优秀的冰雪休闲方式缔造者"的愿景，聚力发展冰雪培训、冰雪制造、冰雪赛事、冰雪旅游等，形成冰雪运动全产业链，立足湖北，深耕长三角、成渝、长江中游城市群，辐射拓展至全国20多个核心城市。

奥山冰雪品牌引入北欧成熟专业的教学体系，经验丰富的运营管理团队，设立了冰上运动学校，将奥山旗下冰场从单一的娱乐性冰场，发展为专业运营、赛事IP、专业俱乐部综合发展且逐步覆盖全产业链的综合性体育文化公司。未来，奥山冰雪将依托奥山控股产业资源，在全国播撒更多冰雪运动的火种，为中国的冰雪产业发展贡献力量！

另外，奥山冰雪体育研究院中多名成员具备十年以上的冰雪行业从业经验，并受邀参加《中国冰上运动产业发展报告（2019）》的编纂工作。奥山冰雪在报告筹备过程中，前往全国各地知名冰场及省市冰上运动协会走访调研，围绕"冬奥会＋商业冰场发展"主题进行深度解析。结合自身多年商业冰场运营管理基础、赛事组织经验、教学经验分享等多方面冰雪产业发展心得，及邀请专业体育市场投资人士，共同参与本书编写工作，希望为冰上运动的推广、普及和发展探索新的道路。

二　北京卡宾冰雪产业研究院

北京卡宾滑雪集团创立于 2010 年，是中国滑雪场"一站式服务"品牌，也是国内首家滑雪产业综合服务商。集团深耕滑雪产业数十年，于 2017 年 12 月获"北京市体育产业示范单位"称号。

北京卡宾冰雪产业研究院依托北京卡宾滑雪集团在中国冰雪产业领域的丰富实践经验、领先的技术优势和业内实力地位，致力于搭建一个集产业规划实践与研究、咨询服务与人才培养于一体的开放、创新、前沿性的冰雪产业智库平台。2018 年 1 月获国家体育总局颁发的"体育产业研究基地"称号，为相关智库研究提供更为专业与科学的平台支撑。

北京卡宾冰雪产业研究院围绕中国冰雪产业发展中的重大问题与战略性问题，对冰雪产业的发展规划、发展定位、产业体系和产业链、产业结构、空间布局、可持续发展等做出系统性的科学调查和分析研究。研究院组建了一支专业的研究团队，团队成员包括中外资深行业专家、高级咨询顾问和研究员、技术专家、场地规划设计专家以及中国首位滑雪冠军，平均行业经验超过 10 年。团队成员参与了与冬奥会相关的业务，如冬奥会人员培训、冬奥会场地规划等工作。

研究院与中国滑雪协会、新浪网冰雪频道、环球网滑雪频道、中国青年网等专业机构和媒体建立了战略合作关系，形成了"产学研媒"一体化的现代研究体系，加速推动研究成果转化，实现了理论、产品与产业的协同创新。

2016～2019 年，研究院连续四年出版"冰雪蓝皮书"系列，包括《中国滑雪产业发展报告》《中国冰上运动产业发展报告》《中国冬季奥运会发展报告》；连续四年协助出版《中国滑雪产业白皮书》；连续四年协助出版《全球滑雪市场报告》（中文版）；协助出版《中国·阿勒泰国际古老滑雪文化论坛报告》等滑雪文化历史研究领域专业报告。除此之外，编制《2017年北京市冰雪产业发展白皮书》《河北省冰雪产业发展规划（2018—2025年）》《抚顺市冰雪产业发展规划（2018—2025年）》《张家口市冰雪运动培训体系建设规划（2019—2022年）》《全球冰雪运动培训行业研究报告》等多个冰雪产业报告。

主编简介

郭子兴 现任奥山控股冰雪产业总经理、奥山冰雪研究院副院长，先后在北京华润五彩城担任冰场总经理、在万达主题娱乐高球冰雪部担任主任工程师，经历了北京冰上运动发展的历程，筹办了首届北京市冰球校际联赛，曾负责万达和奥山旗下滑冰场的规划设计、提资、建设和经营管理，参与了万达长白山、哈尔滨、广州、无锡室内滑雪场的规划设计、提资和筹备管理；在冰雪规划、设计、经营管理方面有十年的从业经验。

张　金 奥山控股副总裁，分管战略管理、战略投资、冰雪商业等核心工作，拥有15年丰富的地产开发、战略投资、产业运营等专业经验，曾在复星地产控股、星健资本、华夏幸福、中梁集团负责战略投资、战略管理等业务板块，奥山始终坚持"冰雪＋住宅"双轮驱动的领先模式，积极响应"三亿人上冰雪"的号召，贯彻冰雪运动"南展西扩东进"战略，全面助力中国冰雪产业快速升级。

伍　斌 北京市滑雪协会副主席，北京市石景山区冰雪体育顾问，北京雪帮雪业企业管理有限公司创始人及CEO，北京卡宾冰雪产业研究院院长，《中国滑雪产业白皮书》作者之一，北京体育大学特聘专家讲师。历任万科集团冰雪事业部首席战略官、北京万达文化产业集团营运中心高球冰雪部副总经理、吉林北大壶滑雪度假区总经理、河北崇礼多乐美地滑雪度假村总经理、意大利泰尼卡集团中国（北京）公司营销总监、北京雪上飞体育用品有限公司执行董事等。

长期致力于推动国内滑雪产业发展，对国际国内滑雪产业有深入研究。主笔编写了 2015~2018 年度《中国滑雪产业白皮书》、2016~2019 年度"冰雪蓝皮书"《中国滑雪产业发展报告》《中国冬季奥运会发展报告》，以及《张家口市冰雪运动培训体系建设规划(2019—2022 年)》《全球冰雪运动培训行业研究报告》《我国冰雪产业发展现状及国际比较研究》等，参与编写了《全国冰雪运动发展规划（2016—2025 年)》《全国冰雪场地设施建设规划（2016—2022 年)》《中国冰上运动产业发展报告（2017)》《中国冬奥经济发展报告（2017)》《河北省冰雪产业发展规划（2018—2025 年)》《抚顺市冰雪产业发展规划（2018—2025 年)》等多个冰雪产业报告，参与编译了 2016~2018 年度《全球滑雪市场报告》（中文版）。

邢　崔　北京市冰球运动协会常务副秘书长。于 2012 年作为志愿者参加协会工作。自 2014 年起，在北京推广"冰球进校园、进社区"的冰球文化普及工作，带领团队先后在北京及周边地区的 100 余所中小学校、社区开展活动。自 2016 年起，担任协会常务副秘书长一职，负责协会秘书处日常工作。

张鸿俊　北京卡宾滑雪集团董事长、黑龙江冰雪产业研究所滑雪场设备运营与管理客座教授，《滑雪去——跟着冠军学滑雪》主编，中国最早、最大的滑雪场——亚布力滑雪场的开拓者、建设者、管理者。在中国滑雪场选址、规划设计、建设和经营管理方面具有几十年的实践经验，曾先后建设、经营、管理北京八达岭滑雪场、北京怀北国际滑雪场、沈阳怪坡国际滑雪场等多个大型滑雪场项目。主要研究方向为中国造雪系统的技术与设备研发。已成功研发国产人工造雪机，为业内公认的中国滑雪设备技术专家、中国造雪系统专家。主笔编写了《中国滑雪产业发展报告（2016）》《中国滑雪产业发展报告（2017）》《中国冰上运动产业发展报告（2017）》《中国冬季奥运会发展报告（2017）》《中国滑雪产业发展报告（2018）》《中国滑雪产业发展报告（2019）》，同时参与冬奥会相关业务。

序

  《中国冰上运动产业发展报告（2019）》延续《中国冰上运动产业发展报告（2017）》的写作思路，对近几年来我国冰上运动产业发展的现状做了深入描述。在描述现状的同时，也对目前冰雪产业发展遇到的问题做了解析，为今后冰雪运动产业发展提供了参考资料及趋势研判。

  中国冰雪运动产业起步晚，发展迅速，冰雪产业的未来值得期待。特别是申办 2022 年冬奥会成功后，国家以及各级政府对冰雪产业予以很大的政策支持。但作为业内人士，我们也要清楚地认识到，国内冰雪产业资源分布不均，同时冰雪文化还未完全普及等种种问题。应正确地面对发展机遇及现实问题，利用机遇处理好问题，帮助冰雪产业在国内更好地发展。希望各位读者能从《中国冰上运动产业发展报告（2019）》中得到启示。

  最后，祝"冰雪蓝皮书"系列越来越好，祝 2022 年冬奥会圆满成功！

冬奥会短道速滑冠军
中国冬奥会金牌零的突破贡献者

摘 要

《中国冰上运动产业发展报告（2019）》是关于中国冰上运动产业发展的综合性研究报告，也是继《中国冰上运动产业发展报告（2017）》后国内相关单位对中国冰上运动产业发展状况的总结，主要描述了国内冰上运动产业近年来的发展历程、现状和未来。

近年来我国经济快速发展，人民群众的冰上运动等体育消费需求逐渐高涨，国家也发布相关政策法规来满足人民日益增长的冰上运动消费需求。同时，2022年北京冬奥会的成功申办，让我国冰上运动产业迎来新的发展机遇。

《中国冰上运动产业发展报告（2019）》共包括四个部分：总报告、热点篇、案例篇、国际借鉴篇。总报告对冰上运动产业的发展进行了概括，并对国内商业冰场的现状进行了分析。热点篇和案例篇立足中国历年参加冬奥会的经历和中国冰上运动产业政策的解析，总结国内东北三省的冰上运动发展历程、北京冰球协会发展历程和冰上运动产业人才培养情况及国内冰场运营商发展模式，对我国未来冰上运动产业的发展方向进行预判。国际借鉴篇通过对芬兰、韩国、加拿大等国家和相关产业发展模式的案例解析来介绍国外冰上运动产业发展经验。

本报告从多个方面收集冰上运动产业的信息，通过多年冰上运动产业的数据收集、市场调查、专家访谈、资料学习等，对我国近几年冰上运动产业发展情况进行整理、分析、总结，归纳近年来中国冰上运动产业发展遇到的问题，从而提出相关建议，以期为我国冰上运动

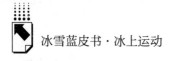
产业发展提供参考。

关键词： 北京冬奥会　冰上运动　北冰南移　南展西扩东进

目　录

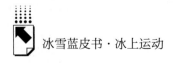
Ⅳ 国际借鉴篇

皮书数据库阅读**使用指南**

总 报 告

General Report

B.1
中国冰上运动产业发展报告（2019）

郭子兴*

摘　要：　本报告从政治、经济、社会、文化、生态角度出发，
在分析中国冰上运动发展背景的基础上，梳理中国冰
场发展现状，以中国西北地区和中国香港冰场发展为
例，探析商业冰场的发展趋势，希望为今后我国冰上
运动产业发展提供一定的参考。

关键词：　冬奥会　冰上运动　北冰南移　南展西扩东进

* 郭子兴，现任职奥山控股冰雪产业体育发展有限公司，拥有10余年冰雪场馆运营经验。

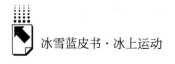

一 中国冰上运动发展背景

（一）从政治角度，发展冰上运动推动体育强国建设

身体运动是其他一切劳动得以独立存在的基础和前提。2014年，国务院46号文件把全民健身上升为国家战略，把增强人民体质、提高健康水平作为根本目标。人民身体健康是全面建成小康社会的重要内涵。当前，随着经济社会持续发展，我国社会的主要矛盾已经从物质需求（衣、食、住、行、用等）向静态精神需求（游戏、电影等）和动态精神需求（运动、旅游等）转变。体育运动作为一种健康的生活方式，是每一个人成长和实现幸福生活的基础。通过发展体育运动，让更多群众参与进来，充分享有运动的权利、享受运动的快乐，形成积极、健康的价值观，从而强健体魄、健全人格、锤炼意志，提高生活、生命质量，是实现全面小康以及建设健康中国、体育强国的重要保障。冰上运动具备独特的体验性，不仅历史上是北方冬季健身的热门运动，也成为现代南北方极具魅力的体育运动。2019年国务院办公厅发布《体育强国建设纲要》，提出要推进冰雪运动"南展西扩东进"，带动"三亿人参与冰雪运动"，冰上运动的发展在推动体育强国建设方面具有积极作用。

（二）从经济角度，发展冰上运动促进国民经济发展

体育已成为构建现代化经济体系的重要手段，习近平总书记指出，"体育在推动经济结构调整方面有着积极作用"。绿色、健康、环保的体育产业快速发展、科学发展，对于更好地满足群众日益增长的个性化、多样化、高端化消费需求，推动产业结构转型升级，实现经济提质增效具有独特作用。体育通过利用"互联网+""AI+"，

融合大数据、云计算及物联网技术，以竞技体育、全民健身、体育产业等为基本架构，整合教育、医疗、旅游、文化等"体育＋"资源，构建一种全新、高级的体育生态系统。同时，体育产业作为"大众创业、万众创新"的广阔平台，将进一步调动社会力量参与的积极性，激发市场活力，创新发展模式，发现需求，创造需求，实现创新发展，为构建现代化经济体系做出贡献。习近平总书记指出"绿水青山就是金山银山，冰天雪地也是金山银山"，国家鼓励有条件的地方大力发展寒地冰雪经济。特别是以2022年冬奥会为契机，我国冰雪运动将得到前所未有的繁荣发展，冰雪经济成为新常态下推动经济发展的重要动力。

（三）从社会角度，发展冰上运动促进社会稳定和谐

习近平总书记指出，"体育是社会发展和人类进步的重要标志……能为经济社会发展增添动力，凝聚力量，促进社会稳定和谐"。广大群众通过参与体育运动，有效缓解精神紧张，疏导压抑情绪，克服抑郁、焦虑和困惑等不良的情绪，能激发个体、群体挑战困难的决心和信心，让整个社会更加勃发有力，充满无穷的向上力量。同时，体育赛事、活动利用各种形式，把广大群众集聚到一起，通过竞争、协作，增进不同个体、群体及单位、社区、邻里间的沟通与交流，让他们相互之间关系融洽，增强了城市居民的向心力和凝聚力。特别是通过"六边工程"，把更多的场地设施布设到群众身边，以喜闻乐见的形式引导群众形成健康文明的生活方式，树立重规则、讲诚信、争贡献、乐分享的良好社会风尚，促进城市家庭和谐、社区和谐、社会和谐，增强百姓的获得感和满足感，增强党和政府的凝聚力和号召力。冰上运动作为冬季的热门体育运动，特别是在北方地区拥有广泛的群众基础，发展冰上运动在凝聚社会力量、促进社会稳定和谐方面意义重大。

（四）从文化角度，发展冰上运动有利于城市文化建设

城市文化是城市形象的重要内容，是特殊的城市品格和精神气质。城市是人民的城市，城市各类形式多样的传统民俗体育活动，代表着城市独特的精神力量，为城市生生不息、发展壮大提供了丰厚养料。广大群众参与民俗体育活动，使得城市处处洋溢着运动的氛围，充分体现了城市张扬的生命活力，彰显了人的主体地位，鼓舞着人们勇于拼搏、超越自我，传播着城市的精神气质；体育活动蕴含的人文精神，陶冶大众情操，净化大众心灵，升华大众人格，于潜移默化中"端正"人民群众的价值取向和行为方式，弘扬着城市的外在形象。体育运动已经成为塑造城市文化的重要载体和展示城市品牌形象的窗口，以"冰城"哈尔滨、七台河等为代表的城市，凭借突出的体育特征和独有的体育元素，通过举办知名冰上运动比赛以及冰雪类旅游节、文化节、嘉年华等品牌活动，推广滑雪橇、冰上自行车、冰上龙舟、雪地拔河、雪地足球等冰雪娱乐项目，开展与共建"一带一路"国家的冰雪文化艺术交流等，塑造城市文化品牌，构建城市文化系统。

（五）从生态角度，发展冰上运动促进城市可持续发展

体育原本是在自然生态环境与人类生存方式的密切联系中孕育和发展起来的。各个城市通过推广体育运动，积极拓展自然体验、研学旅游、生态旅游、森林康养等绿色产业，挖掘野外的自然教育功能，倡导健康、文明、和谐、绿色的生活方式，不断提高城市生态环境的观赏"颜值"和文化"气质"，吸引人走进大自然，体验自然、感受自然，构建节约资源和保护环境的空间格局、产业结构、生产方式、生活方式，还自然以宁静、和谐、美丽，努力实现绿色

循环的低碳发展和生态系统的可持续发展，最终实现城市居民体育活动和生态系统能量的相互转化与作用。冰上运动，无论是依赖天然的冰天雪地还是人工场馆，其基础均源自人类对自然造化的适应，冰上运动的魅力在于向世人展现自然环境的多彩，吸引人类亲近自然、热爱自然。冰上运动孕育出人们不畏严寒、勇于挑战、积极乐观的精神品质，当人们置身于冰天雪地时，想到的不是严寒，而是通过滑冰、冰上自行车、冰上龙舟等活动亲近自然、融入自然。

二　中国冰场发展现状

2018 年 9 月 5 日，国家体育总局正式公布了《"带动三亿人参与冰雪运动"实施纲要（2018—2022 年)》（以下简称《纲要》），《纲要》制定了四个阶段目标：第一阶段 2018～2019 年，重点扶持一批群众性冰雪品牌项目用于冰雪运动推广；第二阶段 2019～2020 年，动员各方力量，逐步形成政府主导、社会协同、群众参与的发展格局，初步实现冰雪运动进校园、进机关、进社区、进家庭；第三阶段 2020～2021 年，冰雪运动"南展西扩东进"战略深入实施，冰雪运动基本覆盖全国各省区市；第四阶段 2021～2022 年，群众性冰雪运动发展态势基本形成，努力实现"带动三亿人参与冰雪运动"目标。

随着《纲要》的深入落实，全国的滑冰场也发生了较大的变化，根据对中国大陆现有冰上运动场馆的调研和统计，截至 2018 年底，国内冰场共有 334 家（含专业赛事级场馆），其中室内商业冰场的数量为 272 家，由于室外冰场受气候因素影响较大，且每年在室外浇筑冰场及利用湖面规划冰场的数量较为不确定，故未包含在统计数据范围内。2016～2018 年全国室内冰场的数量与分布见图 1、表 1。

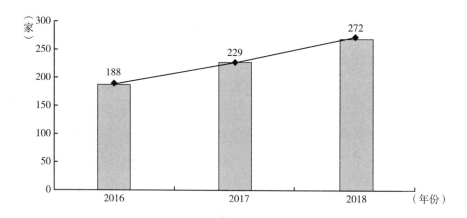

图1　2016～2018年全国室内冰场数量

资料来源：北京卡宾冰雪产业研究院及奥山冰雪研究院统计资料。

表1　2016～2018年各地区室内冰场数量

单位：家，%

年份	华北地区	东北地区	华东地区	华中地区	华南地区	西南地区	西北地区	全国
2016	39	36	52	11	20	17	13	188
2017	52	43	58	17	24	21	14	229
2018	73	44	67	20	26	23	19	272
同比增长	40.4	2.3	15.5	17.6	8.3	9.5	35.7	18.8

资料来源：北京卡宾冰雪产业研究院及奥山冰雪研究院统计资料。

2018年，全国室内冰场数量达到272家，相比2017年新增43家，增幅为18.8%。就各区域来看，华北地区室内冰场无论是在数量上还是在增长率上都是全国最高的，相对而言，西北地区的室内冰场数量在2018年增加较多。

从全国近两年来新增室内冰场的情况看，虽然总数呈现上升趋势，但是东北、华中、华南、西南地区新建室内冰场增速放缓，而华北、华东及西北地区的室内冰场数量仍呈现高速增长的趋势。除华北地区是传统的冰雪强势区域外，西北地区是新建室内冰场较多的区域（见表2）。

表2 各区域具体新增室内冰场数量

单位：家

区域	2017 年新增	2018 年新增
华北地区	13	21
东北地区	7	1
华东地区	6	9
华中地区	6	3
华南地区	4	2
西南地区	4	2
西北地区	1	5
合计	41	43

资料来源：北京卡宾冰雪产业研究院及奥山冰雪研究院统计资料。

华北地区中北京的室内冰场数量遥遥领先于区域内其他城市，同时也是全国室内冰场数量最多的城市（见图2）。

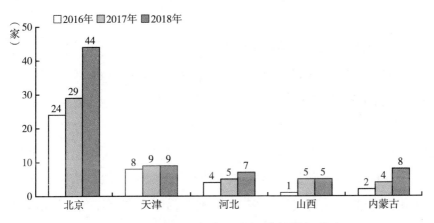

图2 华北地区室内商业冰场的数量与分布

资料来源：奥山冰雪研究院统计资料。

从近 10 年的发展数据来看，自国家发布"三亿人上冰雪"战略后，滑冰场数量有了明显的上升，其中政策是最主要因素。以北京为例，2016 年北京市印发《关于加快冰雪运动发展的意见（2016—2022 年）》及七项配套规划文件，文件明确了打造冰球名片的目标，将冰球推向了一个新的高度。北京逐步形成了以华星辉煌为代表的气膜式冰场，2018 年华星辉煌在沙河、黄港、西三旗、博大路的基础上，又新开启了阜石路"双子"气膜冰场，现在是雪豹、星际勇士冰球俱乐部、冰舞领秀花样滑冰俱乐部、华星冰雪短道速滑俱乐部的主训练场；2018 年启迪与宏奥成立了冰上运营公司，共同运营北京市海淀区蓝靛厂的启迪宏奥冰上运动发展中心。

需要重点介绍的是世纪星在北京九华山庄建立的总部基地，即世纪星国际冰雪体验中心，该中心占地 20000 平方米，共有四块标准冰场，分别为滑冰馆、冰球馆、冰壶馆、比赛馆，还有多功能体验馆，目前是世界上最大的单体冰雪体验中心。

北京还出现了冰场发展新场景，北京海淀凯文学校、北京 101 中学、北京市私立汇佳学校、北京体育大学均建立了室内冰场，重点打造本校冰上运动队伍。

从全国范围来看，华中、华南、西南地区的新建室内冰场数量也有所增加，总数由 2017 年的 62 家增加到 2018 年的 69 家。其中值得一提的是 2018 年启迪在三亚的气膜式冰雪体育中心开业，总占地面积 25.5 亩，冰面面积 1800 平方米，并增加了 1300 平方米的蹦床作为配套经营，自开业至 2018 年底累计接待 3.5 万人次，并带来了中国国家花样滑冰队集训、"新濠杯"国际青少年冰球邀请赛、亚洲青少年花样滑冰挑战赛（三亚站）等重要活动和赛事，给三亚市民带来了冰上视觉盛宴；2018 年重庆华熙 Live 体育中心建成开业，并成为 2019 年中国杯花样滑冰大奖赛举办地。

东北地区一直以来是我国冰上运动的传统优势区域，加上东北地区的地理特点，室内商业冰场的发展比较缓慢（见图3）。

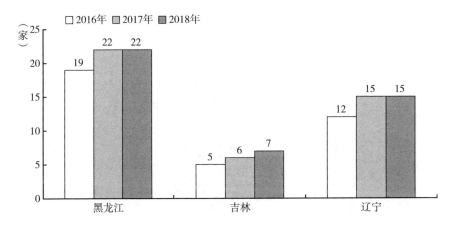

图3 东北地区室内商业冰场的数量与分布

资料来源：奥山冰雪研究院统计资料。

华东地区中江苏不论是室内冰场数量还是增长率都是区域内最高的（见图4）。

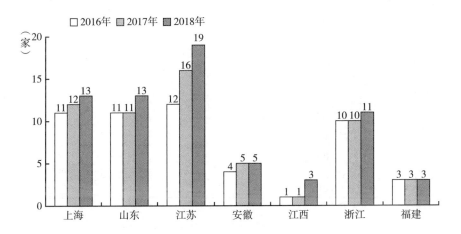

图4 华东地区室内商业冰场的数量与分布

资料来源：奥山冰雪研究院统计资料。

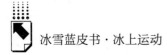

华中地区三省份中，湖南室内冰场数量居首位，湖北仅次于湖南（见图5）。

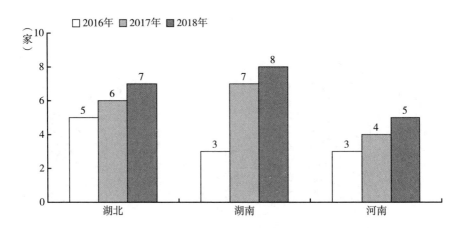

图5 华中地区室内商业冰场的数量与分布

资料来源：奥山冰雪研究院统计资料。

华南地区中广东室内冰场发展最好，海南还在缓慢发展中（见图6）。

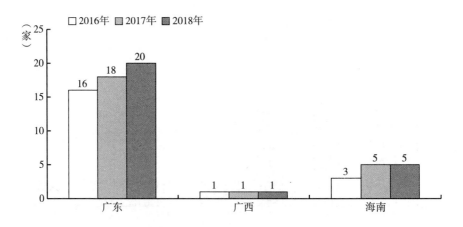

图6 华南地区室内商业冰场的数量与分布

资料来源：奥山冰雪研究院统计资料。

西南地区中四川室内冰场数量最多，除西藏外，其他省份的室内冰场也在不断发展中（见图7）。

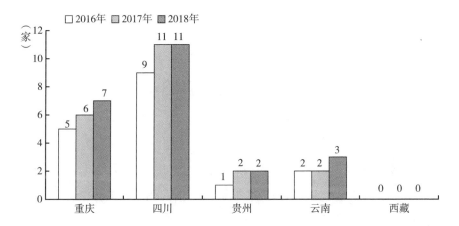

图7 西南地区室内商业冰场的数量与分布

资料来源：奥山冰雪研究院统计资料。

西北地区中陕西2018年新增室内冰场数量最多，其他省份亦在均衡发展中（见图8）。

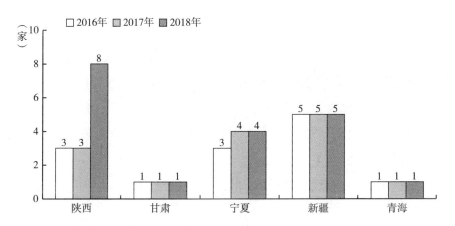

图8 西北地区室内商业冰场的数量与分布

资料来源：奥山冰雪研究院统计资料。

从全国各区域冰场发展情况来看，各区域冰场发展集中在省会城市或经济较发达的城市。未来一段时间，中国的冰场发展还将集中在这些城市，同时周边城市在享受经济发展红利的同时也将成为冰场潜在市场。

三 中国西北地区冰场发展介绍——以新疆为例

2016年1月，中华人民共和国第十三届冬季运动会（以下简称"十三冬"）在新疆举行。作为新疆首次举办的全国综合性运动会，十三冬展现了新疆地区丰富的冰雪资源，显示了新疆冰雪运动发展的巨大潜力。

新疆发展冰雪运动有着天时地利的优势。新疆地理上处亚欧大陆腹地，周边与俄罗斯、哈萨克斯坦、蒙古国等8个国家接壤，位于新丝绸之路经济带的核心位置。在文化体育领域，可不断深化与周边冬季体育强国的合作，扩大运动员、教练员的相互交流。

新疆目前有3个冬季运动项目的国家级体育训练基地，包括新疆冰上运动中心、丝绸之路国际度假区滑雪场和天山天池国际滑雪场。特别是新疆冰上运动中心位于乌鲁木齐水西沟，海拔1650米，是世界上海拔最高的室内冰上运动场馆，该场馆被国家体育总局命名为"冰上项目国家队备战2022年北京冬奥会训练基地"，承办了花样滑冰大奖赛、速度滑冰冠军赛等全国高水平赛事，力争打造世界一流的亚高原训练基地。

通过场馆的建设新疆解决了群众上冰的场地问题，剩下的就是扩大影响力。

利用举办十三冬的成功经验，新疆各地努力推广"冰上运动示范学校"，力争到2022年，冰上运动示范学校扩大到500所，力争使全疆四分之一也就是 500 万人以上的各族群众实现"上冰雪"①。

为此，新疆各地积极组织开展各类大众冰上运动，如"冰上运动示范学校"速度滑冰总决赛暨"天山之冬"百万青少年上冰雪活动、"冰雪旅游文化节"等，根据当地实际情况举办一系列丰富多彩的冰上运动健身活动，在民众中大力传播新疆冰雪文化，充分展示独特的民间艺术和民俗文化等，将新疆本土特色文化融入冰雪文化中，展示新疆冰上运动的独特性，提升冰上运动的吸引力和竞争力，打造具有浓郁新疆特色的冰雪文化品牌，扩大了新疆冰上运动的影响力，对实现"带动三亿人参与冰雪运动"目标、打造冰雪产业起到了积极作用。

场馆的建设及扩大冰上运动项目影响力的多种手段，鼓舞了新疆在未来发展冰上运动的信心，同时还推动了新疆冬季旅游的发展。

新疆冰上运动的发展给我们提供了以下几个可借鉴的方面。

一是政府重视和人才培养力度及措施。建立健全与区域经济发展水平相适应的冰上运动后备人才培养模式和运行机制，积极引导社会各界力量共同推动冰上运动的可持续发展。以我国筹办 2022 年冬奥会为契机，加大政策倾斜力度，联合社会力量，针对不同区域冰上运动发展存在的问题，共同制订切实可行的冰上运动后备人才培养方案，保障区域冰上运动的可持续发展。建立健全各项冰上运动项目训练标准、后备人才特征和培养计划等，不断扩大冰上运动参与人员的规模，为冰上运动专业运动员的输送提供坚实的基础。在后备人才培养方面，建立冰上运动后备人才培养体系。为了培养冰上运动体育人才，新疆非常重视对青少年的培养，经常策划一些类似"百万青少年上冰雪""冰上运动示范学校"等活动，近几年，新疆以青少年为切入点，积极发展冰上运动，加大对冰上运动人才的培养力度，为2022 年冬奥会储备冰上运动人才。

---

① 唐哲：《"北冰南展"的实施现状及拓展对策》，《广州体育学院学报》2012 年第 5 期。

二是加大场馆建设力度。场地设施是冰雪运动员训练的保障，同时也为冰上运动爱好者开展相关活动提供了场所，所以场馆是开展冰上运动的重要阵地。地方政府及相关主管部门将冰上运动场地纳入城市体育场地规划建设中，对各地滑冰馆给予一定的财政补贴，通过近几年相关冰上活动的开展，提升了民众对冰上运动的兴趣，加上地方政府对冰上运动的财政支持，冰上运动体育人口将逐渐增加。[1] 将冰上运动与冰上培训进行深度融合，制定标准的服务体系，整合场地的优势资源，为冰上运动参与者提供优质的服务和更加人性化的运动体验，促进区域冰上运动的良性发展。因此，在场地设施方面，应加大冰上运动场地设施的建设力度。[2]

四　中国香港冰场发展介绍

在中国，冰上运动源于 20 世纪 60 年代中国东北地区，当时的冰上运动以室外的河、江、湖在冬天结冰后形成的天然溜冰场为主。最普及的冰上活动有冰陀螺、滑冰梯等，而大众最喜爱的滑冰运动是长刀的速度滑冰，其次受欢迎的便是群体竞技项目——冰球，只有少数人才能接触到花式溜冰。而从室外转移到室内的滑冰场，是 70 年代发展起来的，是为举办赛事和专业队伍训练而建造的专业场地设施。除了观众席之外，这块冰面并不是大众能够随意"涉及"的娱乐场地。至于普及性的室内溜冰场，是 90 年代末以商场设施式发展起来的。到了千禧年代后，溜冰场的发展从室内又回到了室外，这便是充气式的滑冰场。

室内溜冰场使冰上运动变得普及化，90 年代是中国溜冰运动的

---

① 王诚民、郭晗、姜雨：《申办冬奥会对我国冰雪运动发展的影响》，《体育文化导刊》2014年第 11 期。

② 罗雪：《四川和新疆两省冰雪运动发展比较研究》，《科技资讯》2018 年第 5 期。

关键发展时期，令花式溜冰和冰球项目发展起来。而建造在高级商场的设施式溜冰场，令溜冰运动进一步升级。商场的设施式溜冰场概念，参考自中国的一个南方城市——香港。

香港的溜冰业发展过程对中国20世纪90年代的溜冰发展有着直接影响。香港的冰上运动发展于80年代，比内地迟20多年，但是发展的节奏却很前卫和规范，高级商场设施式的溜冰场早已在80年代初出现，在这个不到800万人口的城市，曾经兴建过10家溜冰场。20世纪90年代中期的一份香港溜冰场营运数据显示，最高业绩的一家溜冰场一年的业绩可达3000万港元。就是这个数据令内地以地产集团发展起来的第一家高级商场设施式溜冰场应运而生——深圳华润万象城。这个溜冰场也聘用了香港几位资深管理人才来管理溜冰场，除了把商业溜冰场营运管理体系带到内地，也把一个国际花式溜冰考核的指标ISI带到内地。

香港的冰球发展始于20世纪80年代初，是中西文化交集地区的运动副产品，参与者大部分是在外国留学时接触过冰球后回到香港工作并延续了对冰球的兴趣，所以当时是100%的成人冰球。发展的最初十年只有三个俱乐部球队：一队为官方的香港队，一队为外国人队伍，一队为本土的业余队伍。因为当时基本上没有冰球训练人员的资源，所以当时的溜冰场也没有冰球的训练课程。唯一的规范冰球训练只在香港队，每次外出参赛的三个月前，便会招聘临时的中教或外教进行培训应战。而其他的冰球爱好者，只能不断约赛和报名参与亚洲地区的业余赛事，以赛代训。

从三支球队及70多位全成人参与的冰球运动发展至今，香港已形成60多支球队及700多人参与的冰球运动，成人冰球与青少年冰球的比例为60∶40，成人队伍有5~6个以水平分组的联赛，共有40多支球队参与。青少年队伍有4~5个年龄组别的联赛，共有不同年龄段的30多支球队参与。

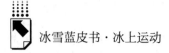

香港青少年冰球的发展大约在 2009 年才开始，从最初 4 所中学的联赛发展至今天中小学的联赛。在这 10 年的发展中，教育、宣传、比赛场地、赛事操作、赞助、媒体等各方面几乎没有运用政府的资源，球员的训练费用都是自付的，场地和宣传都来自商业合作和赞助。

香港青少年冰球由开办了六年成人业余冰球的香港业余冰球会（HKAHC）主席胡文新先生发起。他首先向中学母校宣传冰球，开始建立了全港第一所中学的冰球队伍，同年开办了香港冰球训练学校（HKAIH）（见图 9），向香港其他中学和青少年机构宣传冰球，同时也在美国邀请专业的裁判导师培训有关规范赛事。当时还邀请了前 NHL 队伍——纽约流浪人队（New York Rangers）的队长巴里贝克先生（Barry Beck）担任学校的总教练，也是香港有史以来水平最高的冰球教练。

图 9　香港冰球训练学校 logo

至今香港有 20 多位冰球教练，除了小部分是外聘的教练之外，其他的本土教练已经发展到第三代，从小时候的小学员，到高中或大学（除了成为兼职的初级教练）成为香港队的队员，从香港队退役后便变成今日的教练。

2010 年，香港业余冰球会（HKAHC）主席和香港冰球训练学校（HKAIH）创办人胡文新先生除了担任中国冰球协会的副主席之外，还担任了国际冰球联合会（IIHF）亚洲冰总的副主席。香港从此便开始有成人组别的亚洲冰总成员地区的标准联赛（Standard League），也开始规范地把球员资料注册在亚洲冰总的数据库内，令香港内部的赛事操作和数据操作也变得越来越规范。香港除了有官方的规范赛事之外，也有不少商业赛事，而最具标志性的商业冰球赛事便是举办了接近30年的Hockey 5′，现在已经是亚洲最大的单一溜冰场举办的冰球大赛，在10多天的赛事中有青少年U6～U16组别赛事（见图10）、按地区及不同水平划分的成人组别赛事，包括亚洲A/B/C组、国际A/B组和40岁以上的中年组赛事，每年有90个以上的球队参赛。

图10 青少年冰球赛事

赛事的公平性和专业操作是令赛事成功的一个关键，裁判员及线裁90%是来自美国和加拿大的专业裁判。赛事也得到香港旅游发展局官方的对外宣传。

五 未来商业冰场功能分析

基于商业冰场的发展情况，从商业冰场的现状来看近年来商业冰场发展的几个趋势。

（一）商业冰场的冰面逐渐扩大

其主要原因还是消费者供需关系的变化。在冰场建立初期，消费者还不能接受这样的娱乐消费方式，很多消费者抱着尝新的观念去冰场体验，同时在冰上运动还不盛行的年代，在人们消费水平还较低的情况下，更多的时候消费者去冰场只是体验而不是真的爱好。于是，基于成本及需求的关系，最早的一些商业冰场，其冰场面积都在800～1200spm，有的商业冰场甚至只有600spm的面积。

但是随着人民生活水平的不断提升，家庭用于娱乐消费的金额逐渐增加，消费者对于运动的投入也逐渐增加。冰上运动由于其特殊的竞技性、对抗性和美感，也逐渐被更多的人接受。大量的消费者涌入冰场，这个时候小面积的冰场满足不了日益增加的冰上运动爱好者的需求，近年来商业冰场面积呈现扩大的趋势（见图11）。

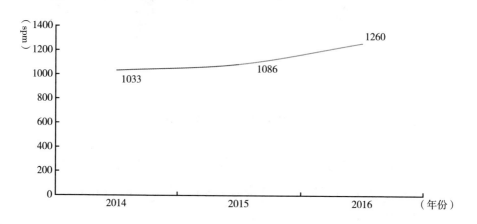

图11 2014～2016年新增项目平均面积

资料来源：奥山冰雪研究院统计资料。

商业冰场在面积扩大能容纳更多客人的同时，还能承担更多的功能。表3是各规格冰场能够承办的冰上运动种类。

表3　各规格冰场能够承办的冰上运动种类

单位：spm

冰场面积	大众滑冰	花样滑冰		冰球		冰壶	冰上表演	短道速滑
		培训	赛事	培训	赛事			
<600	√	√						
600~800	√	√						
800~1200	√	√	√	√	√		√	
1200~1400	√	√	√	√	√	√	√	
1400~1800	√	√	√	√	√	√	√	√

资料来源：奥山冰雪研究院统计资料。

通过表3我们发现，随着冰面的增大，冰场承载的冰上运动功能也更多。冰面的专业化发展也催生了商业冰场更多的运营模式。

（二）商业冰场职业化培训和发展

很多年前在冰场出现的初期，消费者去冰场就是为了体验滑冰，很多人第一次的滑冰体验就是摔跤，一部分有旱冰经验的人能够勉强在冰面滑行，何谈身姿优美。

但是随着时间的推移，消费者对于冰上运动的追求越来越高，不仅仅满足于能在冰面滑行，很多人开始关注与之相关的运动，例如冰球和花样滑冰。加上中国冬奥会军团在历届冬奥会上的花样滑冰领域涌现出一批代表运动员，越来越多的消费者开始投身于冰上运动。与冰上运动相关的考核体系也就进入冰上运动培训体系。表4是国内主要的两个花样滑冰考核体系的特点及区别。

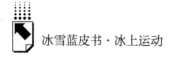

表 4　花样滑冰考核体系 ISI 和 ISU 的特点及区别

类型	ISI	ISU
等级	ISI 休闲滑冰考试体系在花样滑冰方面有幼儿级别、基本级别和花式级别三大块，还囊括冰舞、速滑、冰球等多项滑冰运动，适合所有年龄层次和滑冰水平的顾客，基本级别简单，滑冰初学者在学习过程中有成就感，更加激发滑冰的热情和兴趣	ISU 国家花样滑冰等级测试分为 10 级，第 1 级的水平要求滑冰者能够跳跃和旋转，对初学者尤其是小朋友而言需要专业的指导和长期的训练，需要非常大的投入，这导致 ISU 的门槛非常高，对入门者有一定限制
赛事意义	ISI 引入国内不久，处于普及阶段，学员数量及赛事规模有限	ISU 的高水平滑冰者，若能在赛事中取得成绩将是对冰场教学实力的最好证明
教练	教练团队一般从具有多年滑冰经验的滑冰爱好者中选拔出来，虽然是业余水平，但是通过正规的指导和培养，达到教学的效果，由初级教练引导入门，当学员达到一定的滑冰水平，可转向专业教练学习，同时初级教练在教练培养体系中不断学习，日后也能成为专业教练	教练团队一般由地市级省队退役的运动员组成，专业技能毋庸置疑，但是受限于社会经验和教学技能不足，在教学过程中需要适应期
赛事推广	ISI 的赛事注重观赏性、娱乐性和参与性，赛事没有多人参与的项目，赛事对场地限制较少，非常适合在各类商业冰场推广	ISU 的赛事侧重选手间的竞技性，评判规则严格。一般由体育局发起。对场地条件及硬件设备有一定要求

资料来源：奥山冰雪研究院统计资料。

相信未来随着商业冰场的增加，冰上赛事也将逐渐普及。

（三）商业冰场发展下沉

目前商业冰场集中在一、二线城市，主要原因还是区域经济发展较快，居民消费能够维持商业冰场的运营。但随着城市经济发展速度加快，二、三线城市将是商业冰场发展的重点区域（见图12）。

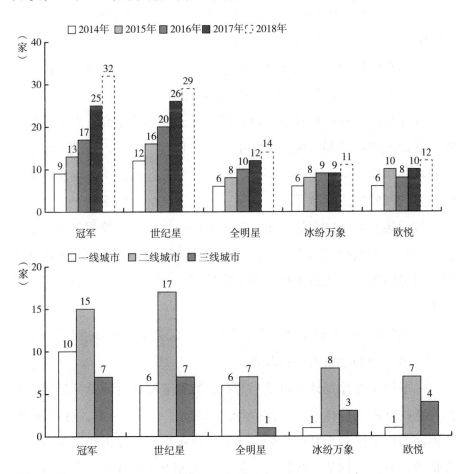

图12 主流商业冰场品牌门店数量及分布

资料来源：奥山冰雪研究院统计资料。

六 国内场馆设备介绍①

（一）室内滑冰场制冰形式的选择及温度参数控制

1. 人工冰场的制冰形式通常有盘管内直接流动制冷剂的蒸发式制冰（称作直接制冰）和采用载冷剂的间接式制冰

采用直接制冰形式的冰场是在冰层下方预先安装蒸发盘管作为蒸发器。利用盘管内的制冷剂蒸发吸收热量进行制冰。

其优势在于制冷剂在盘管内直接蒸发，换热效率高；但缺点是盘管内直接流动制冷剂，维护工作量大，一旦发生泄漏，维护工作复杂且有可能污染环境，不利于环保节能。目前在建的人工冰场制冰系统中，多选择间接式制冰系统，这种系统以乙二醇为载冷剂。

然而随着科学技术的进步，近年来国内外出现了使用二氧化碳代替乙二醇作为载冷剂的手段。二氧化碳制冰原理和乙二醇制冰原理相同，只是因为二氧化碳的环保和节能较好，目前这个工艺还在逐步推广中。

2. 室内冰场的冰层厚度通常控制为30～50毫米，冰温控制到－8～－4℃，根据冰场的性质进行调节

一般娱乐性冰场冰温可适当升高，有利于节能并降低冰场运行费用。竞技性冰场花样滑冰、冰壶场地冰温在－6～－4℃，短道速滑、大道速滑场地冰温控制在－8～－6℃，可根据当地室内场馆室温及湿度情况综合进行调节。场馆内室温通常控制在8～21℃。人工冰场制冷设计时，通常取冰层温度－8～－4℃，上下冰层温差取2℃，冰场

---

① 《天然材料体育场地使用要求及检验方法（第3部分）：运动冰场》（国家标准 GB/T 19996.3—2006）。

制冰盘管内外温差取 5℃，则制冰盘管内的载冷剂液体温度控制在 -15 ~ -11℃。为了保证在该工况内载冷剂不会冻结，载冷剂冰点温度要低于上述控制温度 5℃，即载冷剂冰点温度要控制在 -20℃。以乙二醇作为载冷剂为例，对应乙二醇浓度冰点曲线，选择浓度为 40% 的乙二醇溶液（对应冰点为 -22℃）比较适合。

（二）间接式制冰系统的设备选型参考

1. 制冰机组的设备选型参考

人工场馆的冰场制冷量是依据场馆内的冰面面积与周围的环境热负荷综合计算的。冰场周围环境温度不高于 22℃，同一时间上冰人数不多于 150 人的条件下，在东北、西北地区制冰机组的制冷量设计参照数据为 350 ~ 550 瓦/平方米，港澳及偏南部地区的制冷量参照数据为 500 ~ 700 瓦/平方米。

制冰机组制冷量不超过 1000 千瓦时，最好选用半封闭螺杆式低温压缩机的机型。这种螺杆压缩机与传统的旋转式、活塞式及离心式压缩机比较，具有占地小、制冷量大、运转平稳、工作噪声低等优点，尤其是某些进口机型采用了双螺杆和齿间油膜密封等新技术，大大减少了螺杆齿间的摩擦和能耗。另外，螺杆压缩机具有能量调节装置结构简单、可靠性强的特点。因此，螺杆机组制冷效率通常高于传统压缩机组。螺杆式冷水机组一般可分为风冷式和水冷式。其中，水冷式制冷系统具有冷凝温度低、制冷系统吸排气压差较小、能耗低等性能，在人工冰场制冷领域应用范围十分广泛。

冰场制冰机组制冷剂一般可用 R717 或 R22。不论选择 R717 还是 R22 都各有利弊。由于国内多次发生 R717 泄漏而导致的重大事故，许多人工冰场在设计时更倾向于采用 R22 作为制冷剂。但是随着《蒙特利尔破坏臭氧层物质管制议定书》的实施以及我国冰场施工工艺及相关配套装置的技术进步，R717 作为一种环保制冷剂必将

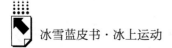

逐步替代 R22。载冷剂可选用 40% 浓度的涤纶级乙二醇溶液。

制冰机组最好选用带高压排气热能回收器的制冷系统。热能回收器可以充当冷凝器冷却高温高压的制冷剂，既能降低制冷系统排气压力和温度，提升冷却效率，改善工况条件，又能回收多余热能，加热循环水，供场地滑冰及生活用水。

人工冰场制冰系统应选择多制冰机组并联组合，保证每台独立机组可以单独工作运行。在人工冰场冻底冰阶段，冰场的负荷需求量很大，让所有备用制冰机组满负荷运行，得到最大制冷量。在冰场冰层达到一定厚度后，维护阶段负荷需求量较小，只开部分机组即可满足冰场的运营。多台机组并联，可将部分机组用作备用机组，降低能耗磨损，提高运营经济性。同时由于人工冰场运行周期较长，制冰系统需要连续工作，如果运行设备发生故障，可以启动备用机组，不影响室内冰场的冰面质量。

2. 制冷盘管的选型参考

人工冰场冰层的换热盘管多选用不锈钢管或耐低温的工程塑料管。不锈钢管成本比较高，施工安装工艺复杂，而耐低温的工程塑料管由于易于加工，降低施工难度，施工效率高，现在得到了广泛的应用。通常有两种形式应用耐低温工程塑料管的冰场制冷盘管。

①固定人工冰场：高密度聚乙烯（HDPE）100 硬管，HDPE 100 硬管有直管或者卷管。人工冰场通常采用的管径规格是外径 25 毫米×壁厚 2.3 毫米、外径 16 毫米×壁厚 2 毫米。常见的汇集管径 160 毫米，其安装形式为同程式。这种方式使管内液体流量均匀，使上下冰层温度差较低。

②人工移动冰场：耐热聚乙烯（PER）100 软管。PER 100 软管呈白色或半透明状，可拆卸，易储藏，可重复使用，适用于人工移动冰场。现在专业的制冰公司还可提供地毯式制冷盘管，适用于短期铺设的人工冰场。

人工冰场制冰盘管设计时，各管间距离应该等距且匀称，使冰场各处的冰面冰温一致。设计还应该考虑到冻冰过程中产生的热胀冷缩对于换热盘管的效果，在设计施工阶段要有一定的措施尽量减少这种收缩变形对冰面的影响。

3. 水泵、乙二醇泵的选型参考

人工室内冰场运营周期长，因此要求制冰设备与其辅助设备长时间连续运行。制冰系统的水泵与乙二醇泵都需要并联设置，要有备份设备。

乙二醇泵的流量应尽可能减少冰层上下温差，可增加乙二醇流量、降低乙二醇进出温差。乙二醇的供回温度差经验值取 $2 \sim 3$℃。

乙二醇循环管路需要在供回管路最上端安装手动或自动排气装置，保证乙二醇管路内不含气体。

4. 冷却塔的选型参考

人工冰场制冰系统的冷却塔选型，要考虑到冷却塔在不间断连续运行工况下，确保冷却塔运行的可靠性、安全性。其选择要点如下。

①冷却塔换热容量要有充分余量，须考虑当地夏季最高气温影响。

②冷却塔风机电机须保证运转可靠性、性能及寿命。冷却塔的风扇和电机常年工作在高湿度环境，润滑容易失效，因此平时的维护工作要有计划，电机轴承、风扇轴承要有定期保养和维护。

5. 自动控制系统的选型参考

目前我国室内人工冰场多采用传统手动控制或可编程逻辑控制器（Programmable Logic Controller，PLC）自动控制等控制方式，依据现场采集的制冷盘管温度或载冷剂干管温度间接反映冰面温度。现代冰场已经逐渐向智能化、信息化发展，这就要求整个制冰自控系统能够更智能、更准确地检测到整个冰面温度变化，保证冰场制冰系统的平衡和稳定运行。人工冰场的自动控制系统发展趋势可以分为以下几个部分。

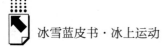

①温度检测系统：通过冰场上空红外线温度传感器检测冰面温度，控制冰场制冷设备自动运行。

②根据制冰系统温度参数的变化，在节能工况条件下，实时在线，保证制冷设备达到最佳制冷效果。

③利用移动设备、固定设备对制冰系统运行进行远程监测或控制。

以上设备选型是通过多年的人工室内冰场制冷系统运行、维护经验总结而来的，充分考虑了人工冰场投资与运行费用，尽量选择结构简单易维护的设备。在保证冰场制冷系统运行正常，冰面温度均匀、硬度适中的情况下，能够满足绝大多数竞技性冰场与娱乐性冰场的要求。

热 点 篇

Hot Reports

B.2
中国冰上运动发展与政策分析

奥山冰雪研究院*

摘　要： 本报告通过描述中国冬奥会发展背景，结合我国目前
冰上运动产业发展的领军企业，介绍国内发布的冰上
运动产业发展相关政策，并对政策发布前后国内冰上
运动产业发展变化情况进行了分析与研判，以期为我
国冰上运动产业发展提供借鉴。

关键词： 冬奥会　冰上运动　冰雪政策　冬奥背景

---

* 奥山冰雪研究院，隶属奥山控股，从事冰雪投资、冰雪场馆规划设计、运营管理、维护保
养、节能等相关方面研究，致力于实现冰雪场馆规范化、生态化、智能化、模块化规划管理
目标，建设各具特色的冰雪运动场馆。

一　冬奥会背景

谈到冬季运动的舞台，人们最先想到的就是冬奥会。离我们最近的一次冬奥会——平昌冬奥会已结束，我国承办的2022年冬奥会离我们越来越近。2018年平昌冬奥会闭幕式上的"北京一刻"拉开了2022年冬奥会的序幕，也标志着中国2022年冬奥会筹备工作进入"快车道"。

冬奥会全称为"冬季奥林匹克运动会"，是由国际奥林匹克委员会主办的世界性冬季项目运动会。冬奥会的主要特征是在冰上和雪地上举行滑冰、滑雪等适合在冬季举行的项目。

冬季奥运会每四年举行一届，起初与奥林匹克运动会即夏奥会在同一年内举行。第一届冬季奥林匹克运动会于1924年在法国的夏蒙尼举行。第二届瑞士圣莫里茨冬奥会，亚洲国家（日本）首次参加。第三届冬奥会正逢大萧条，参赛运动员仅为252名，比第二届减少212名（见图1）。

花样滑冰、冰球在1908年第四届和1920年第七届奥运会被列为比赛项目，这也是冰球运动首次进入奥运会大家庭。1924年第八届奥运会在法国的夏蒙尼举行国际体育周活动并进行冬季运动项目比赛；1925年国际奥委会布拉格会议决定每四年举行一次这类运动会，并将夏蒙尼国际体育周作为第一届冬季奥运会。1986年，国际奥委会全会决定将冬季奥运会与夏季奥运会从1994年起分开每两年间隔举行，1992年冬季奥运会是最后一届与夏季奥运会同年举行的冬奥会。

冬奥会项目分为两大类，一类为雪上项目，比赛在雪地上进行；另一类是冰上项目，比赛在冰面上进行。2018年平昌冬奥会共15个比赛的大项目，其中属于雪上项目的有10个，分别为跳台滑雪、高山滑雪、自由式滑雪、越野滑雪、单板滑雪、俯式冰橇、无舵雪橇、有舵雪橇、北欧两项、现代冬季两项；属于冰上项目的有5个，分别

参赛国家数

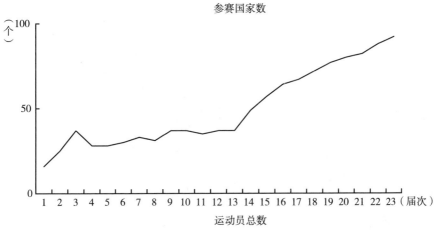

运动员总数

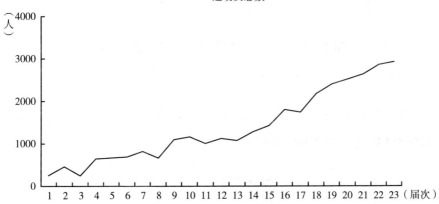

图 1　历届冬奥会参赛国家数和运动员总数

资料来源：奥山冰雪研究院统计资料。

为短道速滑、速度滑冰、花样滑冰、冰球、冰壶。

从冰上项目看，男子速滑、花样滑冰和冰球在 1924 年第一届夏蒙尼冬奥会被纳入比赛项目；女子速滑在 1960 年第八届斯阔谷冬奥会被纳入比赛项目；冰壶在 1988 年第十八届长野冬奥会被纳入比赛项目；短道速滑在 1992 年第十六届阿尔贝维尔冬奥会被纳入比赛项目。

从项目数量上看，目前雪上项目数占全部项目数的 67%，冰上项目数占全部项目数的 33%（见图 2）。

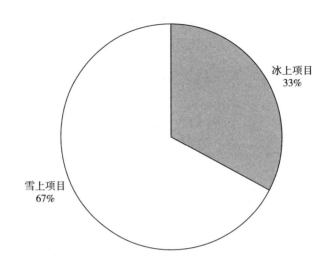

图2 冬奥会冰上项目与雪上项目数量占比

资料来源：奥山冰雪研究院统计资料。

从奖牌数量上看，雪上项目奖牌数占全部奖牌数的69%，冰上项目奖牌数占全部奖牌数的31%（见图3）。

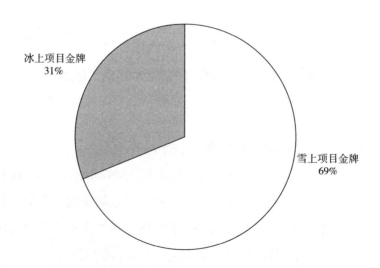

图3 冬奥会冰上项目与雪上项目奖牌数量占比

资料来源：奥山冰雪研究院统计资料。

纵观历年冬奥会奖牌榜，美国、德国、挪威、俄罗斯（独联体）等国家经常排在前五名。表1是20世纪90年代开始至今冬奥会奖牌居前五位的数量统计。

表1　1992～2018年七届冬奥会前五名金牌与奖牌数量

单位：枚

排名	1992年法国阿尔贝维尔冬奥会			1994年挪威利勒哈默尔冬奥会			1998年日本长野冬奥会			2002年美国盐湖城冬奥会		
	国家	金牌	奖牌数	国家	金牌	奖牌数	国家	金牌	奖牌数	国家	金牌	奖牌数
1	德国	10	26	俄罗斯	11	23	俄罗斯	11	23	德国	12	35
2	独联体	9	23	挪威	10	26	挪威	10	26	美国	11	24
3	挪威	9	20	德国	9	24	德国	9	24	奥地利	10	34
4	奥地利	6	21	意大利	7	20	意大利	7	20	俄罗斯	6	16
5	美国	5	11	美国	6	13	美国	6	13	加拿大	6	17

排名	2010年加拿大温哥华冬奥会			2014年俄罗斯索契冬奥会			2018年韩国平昌冬奥会		
	国家	金牌	奖牌数	国家	金牌	奖牌数	国家	金牌	奖牌数
1	加拿大	14	26	俄罗斯	13	33	挪威	13	37
2	德国	10	30	挪威	11	26	德国	13	26
3	美国	9	37	加拿大	10	25	加拿大	10	27
4	挪威	9	23	美国	9	28	美国	8	21
5	韩国	6	14	荷兰	8	24	荷兰	8	18

资料来源：奥山冰雪研究院统计资料。

奖牌总数上：1992～1998年排名第一的国家奖牌数都没超过30枚，但是随着时间进入21世纪，冰雪强国中开始出现"独角兽"，奖牌数量开始超过30枚，金牌数量与20世纪90年代相比也有一定增加。就此推测未来冬奥会的奖牌榜将出现和夏季奥运会奖牌榜类似的情况——少数国家榜首争霸。

分析发现，未来能参与冬奥会奖牌争霸的国家将有以下特点。

1. 冬奥会奖牌榜的竞争是经济发达国家之间国力的一个体现

我们细数历年奖牌榜前五名的国家，从其分布看，亚洲国家仅韩国上榜一次，奖牌榜上更多国家分属欧洲地区（德国、挪威、奥地利、荷兰、俄罗斯）。美国、加拿大等美洲国家也持续上榜。

这些国家都有一个共同特点，即属于经济发达国家。我们细数这些国家的经济发展水平就会发现：国家经济实力强大，人民有足够的经济基础开展冰雪运动（见表2）。

表2　1992～2018年部分国家人均GDP一览

单位：万美元

1992年国家人均GDP		1994年国家人均GDP		1998年国家人均GDP		2002年国家人均GDP	
德国	2.63	俄罗斯	0.27	俄罗斯	0.18	德国	2.52
独联体	—	挪威	2.93	挪威	3.48	美国	3.80
挪威	3.05	德国	2.71	德国	2.73	奥地利	2.64
奥地利	2.49	意大利	1.93	意大利	2.23	俄罗斯	0.24
美国	2.54	美国	2.77	美国	3.29	加拿大	2.42
中国	0.04	中国	0.05	中国	0.08	中国	0.11

2010年国家人均GDP		2014年国家人均GDP		2018年国家人均GDP	
加拿大	4.75	俄罗斯	1.41	挪威	8.18
德国	4.18	挪威	9.72	德国	4.82
美国	3.85	加拿大	5.08	加拿大	4.61
挪威	8.78	美国	5.50	美国	6.26
韩国	2.21	荷兰	5.28	荷兰	5.30
中国	0.46	中国	0.77	中国	1.00

资料来源：奥山冰雪研究院统计资料。

从历年冬奥会奖牌榜前五名的国家在冬奥会当年的人均GDP可以看出，其居民生活都比较富裕。这些国家中俄罗斯上榜更多的是因为承接了当年苏联很多优秀运动员的基础。

根据马斯洛需求层次理论，冰雪运动是需要良好的经济基础作为支撑的。有了良好的经济基础后，人们才会有更多的时间去思考自我价值的实现（见图4）。冰雪运动因其新奇、冒险等特质体现出自我超越的无可取代性，在欧美国家广受欢迎。

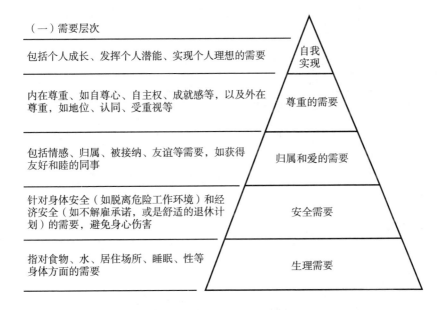

（一）需要层次

包括个人成长、发挥个人潜能、实现个人理想的需要	自我实现
内在尊重、如自尊心、自主权、成就感等，以及外在尊重，如地位、认同、受重视等	尊重的需要
包括情感、归属、被接纳、友谊等需要，如获得友好和睦的同事	归属和爱的需要
针对身体安全（如脱离危险工作环境）和经济安全（如不解雇承诺，或是舒适的退休计划）的需要，避免身心伤害	安全需要
指对食物、水、居住场所、睡眠、性等身体方面的需要	生理需要

图4 马斯洛需要层次理论

我国和这些冰雪强国的差距中国家经济实力是一个方面，但随着综合国力的不断增强，我国历年的冬奥会表现稳步上升，成绩可圈可点，具体情况如表3所示。

成绩越来越好，奖牌越来越多，从中我们不难发现，我国冬奥会成绩出现大幅提升的时间是在21世纪前后。

而同期，我国经济也迅速发展，人均GDP经历了21世纪初的缓慢发展到近十年的爆发性增长（见图5）。由此可见，随着我国人均GDP的不断上升，冬奥会成绩也会越来越好。

表3 1992～2018年七届冬奥会中国名次与奖牌数一览

单位：枚

国家	1992年法国阿尔贝维尔冬奥会		1994年挪威利勒哈默尔冬奥会		1998年日本长野冬奥会		2002年美国盐湖城冬奥会	
中国	名次	奖牌数	名次	奖牌数	名次	奖牌数	名次	奖牌数
	15	3	19	3	19	8	14	8
国家	2010年加拿大温哥华冬奥会			2014年俄罗斯索契冬奥会			2018年韩国平昌冬奥会	
中国	名次		奖牌数	名次		奖牌数	名次	奖牌数
	7		11	12		9	14	9

资料来源：奥山冰雪研究院统计资料。

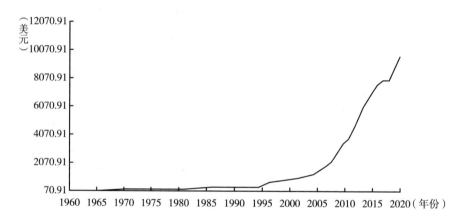

图5 1960～2020年中国人均GDP

资料来源：奥山冰雪研究院统计资料。

截至2018年，我国的人均GDP已超过1万美元，已经迈入发达国家初级水平。随着我国经济的不断发展，将有更多的国民投身于冰雪运动中。有了庞大的群众基础后，相信今后的冬奥会赛场不再是欧美国家的天下，作为亚洲国家之一的中国也将是一个强有力的竞争者。

2. 冰雪强国的冰雪资源丰富

德国、挪威、奥地利、荷兰、俄罗斯、美国、加拿大这些国家虽然分属不同大洲，但是有个共同点，即这些国家的天然冰雪资源丰富。

这些国家大部分处在北纬41°以上，其中很多冰雪强国坐拥或者靠近一些冰雪胜地，还有很多场地曾经举办过冬奥会。

国际知名的几大室外雪场都在欧美等发达国家。

（1）法国夏蒙尼

第一届冬奥会的举办地夏蒙尼位于欧洲第二高峰勃朗峰（Mont Blanc）的山脚下，是登山运动的发源地，被誉为"山地运动之都"。

勃朗峰是阿尔卑斯山的主峰，海拔4810米。小镇位于夏蒙尼山谷，是全景欣赏勃朗峰的最佳位置。夏蒙尼位于法国东南部的里昂大区内，邻近意大利和瑞士，距日内瓦机场仅一小时车程，便利的交通成为这里吸引滑雪回头客的重要原因之一。

夏蒙尼的滑雪场海拔1035米，滑雪季从11月到次年5月。滑雪道总长108公里，其中最长的达24公里。这里拥有8条初学者滑道，初级、中级和高级滑道分别有28条、20条和10条。这里还有世界上最著名也是最拥挤的长达22公里的野雪区Vallée Blanche。

（2）法国瓦勒迪泽尔

瓦勒迪泽尔（Val D'Isere）是法国老牌的冰雪胜地，位于法国东南部萨瓦省（阿尔卑斯地区），与意大利接壤，与里昂、日内瓦和尚贝里之间的交通都很便利，曾经是皇室和名流度假之地，英国王子威廉和哈里都曾是这里的常客。瓦勒迪泽尔曾是1992年阿尔贝维尔冬奥会高山滑雪比赛场地，2009年还举办了高山滑雪世界锦标赛。

瓦勒迪泽尔雪季长、雪质极佳，滑雪季从12月到次年5月。这里的雪道总长146公里，其中，初学者雪道有15条，初级、中级和高级滑道分别有32条、21条和13条，适合各种水平的滑雪者。此

外，还有充满传奇色彩的野雪道。

（3）瑞士采尔马特

采尔马特（Zermatt）坐落在阿尔卑斯山群峰之间，被誉为滑雪爱好者的天堂，连续两年当选阿尔卑斯山最佳滑雪度假村。采尔马特被38座海拔4000米以上的山峰所环绕，其中就有阿尔卑斯山的象征——海拔4478米的马特宏峰（Matterhorn）。采尔马特拥有总长350公里的滑道，其中有19条初级滑道、33条中级滑道和15条高级滑道。

（4）瑞士圣莫里茨

圣莫里茨（St. Moritz）位于瑞士东南部，是世界上最著名的高山旅游胜地和滑雪场之一，被誉为冬季运动的发源地，曾于1928年和1948年两次举办冬奥会。

作为两届冬奥会的举办地，圣莫里茨拥有完善和优质的滑雪设施。滑雪季从12月到次年4月，雪道总长度超过350公里，其中初级、中级和高级滑道分别有18条、61条和9条。

圣莫里茨是冰雪运动的热土，除了举办两届冬奥会外，1907年还首次举办了冰湖赛马，1985年举办了冰湖马球赛。1934年、1948年、1974年和2003年，圣莫里茨主办了四届高山滑雪世锦赛，并于2017年再次举办。

（5）瑞士达沃斯

达沃斯（Davos）位于瑞士东南部，坐落在一条17公里长的山谷里，靠近奥地利边境，主要讲德语。

1877年，欧洲最大的天然冰场在达沃斯落成，自20世纪起这里就成为国际冬季运动中心之一。

（6）加拿大惠斯勒

惠斯勒滑雪场（Whistler）位于加拿大西海岸的不列颠哥伦比亚省，距温哥华两小时车程，曾举办过2010年冬奥会高山滑雪和北欧滑雪的比赛，是世界著名的滑雪胜地。

惠斯勒滑雪场包括惠斯勒山和黑梳山（Whistler Blackcomb）两大滑雪场地，位于滑雪度假的黄金地段落基山脉，是北美最大的滑雪场。雪场海拔675米，垂直落差1609米，滑道总长300公里，其中最长滑道11公里。惠斯勒雪场非常受初级水平滑雪爱好者的欢迎，初学者滑道多达30条，还有110条初级滑道。此外，这里还有中级和高级滑道各30条，另有野雪区。雪季从11月到次年5月。

这些冰雪强国国内有丰富的冰雪资源，为冰雪运动提供了很好的运动场地，达到举办冬奥会的条件，在冬奥会结束后还能满足日常冰雪运动需求。而且国内经济发展较好，民众有更多的时间和收入来支持冰雪运动的发展。

反观我国，我国在冰雪运动发展过程中面临着冰雪运动和冰雪产业起步较晚、基础较弱，冰雪资源分布不均等情况。

中国的冰雪资源主要分布在西部高山冰川积累区，稳定季节冰雪面积约为420万平方千米，包括东北、内蒙古东部和北部、新疆北部和西部以及青藏高原区；不稳定积雪区位于北纬24°~25°。无积雪地区包括福建、广东、广西、云南及海南岛和台湾大部分地区。中国年平均降雪补给量为3451.8亿立方米，冰雪资源的一半集中在西部和北部高山地区。阿尔泰山、天山地区及青藏高原内陆河流及北部外河流的冰雪融水补给占年径流量的50%以上。[①] 而冰场分布受到气候影响，南方冬季温度较高不容易形成天然冰场，只有北方少部分区域能有室外冰场。室内冰场的兴建部分满足了南方群众开展冰上运动的需求，但是室内冰场建设起步晚（国内有数据统计的第一家室内商业冰场建立时间为1999年）。经过多年的发展，场地数量虽然有很大的变化，但是仍不能满足群众的需求。

---

① 百度百科，积雪，https：//baike. baidu. com/item/% E7% A7% AF% E9% 9B% AA/2369621？fr = aladdin。

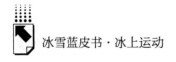

二 中国在冬奥会上的表现

1980 年普莱西德湖冬奥会，是中国首次参加的冬奥会。

1992 年在法国阿尔贝维尔举办的第十六届冬季奥运会，是最后一次与夏季奥运会在同一年举行，也是中国首次取得奖牌的冬奥会。中国共有 34 人参加了滑冰、滑雪、冬季两项等 34 个小项比赛，获得了三枚银牌，中国在奖牌榜居第 15 位。其中，女选手叶乔波获得了 500 米和 1000 米两项速滑的两块银牌。

为迎合冬季、夏季奥运会间隔两年举行的改变，1994 年的挪威利勒哈默尔冬季奥运会在两年后举行，这是唯——次间隔时间只有两年的两届奥运会。1994 年，中国代表团 27 名运动员（女选手 19 名）参加了速滑、花样滑冰、短道速滑、冬季两项和自由式滑雪等竞赛，获得 1 银 2 铜的成绩，居奖牌榜第 19 位。其中，张艳梅获 500 米短道速滑银牌，叶乔波获 1000 米速滑铜牌，陈露获花样滑冰女子单人铜牌。

2002 年第十九届冬季奥运会在美国犹他州盐湖城举行，是中国首次夺金的冬奥会，共设有 78 个小项，俯式冰橇和女子雪车首次成为冬奥会比赛项目，成为冬奥会历史上比赛项目最多的一届。2002 年盐湖城冬奥会上，杨扬凭借短道速滑项目为中国首次夺金，中国代表团共获得 2 金 2 银 4 铜的成绩，排在奖牌榜的第 14 位。

2010 年第二十一届温哥华冬季奥运会，中国队共获得 5 金 2 银 4 铜的成绩。王濛斩获女子短道速滑 500 米、1000 米和接力 3 枚金牌，并打破世界纪录，成为中国首位单届冬奥会获得 3 枚金牌的选手，中国队包揽了本届冬奥会短道速滑女子项目全部 3 枚金牌。

2014 年索契冬奥会，中国代表团赢得 3 金 4 银 2 铜，其中，速度滑冰张虹夺得金牌，短道速滑李坚柔、周洋也给冰迷带来了惊喜。中国队有 8 个 "90 后" 奖牌获得者，预示了未来的力量。①

2018 年平昌冬奥会，中国派出了仅次于参加 2010 年温哥华冬奥会的史上规模第二大冬奥会代表团，派出 82 名运动员，参加 5 个大项、12 个分项、55 个小项的比赛，这也是中国代表团参赛项目最多的一届冬奥会。其中，单板滑雪平行大回转、自由式滑雪 U 形场地、女子跳台滑雪、雪车等项目是中国代表团首次获得冬奥会参赛资格。中国代表团在短道速滑、花样滑冰、自由式滑雪空中技巧等几个项目上向金牌发起冲击。

历年来我国奖牌数的分布见表 4、图 6，20 世纪 90 年代初期金牌数量较少，但是到了 21 世纪成绩开始有了突破。

表 4　1992～2018 年七届冬奥会中国奖牌数一览

单位：枚

类型	1992	1994	1998	2002	2010	2014	2018
金牌	0	0	0	2	5	3	1
银牌	3	1	6	2	2	4	6
铜牌	0	2	2	4	4	2	2
奖牌	3	3	8	8	11	9	9

资料来源：奥山冰雪研究院统计资料。

就项目奖牌数量分布而言，奖牌数量主要集中在冰上项目（见图 7）。

---

① 来源于相关新闻资料。

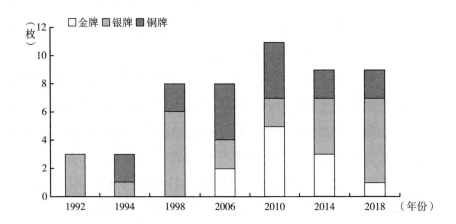

图6　1992～2018年七届冬奥会中国奖牌数

资料来源：奥山冰雪研究院统计资料。

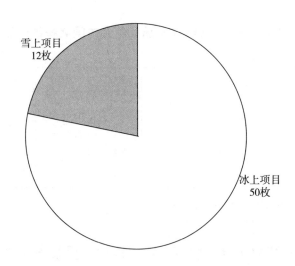

图7　1992～2018年七届冬奥会中国冰上项目与雪上项目奖牌数

资料来源：奥山冰雪研究院统计资料。

三 中国冰上运动发展阶段

20 ~ 21 世纪我国冰雪运动的发展历程分为以下三个阶段（见图8）。

第一阶段（20 世纪 80 ~ 90 年代）：我国处在进入期，这段时间，我国的冬奥会各项目处在发展初期，更多的是融入整个冬奥会运动中，1980 ~ 1988 年，中国冬季项目运动员水平低、经验少，处于学习与追赶阶段。

第二阶段（20 世纪 90 年代至 21 世纪初期）：我国处在提升期，1992 ~ 1998 年冬奥会，中国冬季项目运动员全力攻坚。在速度滑冰、短道速滑等项目上，实力渐强，但一直未能取得金牌。

第三阶段（21 世纪初期至 2019 年）：我国处在突破期，2002 年至今，中国冬季项目的突破接踵而至。除速度滑冰、短道速滑等传统项目外，自由式滑雪、冬季两项、单板滑雪、冰壶等项目发展势头迅猛。其中，继杨扬在 2002 年盐湖城冬奥会夺得首枚金牌后，中国运动员在花样滑冰、自由式滑雪空中技巧等项目中先后取得突破。2010 年温哥华冬奥会上，中国代表团取得冬奥会历史最佳成绩，首次进入奖牌榜前八名。2014 年索契冬奥会上，中国速度滑冰项目首次夺得金牌，男子冰壶队首次进入奥运前四，实现了新的突破。

图8 20 ~ 21 世纪中国冰雪运动的发展历程

资料来源：奥山冰雪研究院统计资料。

从国内冰上运动的发展历史看，我国冰上运动的发展历程与我国冬奥会的发展历史也是一致的。简单概括就是"北冰南移，东进西

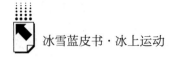

扩"的一个过程。

我国冰上运动经过近40年的发展，经历了探索期、发展期（见图9）。

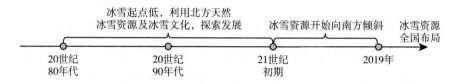

图9 中国冰上运动发展历程

资料来源：奥山冰雪研究院统计资料。

20世纪80~90年代，我国冰雪运动的发展还处在初期，这个时候人民收入也仅能满足温饱需求，冰雪运动只能依靠自然条件，只有少部分人能够参与冰雪运动。这一阶段就是打基础阶段，所有冰雪运动的发展集中在北方。

直到21世纪初期，随着经济的发展，南方很多城市开始逐渐兴建商业冰场，越来越多的南方人开始接触到冰上运动，随着冰上运动在南方部分城市的兴起，冰上运动完成了"北冰南移"的过程。

与此同时，随着华东经济发达城市的经济发展及外来人口导入，冰雪运动也快速发展起来，华东各个城市逐渐出现商业冰场。于是在"北冰南移"的同时冰雪运动的"东进"也同步开展。

在北京完成申办冬奥会后，国家也加大了对西部城市冰雪运动的投入。发展导向上，推进冰雪运动"西扩"战略，以京津冀为引领，以黑吉辽东北三省提升发展为基础，发挥内蒙古、新疆等西北和华北地区后发优势，带动各地区协同发展，形成引领带动、三区协同、多点扩充的发展格局。

四 中国冰上运动产业政策

整个冰雪运动产业在全中国如火如荼地发展离不开国家及政府各部门的政策扶持。历年各级政府发布的相关产业政策如表5所示。

表5 中国冰雪产业发展相关政策

时间:2016年11月
发布单位:国家发展改革委、国家体育总局、教育部、国家旅游局
名称:《冰雪运动发展规划(2016—2025年)》
重要内容:到2025年,形成冰雪运动基础更加坚实,普及程度大幅提升,竞技实力极大提高,产业体系较为完备的冰雪运动发展格局。全面推进冰雪运动"南展西扩"战略,以京津冀为引领,以东北三省提升发展为基础,发挥新疆、内蒙古等西北、华北地区的后发优势,带动南方地区协同发展,形成引领带动、三区协同、多点扩充的发展格局
时间:2016年11月
发布单位:国家发展改革委、国家体育总局、工业和信息化部、财政部、国土资源部、住房和城乡建设部、国家旅游局
名称:《全国冰雪场地设施建设规划(2016—2022年)》
重要内容:到2022年,全国滑冰馆数量不少于650座,其中新建不少于500座;滑雪场数量达到800座、雪道面积达到10000万平方米、雪道长度达到3500千米,其中新建滑雪场不少于240座、雪道面积不少于7000万平方米、雪道长度不少于2500千米。全国冰雪场地设施有效供给极大提升,经济社会效益明显提高,初步形成布局合理、类型多样、基本满足需求的冰雪场地设施网络
时间:2016年11月
发布单位:国家体育总局
名称:《群众冬季运动推广普及计划(2016—2020年)》
重要内容:旨在大力发展群众冰雪运动,推动冬季群众体育运动开展,夯实冬季运动群众基础,传播积极健康的生活方式,引领全民健身新时尚,实现"带动三亿人参与冰雪运动"的目标
时间:2016年9月
发布单位:国务院办公厅
名称:《关于加快发展健身休闲产业的指导意见》

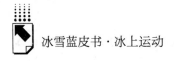

续表

重要内容:以举办 2022 年冬奥会为契机,围绕"三亿人参与冰雪运动"的发展目标,以东北、华北、西北为带动,以大众滑雪、滑冰、冰球等为重点,深入实施"南展西扩",推动冰雪运动设施建设,全面提升冰雪运动普及程度和产业发展水平

时间:2016 年 8 月

发布单位:国家体育总局

名称:《竞技体育"十三五"规划》

重要内容:以筹办 2022 年北京第二十四届冬奥会为契机,大力推动冰雪运动开展并扩大我国冬季项目发展规模与布局。推进冰雪运动"南展西扩"战略,鼓励有条件的南方和西部省区市积极开展冰雪运动

时间:2016 年 8 月

发布单位:国家体育总局

名称:《体育产业发展"十三五"规划》

重要内容:以足球、冰雪等重点运动项目为带动,通过制定发展专项规划、开展青少年技能培养、完善职业联赛等手段,探索运动项目的产业化发展道路。重点打造冰雪运动等特色的体育产业集聚区和产业带;以冰雪等运动为重点,引导具有消费引领性的健身休闲项目发展

时间:2018 年 9 月

发布单位:国家体育总局

名称:《"带动三亿人参与冰雪运动"实施纲要(2018—2022 年)》

重要内容:到 2022 年,群众性冰雪运动广泛开展,群众性冰雪赛事活动丰富多彩,群众性冰雪运动服务标准完善,群众性冰雪运动场地设施基本满足人民群众多样化多层次需求。实现"带动三亿人参与冰雪运动"目标

时间:2019 年 3 月

发布单位:中共中央办公厅、国务院办公厅

名称:《关于以 2022 年北京冬奥会为契机大力发展冰雪运动的意见》

重要内容:创新体制机制,明确备战任务,普及冰雪运动,发展冰雪产业,落实条件保障,努力实现我国冰雪运动跨越式发展

时间:2019 年 5 月

发布单位:工业和信息化部、教育部、科学技术部、文化和旅游部、国家市场监管总局、国家广播电视总局、国家体育总局、国家知识产权局、北京 2022 年冬奥会和冬残奥会组织委员会(九部门)

名称:《冰雪装备器材产业发展行动计划(2019—2022 年)》

续表

重要内容:以北京冬奥会为契机,开发大众冰雪装备器材,"带动三亿人参与冰雪运动",加快推动冰雪装备器材产业高质量发展,为北京冬奥会成功举办、促进寒地冰雪经济发展和培育国内强大的冰雪消费市场提供有力支撑

时间:2019 年 5 月

发布单位:教育部、国家发展改革委、财政部、国家体育总局

名称:《关于加快推进全国青少年冰雪运动进校园的指导意见》

重要内容:大力推进校园冰雪运动的普及发展,以特色学校、试点县(区)和改革试验区为引领,示范带动广大中小学校普及发展冰雪运动

时间:2019 年 9 月

发布单位:国务院办公厅

名称:《体育强国建设纲要》

重要内容:推进冰雪运动"南展西扩东进"战略,"带动三亿人参与冰雪运动"。积极推进冰雪运动进校园、进社区,普及冬奥知识和冰雪运动。持续加大冰雪项目选材力度,恶补冰雪项目短板,不断提高冰雪竞技水平

　　资料来源:奥山冰雪研究院统计资料。

　　仅在 2016 年国家各部门就发布了多项政策扶持冰雪运动的发展。为实现"带动三亿人参与冰雪运动"目标,2018 年出台《"带动三亿人参与冰雪运动"实施纲要(2018—2022 年)》。2019 年相继出台了《关于以 2022 年北京冬奥会为契机大力发展冰雪运动的意见》《冰雪装备器材产业发展行动计划(2019—2022 年)》等重要文件以推动冰雪产业发展。特别是 2019 年 3 月 31 日中共中央办公厅、国务院办公厅印发的《关于以 2022 年北京冬奥会为契机大力发展冰雪运动的意见》提出,要创新体制机制,明确备战任务,普及冰雪运动,发展冰雪产业,落实条件保障,努力实现冰雪运动跨越式发展。

　　随着"北冰南展西扩东进"国家战略的推行,各地区因地制宜,纷纷制定了不同的冰雪产业政策和落地方案(见表6)。

表6 各地区冰雪产业相关政策

地区	冰雪产业政策
黑龙江省	《黑龙江省冰雪装备产业发展规划(2017—2022年)》
	《黑龙江省冰雪旅游专项规划(2017—2025)》
	《黑龙江省冰雪旅游"五大行动"工作方案》
	《哈尔滨市香坊区冰雪装备制造产业发展规划(2017—2022年)》
	黑龙江省教育厅与体育局联合发布《关于建设百所短道速滑人才培养学校的方案》
吉林省	吉林省委、省政府《关于做大做强冰雪产业的实施意见》
北京市	《北京市顺义区人民政府关于加快冰雪运动发展的实施意见(2016—2022年)》
	北京市人民政府《关于加快冰雪运动发展的意见(2016—2022年)》
	《北京市支持校园冰雪运动发展项目管理办法(试行)》
	北京市东城区《校园冰雪运动五年行动计划(2018—2022年)》
天津市	天津市体育局、天津市发展和改革委等8部门联合印发《天津市冰雪运动发展规划(2016—2025年)》
河北省	河北省人民政府办公厅《关于创新冰雪运动发展体制机制的实施意见》
	《河北省冰雪产业发展规划(2018—2025年)》
	《石家庄市人民政府办公厅关于创新冰雪运动发展体制机制的实施意见(2018)》
	《石家庄市冰雪产业发展规划(2018—2025年)》
	《河北省人民政府办公厅关于支持冰雪运动和冰雪产业发展的实施意见》
	《邢台市冰雪产业发展规划(2018—2025年)》
	《廊坊市冰雪产业发展规划(2019—2025年)》
	《张家口市冰雪产业发展规划(2019—2025年)》
	《张家口市2019年冰雪产业发展实施方案》
	《河北省群众冬季运动推广普及计划(2018—2022年)》
江苏省	《江苏省加快发展冰雪运动产业行动方案》

五 政策指引下商业冰场运营机构发展现状

(一)商业冰场运营机构总体发展情况

《关于以2022年北京冬奥会为契机大力发展冰雪运动的意见》提出,大力普及群众性冰雪运动,建设群众冰雪设施。支持各地结合实际条件,加强公共冰雪场馆建设,配建无障碍设施。鼓励有条件的城市公园建设冬季临时性户外群众冰雪设施,同步做好安全保障。支持社会力量按照有关标准和要求建设各具特色的冰雪运动场馆。[①]

受利好政策的推动,冰雪场馆建设积极性高涨,其中商业冰场通过市场化运作,在为更多人提供冰上运动场地的同时,还能保持一定的收入,方便继续扩张,形成一个良性循环。纵观国内近3年商业冰场的发展,各区域商业冰场数量都有较大的变化(见图10)。

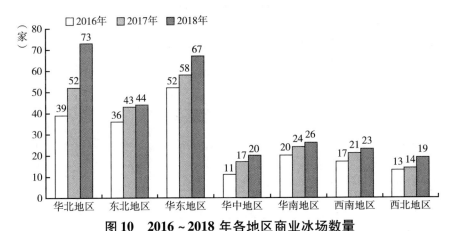

图10 2016～2018年各地区商业冰场数量

资料来源:奥山冰雪研究院统计资料。

---

① 中共中央办公厅、国务院办公厅印发《关于以2022年北京冬奥会为契机大力发展冰雪运动的意见》,http://www.gov.cn/zhengce/2019-03/31/content_5378541.htm。

其中，新增项目数量多集中在北方的华北地区，2017 年新增 13 家，2018 年新增 21 家，3 年来商业冰场数量复合增长率达 36.8%，由于整个华北地区是中国政治文化的中心，同时具有很好的冰雪文化基础，加上京津冀商圈的快速发展带动区域经济的腾飞，其商业冰场的建设出现高涨之势。

南方区域集中在华中地区，2017 年新增 6 家，2018 年新增 3 家，3 年来商业冰场数量复合增长率达 34.8%，华中地区三个省份中，湖南商业冰场数量为 8 家，湖北商业冰场数量为 7 家，这两个省份在华中地区内冰场数量最多；东部区域集中在华东地区，2017 年新增 6 家，2018 年新增 9 家，3 年来商业冰场数量复合增长率达 13.5%；西部区域集中在华南地区，2017 年新增 4 家，2018 年新增 2 家，3 年来商业冰场数量复合增长率达 14.0%。

目前国内各区域商业冰场发展现状见表 7。

表7　中国各地区冰场数量一览

单位：家

区域	2016 年总数	2017 年新增	2017 年总数	2018 年新增	2018 年总数
华北地区	39	13	52	21	73
东北地区	36	7	43	1	44
华东地区	52	6	58	9	67
华中地区	11	6	17	3	20
华南地区	20	4	24	2	26
西南地区	17	4	21	2	23
西北地区	13	1	14	5	19
合计	188	41	229	43	272

资料来源：奥山冰雪研究院统计资料。

按照国际经验，当人均 GDP 达到 5000 美元时，民众将对体育运动有所需求；人均 GDP 达到 8000 美元时，体育运动将成为国民经济支柱产业之一；人均 GDP 接近 1 万美元时，会迎来冰雪运动发展的"黄金期"。但直到 2011 年，中国人均 GDP 才首次超过 5000 美元大关，2017 年达到 8800 美元，开始逼近冰雪运动大发展的节点。

《全国冰雪场地设施建设规划（2016—2022 年）》提出，到 2022 年，全国滑冰馆数量不少于 650 座，其中新建不少于 500 座。

还要鼓励城区常住人口超过 50 万的城市根据自身情况建设公共滑冰馆，有条件的城市应至少建设有 1 片 61 米 × 30 米冰面的滑冰馆。鼓励有条件的学校建设滑冰馆。依托现有滑冰训练基地和大型体育场馆群，结合大型体育场馆功能和城市发展规划，建设可承办高水平冰上运动竞赛表演的滑冰馆。

同时推广室外天然滑冰场和建设可拆装滑冰场。有条件的地区要充分利用江、河、湖等水域资源建设天然滑冰场。支持有条件的地区和学校在冬季浇建冰场。鼓励在公园、校园、广场、社区等地建设可拆装滑冰场。

未来将维修改造现有滑冰场馆。支持现有的滑冰馆进行改扩建增容，提升设施配置水平和功能。鼓励对旧厂房、仓库、老旧商业设施等进行改造，改建成滑冰场地。改造修缮各级滑冰训练基地，完善功能，满足各级运动队训练要求并兼顾群众健身需求。

还明确要求有条件的地区要依托气候、地貌和生态等自然资源，因地制宜建设滑雪场地。鼓励和支持建设雪道面积大于 5 万平方米的滑雪场。鼓励现有滑雪场完善场地配套服务设施，支持有条件的滑雪场进行改扩建增容，完善设施功能，提升服务水平。有条件的地区要利用公园、城市广场等公共用地，建设以冰雪游憩活动为主的室内外冰雪乐园，满足公众参与冰雪、体验冰雪的需求。鼓励仿真冰雪和模拟设施的市场应用。

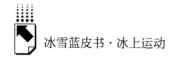

（二）典型商业冰场运营机构发展现状

国内现有冠军溜冰场、世纪星滑冰俱乐部、AST 欧悦溜冰场、冰纷万象滑冰场等几家典型商业冰场运营单位。根据网上资料统计目前国内主流冰场运营单位相关信息如下。

1. 冠军溜冰场

冠军溜冰场于 1999 年在国内率先实行连锁溜冰场管理，目前已在北京、上海、成都、青岛、常州、郑州、广东、济南等城市经营管理多家真冰溜冰场，并积极向大连、青岛、南京、合肥、海口、杭州等地发展。

冠军溜冰场由众多全国冠军、亚洲冠军、世界滑冰大赛获奖选手组成教练员队伍，实行国际标准化规范教学。全套进口制冰设备，制造高品质冰面，满足冰上演出和比赛的需要，同时，与国内外滑冰协会及组织积极交流，与国内外冰上运动明星、冠军零距离接触，带给消费者不一样的溜冰体验。

除培养滑冰后续力量及启发人们对滑冰的兴趣外，冠军溜冰场还成功举办了一系列丰富多彩的冰上表演等宣传推广活动，如俄罗斯冰上芭蕾舞团冰上表演、盐湖城冬奥会奥运选手启程仪式、迪士尼 100年全球冰上巡演、世界花样滑冰大奖赛中国总决赛媒体发布会、都灵冬奥会国家花样滑冰队启程仪式、明星大练冰、《梦开始的地方》大悦城冠军溜冰场大型开业冰上演出、《Ice Dream 梦幻冰雪平安夜》大型冰上演出等。

2. 世纪星滑冰俱乐部

北京世纪星滑冰俱乐部创建于 1999 年 6 月，是我国第一家专业滑冰俱乐部。总经理范军先生、副总经理杨晖先生都曾是中国花样滑冰项目的多次全国冠军获得者。公司坚持走商业、竞技体育同步发展道路，将商业冰场运营与冰上俱乐部运营相结合的模式进行到底。

与其他连锁溜冰场不同，世纪星滑冰俱乐部最初的门店均位于北京和南京专业体育场馆内，先后在北京首体冰场、南京奥体中心、北京国家体育场等地开设了冰上培训基地，已逐步成长为国内最具规模的滑冰俱乐部，并成为中国滑冰协会、中国冰球协会的会员单位，2008 年被国家冬季运动管理中心授予国家花样滑冰队训练基地、冰上项目后备人才培养基地等。

自进驻深圳海岸城购物中心以来，世纪星滑冰俱乐部开始快速向购物中心内的商业溜冰场领域扩张，先后进驻了深圳、宁波、上海、北京、芜湖五个城市的购物中心，加上体育场馆内的门店，就已开业的室内溜冰场而言，世纪星的门店数量与冠军溜冰场几乎不分伯仲。世纪星现已进入快速扩张期，连续签下慈溪联盛商业广场、南昌绿地中央广场、重庆东原 D7 区、南京德盈国际广场虹悦城、株洲太阳城、石家庄众美欢乐汇等众多项目。

世纪星滑冰俱乐部聘用的教练员包括国家队退役教练、运动员，各省市队优秀教练员、运动员 50 余名。俱乐部所有教练员均具备中国滑冰协会教练资质证书，部分教练员考取了一级裁判资格，三人考取了国际裁判资格，并在历次国内和国际大赛中参与赛务、裁判等重要工作。

3. AST 欧悦溜冰场

AST 欧悦溜冰场为奥地利 AST 艾斯特制冷与太阳能技术公司旗下品牌，AST 公司在法国、德国、英国、瑞士、奥地利、意大利、瑞典、芬兰、荷兰、阿联酋、比利时、卢森堡、中国内地、中国香港等全球 35 个国家和地区成功运营、搭建安装了 3000 多个专业冰场和休闲娱乐冰场、冰雪主题公园，并以每年 200 多个冰场项目的速度递增，占全欧洲 70% 以上的市场份额，成为欧洲排名第一的真冰溜冰场建造商和运营商。AST 公司同时也是冬奥会、世界冰球锦标赛、世

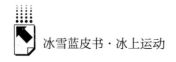
界花样滑冰锦标赛等一系列世界级冰上比赛的冰场建造商。

随着中国及亚太地区经济的高速发展，2003年AST公司确定中国为其未来核心目标市场之一。奥地利AST（中国）公司已经建立起一支集设计、技术、咨询服务、实施、运营、总承包服务于一体的专业化团队，其客户已遍及北京、上海、香港、深圳、成都、重庆、佛山等地，这些项目包括固定冰场、可转换冰场和移动冰场等。

近年来，AST在我国已由单纯的设备设施供应商、施工商迈向了溜冰场运营商角色，凭借施工经营一体化优势及拥有集国际标准真冰场、冰球场、冰上F1——极限冰橇、冰山滑道、冰酒吧、极地企鹅馆、冰壶会所、德国日耳曼冰雪风格烤肉餐厅于一体的"冰雪嘉年华"冰雪主题公园的特色，AST迅速将溜冰场版图扩张到长春、天津、北京、重庆、济南、淄博、武汉、石家庄、柳州、镇江等地。

4. 全明星滑冰俱乐部

全明星滑冰俱乐部是由"体操王子"李宁先生统筹，亚洲冰舞冠军王睿、世界冠军李春阳共同投资组建的集运动、休闲、时尚、娱乐和滑冰培训于一体的真冰滑冰场品牌。

全明星滑冰俱乐部计划进驻全国各大经济发达城市的大型中高档购物中心，推广普及滑冰运动，2008年全明星品牌被中国地产联盟评为"2008年中国最具成长性商业品牌"。

5. 冰纷万象滑冰场

冰场面积达1800平方米的冰纷万象滑冰场堪称国内第一个商业用途的奥运标准真冰滑冰场。作为华润自持、自营的项目，已成为各地万象城最大的标志性特色。

2006年8月，亚洲最大规模的滑冰比赛Skate Asia落户深圳，在冰纷万象滑冰场，1100多名来自23个国家和地区的滑冰选手同场竞技，创造了滑冰史上参与人数最多的纪录。2006年8月20日，冰纷万象滑冰场被授予"国家花样滑冰队训练基地"。此后，项目随着华润的布局开始全国发展。①

冰场位于深圳华润中心万象城，滑冰场总使用面积达 3600 平方米，其中冰面面积 1800 平方米，后台服务区域约 1800 平方米，高度超过 15 米，可以举办花样滑冰、速度滑冰、冰球比赛等国际大赛及其他一些娱乐活动。聘请了前亚洲滑冰协会主席 Ted Wilson 先生担任冰纷万象滑冰场总经理。附属于冰纷万象滑冰场的"陈露国际滑冰俱乐部"是专门从事滑冰教学的组织。

冰纷万象滑冰场多次举办"冰上圆愿"大型滑冰表演、"万圣节冰上狂欢"、圣诞节冰上表演、亚洲滑冰邀请赛、国家队滑冰表演及"女士滑冰之夜"、冰上求婚、冰上婚纱秀、冰上团队拓展等娱乐培训活动，已成为深圳年轻人最喜欢的休闲娱乐场所之一，也是万象城这座购物中心最具特色的游乐场所，是最美丽的一道风景。

这些业内知名企业的冰场数量近年来呈现爆发性增长趋势，如图 11 所示，特别是场馆建设数量。

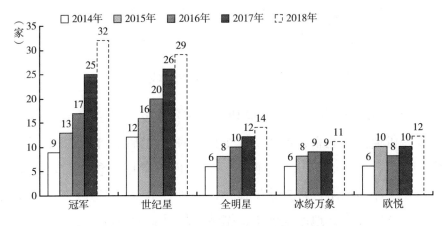

图 11　中国主要冰场连锁品牌冰场数量

资料来源：奥山冰雪研究院统计资料。

---

① 来源于网络资料。

六 中国冰上运动发展趋势

（一）政策环境、市场环境持续向好

目前中国冰上运动产业面临群众普及程度不高、竞技项目发展不均衡、冰上运动场地设施不足、体制机制有待进一步完善等主要问题。我国参与冰上运动产业的企业数量少，有品牌效应和影响力的企业还比较缺乏。随着我国冰上运动的发展，冰上运动产业正处于历史的最好发展时期，政策环境、市场环境持续向好。

未来冰雪产业的发展，将以供给侧结构性改革为主线，结合体育场馆建设和体育领域全面深化改革，抓住发展机遇，积极落实党中央、国务院关于发展体育产业和冰雪产业的一系列政策规划，补足冰上运动产业发展的短板，着力加大冰雪场地设施供给，着力普及青少年冰上运动，着力丰富冰上赛事活动，着力完善冰上运动产业的标准规范，着力加强冰上运动产业保障，着力培育冰上运动产业龙头企业。

（二）冬奥会带动我国冰雪产业整体发展

随着 2022 年冬奥会申办成功，我国冰上运动产业迎来前所未有的发展机遇。从北京、吉林、黑龙江、河北到新疆、内蒙古，还有云南、四川、山东、贵州、山西等，有条件的景区纷纷建雪场、砌冰雕，发展冰雪旅游。官方数据显示，当前已有 30 个省区市推出冰雪产品，冰雪经济在地区发展中占据越来越重要的地位。

借助举办 2022 年冬奥会的契机，各地政府将致力于打造良好的体育运动氛围，以竞技体育推动我国冰雪运动的普及，扩大我国冬季运动的消费群体和提高其竞技水平，开拓冰雪文化内涵和冰雪市场。

（三）冰雪产业专业化与异业融合

未来我国冰雪产业将出现以下几大变化。

1. 专业化加强

随着北京冬奥会的临近以及我国冰雪旅游产品不断丰富、场地设施不断完善，越来越多的民众将投身于冰上运动中，冰球是世界上速度最快也是最令人兴奋的集体运动之一，拥有快速的比赛节奏，高强度的赛场对抗，集技术、平衡能力和体力于一身。"意志、团队、进取"是冰球能带给孩子一生的品格。姿势优美的花样滑冰，快速不停地旋转和跳跃，对神经系统和运动平衡是一种很好的练习。经常滑冰，两腿及腰部肌肉会得到充足的锻炼。青少年练习滑冰，还可以促进下肢骨骼生长。但是冰上运动要增加消费者的黏性，就要有特色。

2. 异业融合

冰雪旅游不是一项单纯的旅游项目，其由冰雪运动衍生和关联各类产业，形成了纵横交错的产业链条，转变了区域的传统产业结构，带动了区域经济快速发展。

为强化经济带动作用，多产业融合发展的"冰雪+"战略正在成为各地冰雪旅游发展的新趋势。中国冰雪旅游发展正在进入重创意、重内容、重体验的阶段，冰雪+电竞、冰雪+养生、冰雪+文创、冰雪+休闲农业、冰雪+研学、冰雪+会展、冰雪+节庆等发展模式受到广泛重视，冰雪旅游产业链条逐步延伸。

随着政府科学规划冰雪运动发展，制定了明确的发展方向，冰雪产业将逐渐步入高速发展阶段。

B.3
青少年冰上运动分析报告

纪俊峰　姚兵妍*

摘　要： 青少年是冰上运动发展的基础，也是冰上运动发展的核心驱动力。本报告通过对青少年冰上运动培训体系现状的描述，分析青少年冰上运动发展存在的问题，以期对青少年冰上运动的发展起到借鉴作用。研究可知，随着冬奥会临近，我国青少年参与冰上运动的人数与次数大幅增加，青少年冰上运动赛事数量与质量均有所提高；北京市积极出台冰球运动裁判员滑行达标标准及管理办法，规范冰上运动赛事体系；随着国家对冰上运动尤其是青少年冰上运动的重视，我国冰上运动培训体系将不断完善。

关键词： 冰上运动　嘉年华　轮转冰

一　概述

（一）青少年冰球发展现状

随着冬奥会的临近，青少年参与冰球训练的人数大幅增加。青少

---

* 纪俊峰，国家体育总局冬季运动管理中心原冰球部副部长，曾负责国家冰球队管理、冰球比赛组织、冰球裁判员管理、冰球教练员管理、冰球国际联络，现为我国冰球联赛场外裁判员、北京市冰球协会联赛裁判员；姚兵妍，现任华星辉煌体育管理有限公司副总经理，负责青少年校园冰雪推广、赛事、队伍组建等工作。

年比赛数量和质量都有所提高。

1. 2018年全国中小学生冰球邀请赛

2018 年 8 月 13 日，中国冰球协会主办、北京市冰球运动协会承办了 2018 年全国中小学生冰球邀请赛。赛会在华星冰上运动中心（阜石路馆）举行。北京、哈尔滨、沈阳、齐齐哈尔、满洲里共 5 个城市的 10 支小学校队、7 支初中校队的近 300 名冰球队员参加，6 天进行了 39 场比赛。海嘉国际双语学校荣获小学组的冠军，北京 101 中学、北京二十中、北京十一学校获中学组前三名，清华大学附属小学获得小学组第四名。这次全国中小学生冰球邀请赛以学校冰球队为报名注册条件，以提高校队的竞赛水平、推动校园冰球发展为目标，使冰球运动广泛扎根于学校，成为中小学生增强体格、培养性格、完善人格、发展能力的新爱好。

2. 2017年北京市中小学生校际冰球联赛

2017 年北京市中小学生校际冰球联赛于 5～6 月举行。

北京市中小学生校际冰球联赛是以学校为单位组队进行的比赛。2017 年的比赛共分为五个组别进行，分别是初中组、甲组、乙组、丙组、丁组。

甲组和乙组是 2～6 年级学生组的队，丙组和丁组为 1～3 年级学生组的队。其中，甲组、丙组为单校组队，乙组、丁组为两个学校联合组队。与以往相比，2017 年的校际冰球联赛是北京中小学组队参加冰球比赛有史以来参与队数和参与人员最多的一届比赛。

2017 年校际冰球联赛是在北京市体育局领导下，由北京市体育竞赛管理中心和北京市冰球运动协会联合举办的青少年联赛，逐渐发展为和北京市青少年俱乐部联赛互促互补的比赛。在北京市青少年俱乐部联赛基础上，校际联赛为北京青少年提供了另外一个参与冰球运动的机会。与俱乐部组队比赛相比，校际冰球联赛以学校为单位进行组队，充分发挥学校的组织作用，活跃了校园的体育生活。

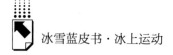

自 2013 年起，北京市中小学生校际冰球联赛从起初的 8 支队伍发展到 2017 年的 100 支队伍。在 2017 年的校际联赛中，学校单独组队的队伍已将近 50 支。

北京市中小学生校际冰球联赛是北京在发展冰球方面的历史性举动。学校的冰球队伍已经有 100 支，这个数量在北京的学校冰球历史上是空前的。北京的冰球历史上，曾经有过两支球队，均出自北京市什刹海体校，由北京市体委出资组建，至今已有 40 多年。从队伍数量来看已是当时的 50 倍。从经费的角度来看也发生了质的变化，由国家出资练球到家长自费让孩子练球，这是中国经济社会发展对冰球发展的促进作用。

北京校际冰球联赛还有很大的发展空间。北京校际冰球联赛已经有了 100 支球队，在数量上已经是很大的进步。那么，北京中小学校有多少呢？和北京学校总数相比是怎样的呢？北京市一共有小学 1504 所，学生近 60 万人；有中学 305 所，学生约 47 万人。这样一比，参加联赛的 100 支球队相对于北京市中小学校的数量来说，还是占比很小的。2017 年，北京市教委组织了遴选北京市冰雪特色学校的活动，有 51 家学校入选冰雪特色校。教委的加入和国家资金的注入肯定会对北京学校的冰球发展起到不小的促进作用。

北京校际冰球的发展在区域分布上是不均衡的。北京现有 16 个区，2017 年的 100 支球队主要来自东城、西城、海淀、朝阳这 4 个区，其他区加在一起也只有几个队伍。为什么会出现这样的情况？这跟冰场的建设是有直接关系的。北京现有 26 块滑冰场。北京冰场的数量在全国排第二，不算少。全国 2016 年共有冰场 243 块。冰场最多的省份是广东，有 30 块。北京中心城区东城和西城只有一块冰场；远郊区像密云、延庆、怀柔、房山等区也很少；多数集中在海淀、朝阳、昌平和石景山等近郊区。北京的冰球队发展也主要在东城、西城、朝阳、海淀等区。东城和西城的球场少，但是球队不少。而中心的这两个城区可以到海淀和朝阳的冰场去上冰，距冰场并不远。虽然冰场少但是上冰并没有成为问题。而比较远的区则由于冰场少、路又远而影响了冰球运动的开展。所以正如国际冰联主席说的"现在，没有冰场就没有冰球的发展"，冰场对于冰球发展而言已经是起到制约作用的因素。

那么冰场问题怎么解决呢？现在北京的所有学校中只有一所私立学校建设了一块冰场，而这个冰场的建成时间也才仅仅 3 个月。也就是说，参加 2017 年校际联赛的 100 支队伍，几乎全部都是在别人家的冰场训练的。这是"冰球进校园"和"足球进校园"的区别。足球进校园是学校组织球队，然后主要在自己学校里训练；而冰球进校园则是学校组织球队，然后去校外的冰场训练。不过这种情况也不是中国仅有的，即便是在世界上冰球发达的国家，中小学也鲜有自己的冰场，也是到社区的冰场去训练。所以学校没有冰场倒不是主要的问题。中小学校普遍建立自己的冰场可能不是短时间会出现的现象。借用社会上建设的冰场来训练学校的球队是学校冰球发展的一个重要途径。

北京冰球运动的发展过程中，不仅俱乐部比赛如火如荼，学校的冰球活动也日益进步，已经发展到以学校为单位来组队进行比赛的阶段。北京市体育局竞赛管理中心和北京市冰球运动协会及时适应北京冰球的开展，适时组织北京校际冰球联赛，促进了冰球运动在学校的开展。举办这个赛事的目的是激发学校开展冰球运动的积极性，是利用学校特有的体育方面的力量开展冰球活动，是让冰球这项有很多学生参加的体育活动回到它应该去的校园。

参加校际联赛的北京学校冰球队数量逐年增加。北京市校际冰球联赛已经举办了四届（2017 年未统计在内）。这四届联赛开展的过程是一个逐步提高的过程。2013 年第一届北京市校际冰球联赛只有 12 支球队参加。那时，冰球的发展还没有真正引起北京市多数学校的重视。之后，冰球的发展在北京不断升温。每届校际冰球联赛参赛队数都呈现增加的趋势。参加北京市校际冰球联赛的学校和队伍情况如表1所示。

表1　2013~2016年北京市校际冰球联赛数据

项目	2013年赛季	2014年赛季	2015年赛季	2016年赛季
参赛运动员数量(人)	180	266	443	749
参赛学校数量(所)	12	15	22	46
参赛队伍数量(支)	12	19	36	57
竞赛场地数量(块)	1	2	3	3
竞赛组别(个)	2	2	3	3
比赛场次(场)	26	68	94	181

参加校际冰球联赛体现的是学校对冰球发展的重视。冰球队是学校的一张名片，体现了这个学校的冰球水平和实力，反映了这个学校对冰球运动开展的重视程度。冰球队的组织是一项复杂的工作。冰球队需要的队员人数多，正规的球队需要20名队员。其中包括18名队员以及最少两名守门员。而冰球守门员是一个区别于其他队员的位置，技术和打法都有很大不同，这方面的人才尤其宝贵。冰球队需要的教练员多，一个队起码应该有一个主教练和一个守门员教练。冰球队需要一名随队医生。冰球队的训练需要专门的冰场。队员需要穿戴和使用专门的护具和用具。一所学校要组织起这样大而且特殊的一支队伍，不是一件简单的事情。如果不拿出相当大的力量来组织，不拿出大量的资金来支持，没有足够的思想重视，是难以组织起一支冰球队的。所以，学校的冰球队体现了一个学校对冰球发展的重视程度。

北京市校际冰球联赛已经举办多年，组织者已经积累了很多经验。

校际冰球联赛是各个学校的冰球队之间的较量。应该是每个竞赛组别中每个学校组织一个队参加。如果实在人数不够，而又希望参加比赛，那么，作为过渡，为了解决单个学校人数不够的问题，组织者应当同意两个各自队员不够的学校组成一个联队参加比赛。组织者应确定明确的竞赛规程，严格核查各队队员学籍，不应允许多校联合组成一个队参赛。各个学校也应该理解和严格遵守规定。因为如果是多个学校联合组队，比赛中就会形成多个学校的队员与一个学校的队员进行较量的局面，这就违背了公平竞赛的原则，失去了单个学校间竞争的意义，就不是真正意义上的校际联赛了。

多个学校联合组队也不利于激励冰球人数少的学校加快发展自己的冰球队员。制定人数不够的学校不能参赛的规定将会更加促进和激励冰球发展慢、队员人数少的学校加快发展自己的冰球队伍。

一个学校如果冰球项目开展得好、队员人数多，也不应组织多个队参加同一个组别的比赛。组队参加者不应试图把前三名都收入囊中，竞赛组织者也不应该让一个学校在同一个组别有重复获奖的可能，应该给更多的学校获得名次的机会。冰球发展好的学校有责任帮助和带动那些暂时处于发展中的学校，因为一花独放不是春。

如果一个学校队员人数多，组织一个队以后人员还有富余，可以交流给其他学校。《全国运动员注册与交流管理办法（试行）》明确规定了规范的做法。这种交流既可以解决队员希望参加比赛的问题，也对队员人数少的学校起到促进和支持的作用。

校际联赛鼓励的是更多的学校开展冰球活动并参加比赛，参加的学校越多越好，并不是简单地认为参赛队数量越多越好。校际联赛鼓励的是学校代表队之间的较量，并不是同校不同队之间的较量。

这样的校际冰球联赛才是在一个公平的环境下开展的校际联赛，这样的校际联赛才会对北京冰球的发展起到促进作用。

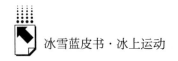
（二）北京市冰球裁判员滑行达标标准及管理方法

1. 2018年北京场内裁判员滑行达标标准

北京市冰球运动协会需要发展场内裁判员，希望能有更多的裁判员积极参加。北京市冰球裁判委员会公布了2018年北京场内裁判员滑行达标的标准。2018年5月1日至2019年4月30日使用此标准。滑行成绩分别达到四个滑行项目中各项标准的裁判员才能上场执裁。其中有一项没有达标的，不能升级，也不能上场执裁。这是国际上各国的通行做法。

国际冰联有国际冰联的标准，各国协会有各国的标准，这些标准不完全一样，都是根据所辖裁判员的水平制定的。北京市冰球裁委会这次公布的标准比较低。目的是让更多的裁判员能上场执裁。2019年5月1日以后，将根据新的测试结果制定新的达标标准。

公布标准有利于大家对照标准来比较自己的滑行测试成绩。还没有达标的裁判员要加紧练习，争取早日达标，早日上场。

裁判员的滑行和冰球运动员的滑行有一些不同的特点。冰球运动对保持体力有帮助，但是，只是依靠打球来提高滑行速度是远远不够的。滑行需要专门训练，需要专门安排时间找教练练习，只有这样才能早日达标。

2. 北京市冰球裁判员管理办法①

2018年3月30日，北京市冰球运动协会公布了冰球裁判员管理办法草案。

为了科学地管理北京市的冰球裁判员，特制定此方法。

---

① 《体育竞赛裁判员管理办法》，《中华人民共和国国务院公报》2016年第1期。

一、总则

第一条　根据《体育竞赛裁判员管理办法》（国家体育总局第21号令）与《北京市体育竞赛裁判员管理办法》，结合北京市冰球裁判员的实际情况，制定本办法。

第二条　北京市冰球裁判员的定义。北京市冰球裁判员是指在北京市冰球运动协会注册的裁判员，包括场内裁判员和场外裁判员。

第三条　北京市冰球运动协会接受北京市体育局对北京市冰球裁判员的管理工作的监管。

第四条　裁判员管理级别的划分。北京市冰球裁判员实行分级认证、分级注册和分级管理。北京市冰球运动协会负责管理冰球项目在北京市冰球运动协会注册的一级裁判员的认证、培训、考核、注册、选派、处罚（以下简称技术等级认证）。

第五条　北京市冰球裁判员分为国家级、一级、二级、三级。经过北京市冰球运动协会或区体育局培训和考试合格的获得培训合格证书的还没有级别的北京市冰球裁判员也归北京市冰球运动协会管理。

三级裁判员技术等级认证标准：年满18周岁中国公民，具备高中以上学历，能够掌握和运用本项目竞赛规则和裁判法，经培训并考核合格者。

二级裁判员技术等级认证标准：具有一定的裁判工作经验；任本项目三级裁判员满一定年限，能够掌握和正确运用本项目竞赛规则和裁判法，经培训并考核合格者。

一级裁判员技术等级认证标准：具备担任省级体育竞赛裁判员的经历，任本项目二级裁判员满一定年限，能够掌握和准确运用本项目竞赛规则和裁判法，经培训并考核合格者。

国家级裁判员技术等级认证标准：具有较高的裁判理论水平和执裁全国性体育竞赛经验，能够独立组织和执裁本项目竞赛的裁判工作；任本项目一级裁判员满一定年限，经全国单项协会培训并考核合格者。

国际级裁判员：各全国单项协会负责制定本项目各技术等级裁判员培训、考核和技术等级认证的具体标准，以及报考国际裁判员人选的考核推荐办法，具体标准和考核推荐办法须经公布后执行[1]。

二、裁判员考试安排

每年进行一次全体裁判员参加的晋级培训班。一级裁判员认证考试和晋级。

帮助各区在每年进行一次或两次二级和三级裁判员认证考试。

进行四级裁判员考核和认证。

三、裁判员晋级安排

三级的报名标准：3个赛季以上一级裁判员经历，自批准之日算起；至少两名裁判监督写评语认为可以参加国家级裁判员考试；在执裁过程中表现良好。

一级裁判员：每年5月至10月各考试一次。考试地点、具体日期和考试内容由北京市冰球运动协会裁判员委员会决定并下发通知。

裁判员每年6月1日至30日注册登记和确认。

四、奖励和惩罚

每年5月表扬那些表现突出、思想端正、业务水平高的裁判员。对表现差的裁判员进行批评。情节严重的，予以降级或撤销等级。

五、建立裁判员档案

北京市冰球裁委会建立各级裁判员档案。填写登记表。每个季度更新一次。由专人负责。

---

① 《体育竞赛裁判员管理办法》，中华人民共和国中央人民政府网站，http://www.gov.cn/gongbao/content/2016/content_ 2979724. htm。

六、制订裁判员培养计划

每年一月前制订一次"年度培训计划"，制订计划要遵循以下原则：

保持培训工作连续性。每年都要进行培训。

保持裁判队伍的合理年龄层次。

为思想品德好、专业素质好的裁判员多创造机会。

培训内容包括规则学习和考核、滑行技术学习和考核、实际比赛经验交流。

七、裁判员的素质要求

思想道德素质。要公正无私，秉公执法。

技术素质。要精通业务，力求判断准确。

身体素质。要有速度、耐力，柔韧性好，灵敏性好。

心理素质。要临危不乱，冷静自信，落落大方。

文化素质。要有文化修养和知识容量。[①]

二 培训体系的变化

近年来，全国各地全面贯彻党的十八大精神，按照"四个全面"战略布局，树立和落实创新、协调、绿色、开放、共享的发展理念，充分发挥市场作用，激发社会参与动力，丰富产品和服务供给，以青少年为重点，推广冰雪健身休闲项目，丰富冰雪赛事活动，提高大众冰雪运动参与度，满足大众多样化的冰雪运动需求。

在冰雪运动发展过程中，原来是以俱乐部培训为主，现在转变成了市场主导、政府引导。着力推进冰雪运动的供给侧结构性改革，扩大增量，提高质量，体育局为俱乐部提供经费，让家长花更少的钱，

---

① 摘录于冰球裁判员管理办法草案。

享受更好的服务，政府投入资金来组建队伍，参加北京青少年冰球锦标赛和校际冰球联赛等赛事。在2019年第二届全国青年运动会（以下简称"二青会"）上，北京包揽了各个组别的冠军，可见训练时长和训练经费的增加在冰球项目中效果显著。其他城市紧跟其后，以天津为例，各个学校开始关注冰雪运动的发展，不少学校已经跃跃欲试，希望将冰雪运动带入学校中。天津在2018年U系列冰球锦标赛中，体育局拨款为球队提供集训费用以及队员参加比赛的衣食住行等费用，冰球队员们大受鼓舞，家长们也深感欣慰，此举大大促进了冰球运动在天津的发展。从2017年起，天津的冰球训练人数从四五十人发展到现在已经有一两百人，在2019年的二青会中，出现了许多在冰球体系中从未见过名字的队员，可见，新的冰球力量正在崛起，冰球格局正在改变。据悉，北京首批52所冰雪运动特色学校开始相互"切磋技艺"，学校冰雪教育开展情况将被教委纳入考核范围。据了解，2018年，北京市东城区共评定23所区级冰雪运动特色学校，充分发挥其引领作用，以点带面推进全区校园冰雪运动发展。启动东城区全区教师冰雪项目专项培训，2018年8~9月举办3期中小学教师滑雪项目社会体育指导员培训班，陆续还将组织冰上运动专项培训，赴崇礼交流学习等。计划在五年内实现冰雪普及培训全覆盖及百名具有国家认定资质的冰雪教师培训目标。在全国冰雪运动热潮下，外国教练开始进入中国市场，他们分别来自北美、欧洲、俄罗斯等，据不完全统计，北京外籍教练已超30人，全国范围内外籍教练已超60人，我们希望这些优秀的外籍教练能够让国内冰球队员的水平再创新高。

2019年5月5日，由国际奥委会等支持、国际奥林匹克学院等主办的"2019国际奥林匹克教育论坛"在北京冬奥组委召开。论坛上，教育部体卫艺司提出"学校应将奥林匹克教育和冰雪运动纳入常规教育教学工作中，完善和丰富体育课程供给"。本次论坛主题为

"奥林匹克价值观与中国青少年教育发展"。中外奥林匹克领域的专家学者就体育活动的教育价值、推动奥林匹克价值观养成、探索奥林匹克教育的内涵意义和价值、发展中国特色的奥林匹克教育实践、我国冬季运动项目开展现状及社会参与影响等主题等展开热烈发言和讨论。

会上指出，要加强组织领导，推进冰雪进校园和奥林匹克教育工作，并纳入监督考核范围，开展专项或综合性检查。制定发展规划，因地制宜开展工作；加大经费投入，加快学校冰雪场地设施建设。遴选奥林匹克教育示范学校、冰雪运动特色学校，推动校园文化建设，营造全国学校奥林匹克教育和冰雪进校园的良好氛围，推动冰雪进校园进程。举办全国学生运动会、艺术展演、科技活动，让更多的青少年接受奥林匹克教育，参与冰雪运动。组织冬季奥林匹克教育课程资源研发，与世界各地学校开展奥林匹克交流活动；加强奥林匹克教育和冰雪运动进校园工作的研究，为2022年冬奥会和冬残奥会的成功举办营造良好氛围和环境①。

2019年7月23日，教育部正式公布《全国青少年校园冰雪运动特色学校和北京2022年冬奥会和冬残奥会奥林匹克教育示范学校名单》。经鉴定，教育部认定并命名北京市东城区前门小学等627所中小学校为北京2022年冬奥会和冬残奥会奥林匹克教育示范学校，北京市广渠门中学等1036所中小学校为全国青少年校园冰雪运动特色学校（见图1）。

根据《运动员技术等级管理办法》和《国家体育总局竞技体育司关于移交全国运动员技术等级审批工作有关事项的通知》规定，按照第二届全国青年运动会项目设置情况，国家体育总局决定调整短

---

① 《2019国际奥林匹克教育论坛在北京举行》，新华社新媒体，https://baijiahao.baidu.com/s? id = 1632697580220713451&wfr = spider&for = pc。

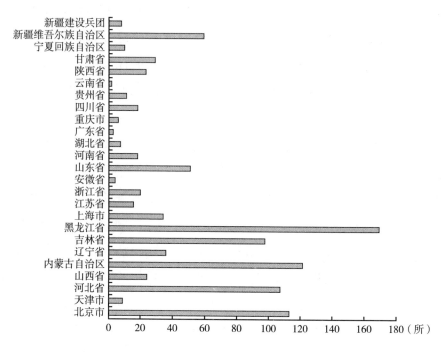

图1 全国青少年校园冰雪运动特色学校地区分布

道速滑、花样滑冰、冰球、冰壶、高山滑雪、跳台滑雪、北欧两项、自由式滑雪空中技巧、自由式滑雪雪上技巧、自由式滑雪U形场地、自由式滑雪大跳台和坡面障碍技巧、单板滑雪U形场地、单板滑雪平行项目、单板滑雪大跳台和坡面障碍技巧、单板滑雪（自由式滑雪）障碍追逐、冬季两项等16个冬季项目以及自行车、现代五项等43个项目二青会运动员技术等级标准，这样的政策给更多的冰雪人才提供了政策保障，向实现"三亿人上冰雪"的目标推动了重要的一步。

（一）冰球

长期以来，冬夏项目失衡已成为我国建设体育强国的一大障碍。2008年北京奥运会后，我国提出由"体育大国"向"体育强国"迈进的战略。2009 年哈尔滨世界大冬会及 2010 年温哥华冬奥会后，冬季运动在我国兴起，冰上运动重新得到关注。冰球运动在我国群众基础较好，民间冰球热逐步回升，在哈尔滨、北京、上海等城市掀起了热潮。申办青冬奥会，既能够充分利用大冬会遗产促使赛后效益转化，又能够快速提升我国冬季运动发展水平，使冬夏项目平衡发展，实现"体育强国"目标。

冰球运动最初受地域气候等因素制约，北方城市发展较好，为了响应习近平总书记"三亿人上冰雪"的号召，冰雪运动的发展进入了快车道，全国各地如火如荼地开展冰雪项目，拿冰球来说，以前后备人才局限于东北三省，现在举全国之力进行备战。除 15~24 岁的主力人群外新增了 5~10 岁的冰上运动员，人数以百倍之势不断增长，因为全国范围内，无论是商业冰场还是专业冰场都已经开始普及全民上冰的体验活动，以北京为例，各大冰场在 2018~2019 年举行全民上冰等各项活动达到百次之多，体验上冰人次超过万人，冰球队员的人数也水涨船高。从全国 U 系列比赛当中，U8 以及 U10 的参赛队伍数量翻倍可见，低年龄段冰球队员越来越多。

在全民普及的强劲势头下，专业赛事增多，以北京、天津、上海为例，北京的校际冰球联赛覆盖了 118 所学校，涵盖北京各个区域。天津在 2017~2019 年陆续举办了天津第一届冰球俱乐部联赛、京津冀鲁少儿冰球联赛等，天津市运动会第一次将冰球纳入比赛项目。与此同时，天津市青少年冰球队还参加了北京联赛、CCM 杯、贺岁杯、团圆杯等多项全国赛事，参赛队伍数从四五支发展到十几支，可见冰球在全国范围内热度飙升。

2014 年 5 月，为增强青少年对冰球运动的兴趣，上海飞扬冰上运动中心主办了"2014 上海国际青少年冰球节"活动。包括上海冰球之夜花样滑冰表演、青少年冰球锦标赛、青少年冰球技巧训练营等系列活动。青少年冰球锦标赛是专门针对青少年群体策划的首届冰球大众赛事，分为 U8、U10、U12、U15 四个组别。2015 年，飞扬冰上运动中心联合浦东新区教育局实施"冰上运动进校园"项目，目标是推广青少年冰上运动，培育上海冰上运动后备人才。到 2016 年底，上海飞扬冰上运动俱乐部共注册运动员 49 人，其中短道速滑注册 24人，花样滑冰注册 14 人，冰球注册 11 人。截至 2016 年底，上海市有 13 所教育机构参与"冰上运动进校园"项目，含 5 所幼儿园、6所小学、2 所中学，共有 3000 余名学生参加基础滑冰课程。

2019 年 7 月，国家体育总局在河北省承德市冰上运动中心主办了第二届全国青年运动会冰球比赛。比赛包括体校男子甲组、体校男子乙组、俱乐部男子乙组、体校女子甲组和体校女子乙组 5 个组别。比赛吸引了全国范围内 33 支参赛队伍、900 余名冰球运动员，参赛数据创下了历史新高。

不仅如此，2009 年，由广东省体育局主办、广东省青少年训练竞赛中心等承办的"青少年冰球锦标赛"于深圳举办。比赛由深圳昆仑鸿星冰球俱乐部、广州市冰河湾真冰溜冰运动有限公司、深圳市科冷商用设备有限公司协办，是广东省青少年冰球最高规格赛事，吸引了全省 12 支青少年强队参赛，赛事设置男子甲组、女子甲组、男女混合丙组三个单项。近几年，广东的冰球市场一片繁荣，各项高规格赛事相继落地。

2018 年全国 U 系列青少年冰球锦标赛中，据中国冰球协会统计，共有来自全国 12 个省区市的 66 支球队近 1600 人参与 U16、U14、U12、U10 与 U8 共 5 个组别的比赛。其中，U14 与 U16 组别在哈尔滨赛区举行，有 7 支 U16 队伍、12 支 U14 队伍参赛，共进行 31 场比赛；U12 组别在齐齐哈尔举行，有 14 支队伍参加，共进行 38 场比赛；U10 组别在青岛举行，有 14 支队伍参加，共进行 51 场比赛；U8组别在北京举行，有 19 支队伍参加，共进行 63 场小场地比赛。而在2019 年全国 U 系列青少年冰球锦标赛中，仅 U10 组别的队伍就达到了 23 支，在几天的赛事中，我们不难发现，曾经在冰球项目上战力颇为强悍的东北地区，已逐渐被天津、北京等地区队伍赶超，这与冰雪运动得到国家的大力支持是分不开的。以天津为例，自中俄友谊赛在天津开展后，天津市成功获得 2020 年国际冰联男子 U18 冰球世锦赛乙级 B 组的举办权，这是继北京成功举办 2019 年女冰世锦赛甲级 B 组后，大型国际冰球赛事再次落户中国。

在冰球热现象的背后，我们对冰球队员以及家长进行了调研，从前孩子们的运动健身项目以游泳、篮球、足球等为主，家长在冰上运动大力普及后，更加了解冰上运动对孩子们发展的助益，如使身体强健，增强团队合作意识和头脑反应能力；而冰球队员们更多地表示，在冰球这项运动中，他们变得意志坚强，有团队荣誉感，收获了更多的友谊和快乐。

（二）短道项目

国内覆盖范围最广、影响力最大的青少年短道速滑比赛，即全国青少年 U 系列滑冰系列赛第一站于 2018 年 10 月 25 ~ 28 日拉开了序幕。本次比赛从 8 ~ 10 月举行的全国 U 系列滑冰区域赛中选拔了 254 名优秀的年轻运动员，并且国家队的高水平年轻运动员也参与其中。本次 U 系列滑冰系列赛的参赛选手，从之前举行的 8 站区域赛共计 800 名小运动员中脱颖而出。全国系列赛共设置 U10、U12、U14、U16 四个年龄段，根据四站系列赛中累计三站最好成绩，选拔出各组别积分前 24 名进入全国赛。本次 U 系列赛事也会选拔出优秀的运动员，参加短道速滑世界杯。U10、U12 组男女 7 圈、1000 米和混合接力的比赛中，领跑的冠军选手多数来自北方地区，但通过榜单可以看到，近年来，冰雪运动不断升温，不仅在北方地区，上海、四川、广东等地也开始普及发展冰雪运动。U 系列滑冰系列赛第二站于 11 月 22 ~ 25 日在上海举行，第三站和第四站分别于 2018 年 12 月 20 ~ 23

日、2019 年 1 月 17 ~ 20 日在哈尔滨举行。全国总决赛于 2019 年 3 月 1 ~ 3 日在北京举行。由此次比赛可看出，原来短道速滑的运动员主要分布在东北三省，现在北京、天津、上海、河北、内蒙古、新疆等地区，均有大量优秀的运动员出现。从短道速滑项目看，除传统的体校组外，二青会设立了社会组比赛，以激发市场力量，挖掘社会俱乐部培养人才的能力。社会组比赛中，北京世纪星滑冰俱乐部、上海飞扬冰上运动俱乐部、吉林市李坚柔冰雪俱乐部等均组队参赛，产生了良好的示范效应。

以北京为例，通过政府的支持和两年的准备，在校园内以轮转冰为基础跨项选材，培育了一批又一批短道速滑运动员。2017 年，北京的短道速滑运动员注册人数在 30 人左右，到 2019 年底，北京的短道速滑运动员注册人数已经达到 480 人。几年时间，整体成绩有了很大提升，不少运动员进入国家集训队，为备战 2022 年冬奥会做准备。

（三）花样滑冰

全国花样滑冰锦标赛为期 2 天，每年举办一届，共设置男单、女单、双人滑和冰上舞 4 个项目。2019 年锦标赛中，中国花样滑冰协会和部分学校进行合作，设置跨界选材专项，其中来自北京舞蹈学院附属中学和南京体育学院的舞者参加了冰舞项目，以提高冰舞的成绩。

2015 年 8 月起，中国冰雪运动项目开始跨界跨项工作。首批跨界跨项运动员在 2018 年平昌冬奥会雪车与钢架雪车项目中首次参赛。2017 年至今，国家体育总局冬季运动管理中心联合相关单位共同组织了 45 次选材活动，实现冬奥会全项开展、全面建队的目标。2018 年 5 月，花样滑冰的跨界选材正式开始，50 多名舞蹈学校学生参加了 2019 年全国花样滑冰锦标赛自由滑项目。

2019 年中国花样滑冰俱乐部联赛首站暨"十四冬"积分赛 7 月

11～15日在内蒙古呼伦贝尔开战；金博洋、闫涵等国内一线选手将悉数参赛；五个分站赛报名工作已完成，参赛规模创新纪录。据组委会介绍，2019年中国花样滑冰俱乐部联赛五个分站分别在呼伦贝尔、深圳、成都、青岛、吉林举行，总决赛在三亚进行。经过2018年的精心运营，加上冬运会积分的加持，联赛的报名情况十分火爆。

（四）冰壶

冰壶是一项适宜全民开展的冰上运动，但场地的高要求使其开展普及不易，为更好地开展中国冰壶运动，为2022年冬奥会储备更多冰壶后备人才，大力普及冰壶项目和校园冰壶运动，吸引更多人参与冰壶运动，中国冰壶协会于2017年4月发布"陆地冰壶场地及器材研发的公告"，最终安装保养成本低且娱乐性强、易推广的陆地冰壶应运而生。2017年10月，中国冰壶协会发布《陆地冰壶运动和竞赛规则（试行）》。陆地冰壶的赛道材质与冰壶不同，多使用仿真材料、大理石或其他相关材料做成，而且赛道大小也有差异，冰壶赛道长45.72米，最大宽度5米，而陆地冰壶赛道仅24米长，最大宽度3.8米。冰壶所用原材料十分苛刻，但陆地冰壶多采用国内所产的花岗岩，壶重约10.5千克，直径22厘米，含壶柄壶高16.7厘米，尺寸更小。陆地冰壶易于开展，因此推出后极大地推进了"冰壶进校园"的开展，此前陆地冰壶曾多次举办青少年赛事。

2019年7月，第二届全国青少年运动会冰壶与陆地冰壶全能比赛在黑龙江大庆举行，比赛吸引了北京、天津、上海、河北、青海、黑龙江等多个省区市74支队伍参加，在参赛队伍方面创造了历史之最。二青会增加了冰壶与陆地冰壶全能、冰壶与地掷球全能项目，使冰壶项目在中国的开展范围更为广阔（见表2）。

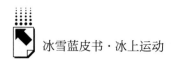
表 2　二青会期间冰壶比赛项目

单位：项，支

项目名称	比赛时间	比赛数量	参赛队伍
冰壶比赛	12～22 日	6	74
冰壶与陆地冰壶全能比赛	23～31 日	4	36
冰壶与地掷球全能比赛	19～31 日	8	35

二青会共设置 3 项冰壶比赛项目，与 2018～2019 赛季全国锦标赛的 43 支队伍相比，创下了历史新高。其中冰壶比赛设 6 项，男女四人团体比赛、体校男女甲乙组、混双体校组和混双俱乐部组，共有 74 支队伍参赛；冰壶与陆地冰壶全能比赛设 4 项，包括体校男女甲乙组 36 支队伍参赛；冰壶与地掷球全能比赛设 8 项，参赛队分为体校组和俱乐部组参加男女甲乙组比赛，共有 35 支队伍参赛。随着冰壶及陆地冰壶的普及，越来越多的地区开始参与这项运动。

2018 年 9 月才刚刚选拔组队的青海队便是其中一员。仅仅十个月的磨合训练，首次参赛的青海队队员在主教练陈路安的带领下，对冰壶和陆地冰壶运动项目理解迅速。通过刻苦训练及不懈努力，在长春举行的二青会冰壶项目中获得了女子银牌，这是青海自参加全国性体育竞技比赛以来，获得的首枚冬季项目的团体奖牌。在本次冰壶与陆地冰壶全能比赛中，女子乙组再接再厉，青海队再添一枚铜牌，这一银一铜开创了青海省冬季运动发展新的历史时刻。从 2018 年诞生到进入国家级正式比赛二青会，陆地冰壶及相应规则日趋得到关注与认可。二青会的舞台，为青少年运动员提供了展示机会，也给冰雪运动在中国的开展展示了更多可能。

作为全国政治文化中心，北京市对冰壶运动也开始给予大力扶持。2019 年 1 月 19 日，首届北京中小学校园冰壶比赛开幕式在北京师范大学第二附属中学国际部体育馆隆重举行，北京地区 18 所中小学 34 支代表队 200 余名运动员、教练员参加了开幕式活动。赛事由北京市冰壶协会主办，全国学校体育联盟（教学改革）、北京市体育局青少处为指导单位。

开幕仪式上，北京市冰壶协会副主席、常务副秘书长刘平江先生及北京师范大学体育与运动学院首任院长、全国学校体育联盟（教学改革）主席毛振明教授先后发言，鼓励参赛的中小学运动员们奋勇拼搏，发挥团队协作精神，向首届冠军发起冲刺。随后，北京市体育局青少处处长苏峻宣布比赛正式开幕。各中小学参赛队伍进行了激烈的角逐。参赛的各队队员们通过近 1 年的校园冰壶理论与实践学习，充分发挥平时所学，将真冰冰壶各项技战术应用到本次校园冰壶比赛中。赛场上，各组别运动员积极、认真、投入，对每个壶反复推敲，团队之间相互配合，场上呼应，热情持续高涨。场下，观战的轮空队员以及带队老师不时为运动员加油鼓劲，赛场的热烈氛围持续了整个赛程。本次比赛，创北京地区中小学参加冰壶比赛人数、阵容之最，充分体现了各中小学在北京市体育系统、教委、所在学校的大力扶持与帮助下，积极投身中国冰雪体育建设，投身首都冰雪体育发展，以点带面，以小见大，从基础做起，为冬奥会献礼，以积极行动践行"带动三亿人参与冰雪运动"的时代号召，以独具特色的校园冰壶运动模式，拼出了"精彩、非凡、卓越"的冰雪画板。

不仅如此，石家庄市在 2019 年"冰壶进校园"活动中选定 48 所小学，即石家庄市区内 30 所，廊坊、保定、沧州、衡水、邢台、邯郸、定州、辛集、雄安新区各两所学校。由河北冰缘冰壶俱乐部携带陆地冰壶简易器材，到选定的各学校由专业老师教学指导。每天两所学校，每所学校半天（上午、下午各一所学校），教学、体验 90 分钟，50~60 人参加，陆地冰壶进校园活动直接受教人数达 2600 人左右，直接参与人员 3500 人左右，现场观看、互动参与等间接参与人员 9000 人左右。① 培训期间由各学校体育老师带队与学生一起参与，力求做到教学与训练同步，老师能带队、学生能上场。活动包括对冰壶体育运动的宣讲、体验教学。向师生讲解冰壶运动项目的起源与发展，进行陆地冰壶运动规则的教学指导。引领学校开展冰壶体育项目，培训指导开展冰壶运动的方式方法。2019 年 6 月 30 日，以上海市体育局、上海市体育总会为指导，由上海市社会体育管理中心主办、上海市炫通体育发展有限公司承办的上海城市业余联赛"永玺杯"青少年陆地冰壶比赛开战。此次比赛通过青少年来推广冰壶运动，让更多的年轻人领略冰壶的魅力、享受冰壶的乐趣，为冰雪运动发展培育新力量、注入新活力。

冰壶项目被誉为"冰上国际象棋"，是老少皆宜的冰上体育运动项目，但造价贵在一定程度上限制了冰壶运动的发展和普及，陆地冰壶的目的在于突破场地的限制，去掉擦冰的步骤，降低冰壶项目的学习难度，使更多人能够参与冰壶运动。

三 嘉年华

全国大众冰雪季由国家体育总局面向社会主办，是以冰雪运动普及推广为主旨的活动，整个冰雪季活动，在京津地区以及东北、华北、西北展开，致力于传递冰雪文化和奥运精神。经过 5 年的发展，全国大众冰雪季已吸引数千万群众参与冰雪运动，成为落实全民健身国家战略、推广普及冰雪运动的品牌活动，并被列入《体育发展"十三五"规划》。

第一届全国大众冰雪季举办于 2014 年 12 月，目前已成功举办

① 河北省教育厅：《2018～2019 年河北省雪季"冰壶进校园"活动规程》，http://www.hbjyw.cn/news/detail/122447/176.html。

五届。首届冰雪季以"助力申奥，燃情冰雪，同心共筑中国梦"为主题，充分营造了申办 2022 年冬奥会的氛围。

2018 年第五届全国大众冰雪季启动仪式在上海东方体育中心举行。此次冰雪季以"欢乐冰雪、健康中国"为主题，是首次在南方城市举行启动仪式的冰雪季。启动仪式全面开启大众冰雪季的系列赛事。此次上海承办活动主要由启动仪式和上海东方明珠户外冬季冰上嘉年华等内容构成，丰富多彩的户外冬季冰上嘉年华活动将在东方明珠脚下举行，从元旦起至农历新年后，市民将持续感受冰雪运动的魅力。第五届全国大众冰雪季启动仪式分为展示部分和仪式部分，展示部分分为冰雪中国、冰雪梦想、冰雪力量三个方面，内容包括明星及群众展演、特色冰雪城市展示等。启动仪式在室内搭建仿真雪道，首次实现冰雪融合，并与全国各地实时连线，体现科技元素，突出冰雪同场、现实与虚拟交融、全国与地方联动参与的特点。

借助第五届全国大众冰雪季启动仪式，上海大力推动群众性冰雪运动的发展，积极提高全民冬季运动参与热情，努力推动冰雪运动跨越式发展，助力实施全民健身战略和"健康中国"国家战略。第五届全国大众冰雪季期间，开展了各类冰雪主题品牌活动和群众性冰雪赛事。其中包括针对大学生、儿童、家庭分月开展的冰雪主题活动。以 12 月为例，组织针对大学生的活动：12 月 8 日的全国高校滑雪挑战赛和 12 月中下旬的全国大学生花滑挑战赛点燃了大学生群体的冰雪热情。1 月结合世界雪日，推出儿童主题月。组织发动全国 110 余家雪场参加活动，吸引儿童参加。2 月针对家庭开展主题月活动"冰雪过大年"，面向大众征集与冰雪相关的故事、春联、祝福，将冰雪活动与情感元素连接。此外，冰雪季面向普通大众举办"全民冰雪公开课""青少年滑雪冬令营""大众冰雪评级"等品牌活动，面向青少年开展线上"快乐寒假冰雪作业""冰雪脑力王"等活动。全国多地举办各级各类群众身边的冰雪活动，如北京的"快乐冰雪季"、

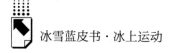

河北的"健康河北　欢乐冰雪"、黑龙江的"赏冰乐雪"等，各地活动的主要受众为青少年，通过各项活动，全国范围内各大中小学生感受到了冰上运动的乐趣，融入全国冰雪大环境的热潮之中。

四　轮转冰

轮滑运动有个俗称叫"旱冰"，轮滑的运动方式和冰雪上的滑冰很类似。但从运动人口来说，轮滑运动在青少年层面覆盖面大，而冰雪运动因为场地限制，青少年运动人口较少。因此，国家体育总局计划将巨大的青少年轮滑人口通过培训、赛事系统，转化为适合冰雪项目的后备人才。2018年，国家体育总局更是提出，大力发展轮滑人口，培养轮滑、冰雪复合型后备人才。此举不仅可以为未来的冬季项目发展储备更多青少年冰雪运动后备人才，也是执行"三亿人上冰雪"的重要举措。

2018年10月10日，国家体育总局社会体育指导中心、中国轮滑协会联合印发通知，指出为服务我国速度滑冰运动的发展，备战2022年北京冬奥会，国家体育总局社会体育指导中心、中国轮滑协会将组建"轮转冰"跨界跨项速度滑冰国家集训队。

如今冰雪运动的发展出现人才缺口，"轮转冰"将成为未来补足这一缺口的有效方式。同时，"冰促轮"也将在很大程度上推动轮滑运动的快速发展和人才储备。在我国，轮滑运动已有30多年的历史，数千万爱好者及专业滑手只需稍加专业指导，即可实现无障碍从事滑冰运动。

"轮转冰、冰促轮"，实现了轮滑运动员冬天上冰、夏天轮滑，成为"两栖运动员"，打通了群众体育与冬奥会项目后备人才的培养渠道，实现了轮滑项目与滑冰项目的人才共享，扩大了冰雪运动参与人口数量，激发了中国青少年轮滑运动的参与热情，给予轮滑教练、运动员、爱好者们更多信心。两者相互促进，必将助力人才蓬勃发展，提高竞技项目成绩。

五　国际交流赛

在冬奥精神的传播下，我国普通民众对于冰球运动的热情日益高涨，2016年起，我国的冰球赛事朝着国际化的方向发展，举办了多项大型国际性青少年冰球赛事，更好地促进了体育文化的国际交流，搭建了国内外冰球文化交流平台，打造了国际性常态化青少年冰球赛事，如"CCM杯"北京国际青少年冰球邀请赛、"昆仑鸿星杯"国际青少年冰球邀请赛、"奥运城市杯"北京国际青少年冰球邀请赛等，邀请俄罗斯、芬兰、日本、加拿大、中国香港等十几个国家和地区近50支冰球队伍进行参赛交流，为中国冰球运动员提供了冰球文化与技术的交流平台，为社会体育组织积累了赛事经验，为未来高端冰球赛事承办奠定了基础。

除球队间友好交流外，我国努力引入世界高水平冰球赛事。2017年9月，北美职业冰球联赛（NHL）首次在中国开赛，为中国球迷带来前所未有的震撼。NHL是北美四大体育联赛之一，代表世界职业冰球最高水平，计划未来6年都将在中国举办季前赛，并已与中国企业建立五年战略合作关系。

积极举办冰球国际赛事，有效地推动了冰球运动在我国的推广普及，为2022年北京冬奥会营造了良好的氛围，也能与国内外参与机构建立良性的合作关系，为国内冰球运动员、运动机构及普通参与者提供与国外高水平选手交流互动的平台，为未来冰球赛事的举办积累丰富的经验。

2018年6月8日，中俄青少年冰球友谊赛在天津举行，两国元首共同观看，对冰球运动在中国的普及、中国冰球运动水平的提升及冰球文化在中国的推广具有极大的促进作用。

案例篇

Case Studies

B.4

北方冰上运动产业分析报告

奥山冰雪研究院*

摘　要： 本报告分析了冬奥会对东北三省冰上运动的影响、东北三省冰上运动发展现状、东北三省冰上运动场馆发展现状、东北三省冰上运动发展趋势、七台河市短道速滑人才培养情况，希望能对其他区域冰上运动发展起到引导作用。研究发现，2022年北京冬奥会的成功申办，为东北三省冰上运动带来了新的发展契机。随着政策的倾斜，东北三省冰上运动装备、冰上运动场馆、冰上运动人才等各方面都得到长足有效的发展。

---

* 奥山冰雪研究院，隶属奥山控股，从事冰雪投资、冰雪场馆规划设计、运营管理、维护保养、节能等相关方面研究，致力于实现冰雪场馆规范化、生态化、智能化、模块化规划管理目标，建设各具特色的冰雪运动场馆。

从人才方面来看，七台河市为东北三省冰上运动人才培养的典型，通过改善硬件设施、创新工作思路、加强制度创新、建立奖励机制、以赛促训等措施，实现了冰上运动人才培养的健康有序发展。

关键词： 东北三省　冰上运动　七台河市　短道速滑

一　冬奥会对东北三省冰上运动的影响

冬奥会的申办给东北三省冰上运动带来了新的发展契机，国家政策利好，冰上运动市场需求空前释放，在体育场馆与装备、人才与资金、赛事活动等方面都对东北三省的冰上运动发展具有积极的推动作用。

（一）国家冰上运动宏观产业政策向东北倾斜

三区协同，以东北三省提升发展为基础，冬奥会的申办推动东北冰上运动产业全面发展。

《冰雪运动发展规划（2016—2025 年）》（以下简称《规划》）针对全国冰雪产业的布局提出："全面推进冰雪运动'南展西扩'战略，以京津冀为引领，以东北三省提升发展为基础，发挥新疆、内蒙古等西北、华北地区的后发优势，带动南方地区协同发展，形成引领带动、三区协同、多点扩充的发展格局。"①

《规划》提出："利用东北、西北、华北的资源优势，合理布局、错位发展，建设集竞赛表演、健身休闲、教育培训、装备制造

---

① 《冰雪运动发展规划（2016—2025 年）》，http：//sports. people. com. cn/n1/2016/1103/ c22155 - 28830704. html。

于一体的北方冰雪运动带。"① "进一步巩固东北地区冰雪运动发展基础，在人才培养、赛事组织、装备研发、文化宣传等方面稳步推进，促进健身休闲、竞赛表演、冰雪旅游、用品制造等各产业门类协调发展。"②

东北地区是我国冰雪运动的主要阵地之一，一方面冰上运动发展已有一定基础；另一方面得益于独特的气候资源优势，冬奥会的申办将推动东北冰上运动量和质的提升。

（二）冬奥会促进东北冰上运动产业完善发展

科技冬奥引领东北打造智慧冰雪体系，智能化冰上运动服务，推动冰上运动产业转型升级。冰上运动装备产业推动东北老工业基地振兴，《冰雪运动发展规划（2016—2025 年）》提出："以全面振兴东北地区老工业基地发展为契机，做大做强东北地区的冰雪装备制造业。"《冰雪装备器材产业发展行动计划（2019—2022 年）》提出："到 2022 年，冰雪装备器材产业年销售收入超过 200 亿元，年均增速在 20% 以上。"大众冰雪装备器材方面主张开发"绿色环保制冰主机、智能电动清冰车、冰壶专用清冰车、防撞垫等冰场设施"。冰上运动市场本身的需求，再加上东北的冰上运动产业基础与东北老工业基地振兴契机，冬奥会让东北冰上运动产业迎来全新发展。

黑龙江省适时出台《黑龙江省冰雪装备产业发展规划（2017—2022 年）》，推进全省冰雪装备产业发展。吉林省委、省政府《关于做大做强冰雪产业的实施意见》从创新投融资体制、完善消费政策、

---

① 《冰雪运动发展规划（2016—2025 年）》，http：//sports. people. com. cn/n1/2016/1103/c22155 - 28830704. html。
② 《冰雪运动发展规划（2016—2025 年）》，http：//sports. people. com. cn/n1/2016/1103/c22155 - 28830704. html。

加大土地政策支持、落实税费减免政策四大方面"对冰雪产业发展提出了具体的扶持举措，鼓励民营企业参与冰雪产业发展，吸引社会资本投资冰雪产业"。①

吉林省支持创新创业相关政策100条，即《吉林省扩大开放100项政策措施》（吉办发〔2019〕1号），第34、35、36条专门提到冰雪项目，提出专项资金扶持冰雪运动和场地装备等体育产业和重点企业，以资本、技术及管理等要素鼓励域外企业参与开发本省冰雪产业，以及建立"冰雪英雄榜"等扶持政策。

（三）冬奥会推动东北冰上运动装备产业发展

1. 市场需求释放促进东北冰上运动装备产业发展

大力普及冰雪运动，"带动三亿人参与冰雪运动"，冰上运动装备需求激增，冬奥会推进东北冰雪装备产业振兴发展。

冬奥会的申办将推动我国冰上运动产业实现一次巨大的飞跃，"带动三亿人参与冰雪运动"促进滑冰人数、滑冰场馆、冰上运动装备的增长（见表1）。据预测，到2022年，全国滑冰场馆数量达650座，滑冰人数达1000万人，购买冰刀数量达400万套，2022年全国购买冰刀的数量为2016年的5.7倍。2022年全国冰刀、冰

表1　全国滑冰场馆、滑冰人数、购买冰刀变化情况

年份	滑冰场馆数量（座）	滑冰人数（万人）	购买冰刀比例（%）	购买冰刀数量（万套）
2016	260	400	17.5	70
2022	650	1000	40	400

① 吉林省人民政府网，http://www.jl.gov.cn/zw/xwfb/xwfbh/2016_xwfb/2012jlskjhdz_68028/。

壶、冰壶装备、冰球装备等冰上运动装备销售额将达 32 亿元（见表 2）①。

表 2　全国冰上运动装备 2022 年市场需求预测

装备类型	购买人数（万人）	数量（万套）	单价（元）	销售额（亿元）
冰刀	400	400	500	20
冰壶装备	12	12	5000	6
冰壶	0.4	0.4	50000	2
冰球装备	4	4	10000	4
合计	416.4	—	—	32

注：①冰壶装备主要包括冰壶刷、冰壶鞋、冰壶服等，不包含冰壶；②相关资料来源于专业机构披露数据或企业调研提供数据。下同。

东北地区作为老工业基地，拥有一批冰上运动装备企业，一些冰上运动品牌和产品的市场影响力较大。目前，齐齐哈尔黑龙冰刀制造有限公司是国内知名的冰上运动综合器材生产企业，是原轻工部定点生产冰上体育器材的厂家，产品曾荣获国家金质奖，出口日、俄、德、美等 20 多个国家和地区。作为"老字号"品牌，齐齐哈尔黑龙冰刀占国内大众消费冰上运动装备市场的 1/4。

哈尔滨育民安体育文化发展有限公司是国内知名大众冰壶产品研发企业，是国内唯一具有大众冰壶系列产品自主研发生产能力的企业。

2. 黑龙江省冰雪装备产业发展规划落地实施

（1）制定冰上运动装备产业发展目标

2017 年 8 月，通过《黑龙江省冰雪装备产业发展规划（2017—2022 年）》的制定，黑龙江省提出到 2022 年冰雪装备产业规模达 40 亿元的发展目标，其中冰上运动装备制造业目标为 9 亿元（见表 3）。

---

① 《冰雪运动发展规划（2016—2025 年）》，http：//sports.people.com.cn/n1/2016/1103/c22155 - 28830704.html。

表3 黑龙江省冰雪装备产业 2022 年发展目标

单位：亿元

项目	规模
雪上运动装备领域	20
冰上运动装备制造业	9
冰雪场地装备产业	11

资料来源：《黑龙江省冰雪装备产业发展规划（2017—2022 年)》。

明确"以哈尔滨、齐齐哈尔、牡丹江等为重点，建成三个以上冰雪装备专业化产业园，打造三家以上主营业务收入超过 5 亿元的冰雪装备品牌企业，资本、科技和人才支撑产业发展的能力进一步增强，形成冰上运动装备、雪上运动装备、冰雪场地装备三个产业集群，建成全国冰雪装备研发制造基地"（见表 4）。

表4 黑龙江冰雪装备产业发展主要指标

指标	2016 年	2022 年
主营业务收入	2 亿元	40 亿元以上
主营业务收入亿元以上企业数	0 家	13 家（1 亿~5 亿元 10 家,5 亿~10 亿元 2 家,10 亿元以上 1 家）
上市公司	0 家	3 家
产业集群	0 个	3 个
产业园区	0 个	3 个以上

资料来源：《黑龙江省冰雪装备产业发展规划（2017—2022 年)》。

针对冰上运动产业，黑龙江省提出依托现有企业，"在大众冰刀产品提质扩能的基础上，积极开发研制高端冰刀产品，拓展冰球、冰壶运动装备产品生产，打造冰上运动装备全产业链"。将冰刀、冰壶装备和冰球装备作为重点主抓，通过龙头企业扶持，引进技术设备、丰富产品类型、加强研发设计等多种方式推进冰上运动产业发展（见表5）。

表5 黑龙江省冰上运动装备产业重点企业和重点项目

重点发展方向	重点企业	重点项目
速滑刀、花滑刀、冰球刀等	齐齐哈尔黑龙冰刀制造有限公司、哈尔滨乾卯雪龙体育用品有限公司	齐齐哈尔黑龙冰刀制造有限公司年产300万套冰刀的智能机器人全自动生产线项目、哈尔滨乾卯雪龙体育用品有限公司年产200万套新型冰刀鞋项目
冰壶装备、冰球装备	哈尔滨育民安体育文化发展有限公司	哈尔滨育民安体育文化发展有限公司冰壶装备产业化项目

资料来源：《黑龙江省冰雪装备产业发展规划（2017—2022年）》。

（2）扶持冰上运动装备民营企业发展

投资建设扶持，在资本、土地、贷款等方面出台具体举措扶持冰雪装备产业发展。"鼓励符合条件的冰雪装备企业积极申请国家中小企业创新基金，引导社会资本投入。产业基金或资金优先支持冰雪装备领域重点项目和重点企业，冰雪装备产业用地纳入土地利用总体规划和年度用地计划，优先安排用地需求。对年内投产的重点产业项目，按照当年固定资产投资贷款或自有资金投入额度，给予不超过5%的贴息或补助，最高不超过2500万元。"[1] 还提出"优先支持园区基础设施以及公共服务平台建设等方面，鼓励PPP模式等"。[2]

财税支持方面，依据营业收入额度、上市情况、产品和高新企业

---

[1] 《黑龙江省冰雪装备产业发展规划（2017—2022年）》，http：//www. hljdpc. gov. cn/art/2017/8/16/art_ 293_ 19524. html。

[2] 《黑龙江省冰雪装备产业发展规划（2017—2022年）》，http：//www. hljdpc. gov. cn/art/2017/8/16/art_ 293_ 19524. html。

认定以及大型活动的参与情况,对黑龙江省民营企业提供 5 万～1000 万元不等的资金扶持,享受相应的税收减免等优惠政策。其中,总部和主营业务收入均在黑龙江省的上市公司可享受一次性补助 1000 万元。依据企业条件具体扶持方式如表 6 所示。

表 6 黑龙江省冰雪装备民营企业财税政策扶持标准

依据	企业条件	扶持方式
收入情况	主营业务收入达到 2000 万元规模以上(新纳入统计或新建的工业企业)	每户企业一次性奖励 50 万元
	主营业务收入达到 2 亿元以上且同比正增长,新增流动资金贷款 3000 万元以上	贷款贴息
上市情况	境内主板、中小板、创业板首发和借壳上市	一次性补助 1000 万元
	境外主板、创业板首发上市(上市融资 2 亿元以上)	
	在"新三板"挂牌	一次性补助 200 万元
认定情况	获得国内首(台)套产品认定	首(台)套产品销售价格 50% 对贡献突出人员给予奖励,单户企业奖励上限为 200 万元
	具备条件的冰雪装备企业认定高新技术企业	享受减按 15% 的税率征收企业所得税
活动情况	参与国家和省组织的大型展会活动	间接或直接给予支持和补贴,单个企业年度补助额不超过 5 万元

资料来源:《黑龙江省冰雪装备产业发展规划(2017—2022 年)》。

(四)冬奥会推动东北冰上运动场馆的提质升级

1. 国家鼓励东北地区冰场建设

根据《全国冰雪场地设施建设规划(2016—2022 年)》发展目

标，"到 2022 年，全国滑冰馆数量不少于 650 座，其中新建不少于 500 座"。在加快滑冰场建设方面，《规划》提出："积极推动滑冰馆建设。鼓励城区常住人口超过 50 万的城市根据自身情况建设公共滑冰馆，有条件的城市应至少建设有 1 片 61 米 × 30 米冰面的滑冰馆。""鼓励有条件的学校建设滑冰馆、推广室外天然滑冰场和建设可拆装滑冰场、维修改造现有滑冰场馆。"其中关于东北的冰雪场地建设，强调"以东北地区稳步建设为基础"，东北地区"要在现有基础上扩大规模、提高质量，稳步推进冰雪场地设施建设"。同时，《冰雪运动发展规划（2016—2025 年）》在加大场地设施供给方面提出"鼓励东北、华北和西北地区在冬季浇筑室外临时性冰场"[①]。

2. 吉林省提出2020年实现各市（州）滑冰馆全覆盖

吉林省委、省政府《关于做大做强冰雪产业的实施意见》提出"到 2020 年建成 2 ~ 3 个亚洲一流滑冰馆，各级各类滑冰场总数达到 500 个以上，年实现各市（州）滑冰馆全覆盖"。2019 年 1 月 11 日，《吉林省人民政府办公厅关于加快发展健身休闲产业的实施意见》提出："各市（州）均要建有滑冰场馆，扶持有条件的县（市）及高校建设滑冰场馆。每年每个县（市、区）要建成 3 ~ 5 块以上室外滑冰场（轮滑场）。扶持全省各地区、中小学校逐年增加冰场浇注数量。有条件的社区要因地制宜开辟建设适宜居民开展活动的小型冰场和雪场。到 2020 年，各市（州）滑冰馆全面建成。"[②]

3. 辽宁省加快滑冰场地建设

根据 2018 年 9 月辽宁省体育局对省政协十二届一次会议《关于加快发展辽宁冰雪产业的建议》提案的答复，辽宁省在加快滑冰场

---

① 《冰雪运动发展规划（2016—2025 年）》，http://sports. people. com. cn/n1/2016/1103/c22155 - 28830704. html。

② 吉林省委、省政府：《关于做大做强冰雪产业的实施意见》，http://www. jl. chinanews. com/szjj/2016 - 09 - 27/7107. html。

地建设方面重点工作如下。

"鼓励全省各地市和有条件的学校建设滑冰馆。依托现有滑冰训练基地和大型体育场馆群，结合大型体育场馆功能完善和城市发展规划，建设可承办高水平冰上运动竞赛表演的滑冰馆。

推广室外天然滑冰场和建设可拆装滑冰场。各地市要充分利用江、河、湖等水域资源建设天然滑冰场。支持有条件的地区和学校在冬季浇建冰场。鼓励在公园、校园、广场、社区等地建设可拆装滑冰场。

鼓励各地市对旧厂房、仓库、老旧商业设施等进行改造，改建成滑冰场地。改造修缮各级滑冰训练基地，完善功能，满足辽宁省冰上竞技人才训练并兼顾大众冰上运动健身的需求。"①

（五）冬奥会推动东北冰上运动人才建设

1. 冰雪运动进校园东北是重点，推动东北冰上运动人才建设

《北京 2022 年冬奥会和冬残奥会中小学生奥林匹克教育计划》将东北、华北和西北等北方地区作为重点实施范围，根据教育部等四部门《关于加快推进全国青少年冰雪运动进校园的指导意见》，东北、华北、西北地区是青少年冰雪运动进校园活动的重点区域，在扶持特色带动校园冰雪运动普及发展方面，提出"重点面向东北、华北、西北地区遴选冰雪运动特色学校、试点县（区），设立校园冰雪改革试验区，并通过统筹冰雪运动高校高水平运动队和冰雪项目运动训练专业等方式，逐步构建起校园冰雪运动的普及发展体系"。②

---

① 《对省政协十二届一次会议〈关于加快发展辽宁冰雪产业的建议〉提案的答复》，辽宁省体育局官网，http：//www.lnsports.gov.cn/dbjy＿133919/szxta/szxsejychy/201809/t20180906＿3307324.html。

② 《吉林省人民政府办公厅关于加快发展健身休闲产业的实施意见》，http：//www.sohu.com/a/291521857＿120057265。

2. 黑龙江省建设百所短道速滑人才培养学校

黑龙江省教育厅与体育局联合发布《关于建设百所短道速滑人才培养学校的方案》，面向黑龙江省各地市中小学校遴选建设人才培养学校100所，这些短道速滑人才培养学校由省市体育、教育部门共同建设，在政策引导、经费扶持、师资配备、课程设定、训练竞赛、场地设置等方面给予支持，形成人才储备链。

2019年7月，黑龙江省公布百所短道速滑人才培养学校名单，其中，齐齐哈尔最多，为12所；其次是哈尔滨，为11所；紧随其后的是佳木斯和牡丹江，均为10所（见图1、表7）。

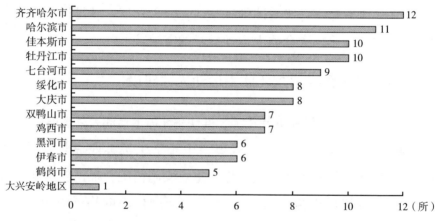

图1 黑龙江省百所短道速滑人才培养学校地区分布

资料来源：黑龙江省教育厅。

表7 黑龙江省百所短道速滑人才培养学校名单

编号	名称
1	哈尔滨市新阳路小学校
2	哈尔滨市江沿小学校
3	哈尔滨医科大学附属逸夫小学
4	哈尔滨新疆第二小学校
5	哈尔滨市保国第一小学校

续表

编号	名称
6	哈尔滨市虹桥第一小学校
7	哈尔滨市清滨小学校
8	哈尔滨师范附属小学
9	哈尔滨阿城区料甸镇新乡学校
10	哈尔滨市第七十六中学校
11	哈尔滨市虹桥初级中学校
12	齐齐哈尔市龙沙区永安小学
13	齐齐哈尔市龙沙区龙沙小学
14	齐齐哈尔市龙沙区公园路小学
15	齐齐哈尔市龙沙区民航路小学
16	齐齐哈尔市第三十四中学
17	齐齐哈尔市铁锋区天齐小学
18	齐齐哈尔市铁锋区第五十三中学
19	齐齐哈尔市昂昂溪区水师营满族镇中小学校
20	齐齐哈尔市第三十一中学
21	齐齐哈尔市阳光学校
22	齐齐哈尔市富裕县逸夫小学
23	齐齐哈尔市富区和平街小学
24	牡丹江市井冈山小学
25	牡丹江市奋强小学
26	牡丹江市朝鲜族小学
27	牡丹江市朝鲜族中学
28	牡丹江市水泥小学
29	牡丹江海林市第二中学
30	牡丹江海林市子荣小学
31	牡丹江宁安市宁安镇范家学校
32	牡丹江宁安市第四小学
33	牡丹江东宁市试验小学
34	佳木斯汤原县第一小学
35	佳木斯市第二小学校
36	佳木斯抚远市第一小学
37	佳木斯富锦市第七小学
38	佳木斯桦南县实验小学

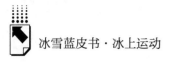
续表

编号	名称
39	佳木斯第六中学
40	农垦佳木斯学校
41	佳木斯市第十九中学
42	佳木斯第十一小学
43	佳木斯同江市第一小学
44	大庆市直属机关第四小学
45	大庆市第四十三中学
46	大庆杜蒙县烟筒屯镇中心学校
47	大庆市肇源县头台镇中心校
48	大庆肇源县第二中学
49	大庆石油高级中学
50	大庆市万宝学校
51	大庆湖滨学校
52	鸡西市跃进小学
53	鸡西市铁路小学
54	鸡西虎林市实验中学
55	鸡西梨树区太阳升小学
56	鸡西市田家炳中学
57	鸡西虎林市杨岗镇中心小学
58	鸡西梨树区平岗学校
59	双鸭山市第三十七中学
60	双鸭山市饶河县第二中学
61	双鸭山市饶河县第二小学
62	双鸭山市饶河县第三小学
63	双鸭山市光明小学
64	双鸭山市集贤县丰乐中心校
65	双鸭山市饶河县八五九农场学校
66	鹤岗市二十六中学
67	鹤岗市大跃进小学
68	鹤岗市八中小学部
69	鹤岗市五中小学部
70	鹤岗市十二中小学部
71	伊春市伊春区八一学校

编号	名称
72	伊春市乌伊岭区中学
73	伊春市南岔区东方红小学
74	伊春市伊春区育林小学
75	伊春市金山屯第二小学
76	伊春市朗乡林业局第一学校
77	七台河市第十六中学
78	七台河市第九中学
79	七台河市茄子河区茄子河小学
80	七台河市第五小学
81	七台河市第九小学
82	七台河市第一小学
83	七台河市育红小学
84	七台河市新兴区长兴学校
85	七台河市第十五小学
86	绥化肇东市福源小学
87	绥化安达市六一小学
88	绥化青冈县中和镇中心小学
89	绥化明水县滨泉凤亭小学
90	绥化海伦市实验小学
91	绥化肇东市第六中学
92	绥化庆安县新胜乡新胜中学
93	绥化青冈县中和镇中学
94	黑河五大连池市第一小学校
95	黑河孙吴县第二小学
96	黑河北安市实验中学
97	黑河北安市兆麟小学
98	黑河市第五小学
99	黑河逊克县实验小学校
100	大兴安岭加格达奇区曙光学校

资料来源：黑龙江省教育厅。

3. 吉林省建设"中国冰雪教育培训中心"

截至 2018 年底，吉林省冬季项目青少年运动员注册人数共 2192 人，其中冰上项目 1656 人。全国冬季项目注册人数 1287 人，其中冰上项目 811 人（见表 8），近 70% 为青少年运动员。吉林省全省开展冰雪后备人才项目的各级各类训练单位共 56 所，其中体育运动学校 6 所，少儿体校 36 所，中小学校 14 所，在训运动员 1940 人，在岗教练员 187 人。[①]

表 8　2018 年底吉林省冬季项目运动员注册情况

单位：人，%

类别	总注册人数	冰上项目注册人数	冰上项目人数占比
吉林省青少年运动员冬季项目	2192	1656	75.5
全国冬季项目	1287	811	63.0

资料来源：网上搜集整理。

吉林省提出建设"中国冰雪教育培训中心"的目标，"到 2020 年，全省实现培训教练员、裁判员、校园辅导员、社会体育指导员及各类中高级管理人员、服务保障人员 10000 人。"加强人才输出服务与管理，建设全国冰雪产业人才交流中心。吉林省提出实施"百万学生逐雪嬉冰"工程，"到 2020 年，利用体育彩票基金、政府购买服务及社会融资等形式，在全省建设 500 个青少年冰雪运动俱乐部、500 所冰雪运动特色学校、100 个青少年校外冰雪活动基地和 30 个冰雪研学旅行（冬令营）基地。"[②]

---

① 《冰壶、花滑、短道速滑、速度滑冰你方唱罢我登场　这个冬天的吉林省运动"有点热"》，中国吉林网，http://minsheng. cnjiwang. com/xcxm/201812/2790369. html。

② 吉林省委、省政府：《关于做大做强冰雪产业的实施意见》，http://www. gov. cn/xinwen/2016 –09/27/content_ 5112473. htm。

二 东北三省冰上运动发展现状

东北地区是我国冰上运动发展的重要区域,东北地区冰上运动快速发展、科学发展对于推动我国冰上运动更好的开展和促进 2022 年北京冬奥会举办具有重要意义。

(一)总体情况

冰上运动包括若干种类,本文主要分析东北三省在花样滑冰、冰球、速滑和冰壶等方面的发展现状。从东北三省整体看,黑龙江和吉林两省一直是我国冰上运动开展最活跃的省份,我国冬奥会冠军大多来自上述两省就是证明,辽宁更多的是在夏季奥运会中发力,近年也积极在冰上运动领域布局(见表9、表10)。

表9 "三冬"冰上运动金牌分布

单位:枚

速度滑冰	金牌	短道速滑	金牌	花样滑冰	金牌	冰壶	金牌	冰球	金牌
哈尔滨	6	吉林	2	哈尔滨	5	哈尔滨	4	齐齐哈尔	1
双鸭山	2	长春	4	长春	3	张家口	1	哈尔滨	1
齐齐哈尔	1	七台河	4	齐齐哈尔	1				
大兴安岭	1	哈尔滨	4	乌鲁木齐	1				
牡丹江	1	黑河	1						
延吉	1	解放军	1						
辽宁	1								

资料来源:根据各类资料整理。

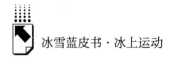
表10 "十一冬"和"十冬"速滑比赛奖牌分布比较

单位：枚

名次	运动队	"十一冬"			运动队	"十冬"		
		金牌	银牌	铜牌		金牌	银牌	铜牌
1	解放军	5	3	3	哈尔滨市	13		2
2	伊春市	5	3	2	伊春市	4	6	2
3	齐齐哈尔市	5	2	5	解放军	1	7	7
4	大庆市	3	1	1	佳木斯市	1	1	
5	长春市	2	4	1	白城市	1		3
6	哈尔滨市	2	3		长春市		4	4
7	吉林市	1	3	6	大庆市		2	1
8	鹤岗市		2	3	齐齐哈尔市			1
9	抚顺市			1				

资料来源：根据各类资料整理。

（二）黑龙江

黑龙江几乎全省都在发展冰上运动，全省13个地市、84家单位都在开展冰上运动。[①] 截至2018年（含2018~2019年雪季），黑龙江共有冰场167块，冰场面积932927平方米，省一级组织开展冰上赛事活动30多起、综合类赛事活动57起（含冰上、雪上），带动3360070人参与冰上运动。

1. 发力冰上基地

从冰上运动发展整体看，目前黑龙江主要包括哈尔滨、齐齐哈尔、佳木斯的冰球运动；哈尔滨、齐齐哈尔、大庆等地的花样滑冰运

---

① 《黑龙江将巩固冰雪强省地位打造全国冰雪运动核心区》，https：//www.sohu.com/a/ 56262646_ 121315。

动[①]；七台河的短道速滑运动，其中七台河还被国家体育总局命名为"冬奥会冠军之乡"。

2018 年第 14 届省运会共有 18 支队伍参赛，短道速滑有 12 支队伍，其中包括哈尔滨 38 人、七台河 46 人、牡丹江 30 人、佳木斯 26 人、大庆 22 人。[②] 齐齐哈尔一直是我国冰球运动人才培养的重要基地，自 2017 年起，每年的一月第一个整周的星期六被定为齐齐哈尔市冰球节。[③] 目前齐齐哈尔市各县区中小学等共成立了 41 支冰球队伍，形成了良性发展的势头。[④] 同年，2017 年 5 月 27 日，中国北疆首支职业化冰球俱乐部——黑龙江昆仑鸿星冰球俱乐部在齐齐哈尔正式成立，并将征战俄罗斯超级冰球联赛，为中国冰球培养后备人才。[⑤] 为促进齐齐哈尔冰上运动发展，2019 年黑龙江省花样滑冰夏令营也落户齐齐哈尔。[⑥]

2. 开展"百万青少年上冰雪"活动

为打好冰上运动基础，黑龙江推进"百万青少年上冰雪"系列活动，根据不同年龄段学生的不同特点，依据阳光体育大课间、班级体育活动、冬令营等形式，开展以"冰雪 5 + 5"（冰上项目有速度滑冰、花样滑冰、冰球、冰壶、打冰道，雪上项目有滑雪、堆雪人、雪雕、滚雪球、拉爬犁）特色活动为主要内容的校园冰雪活动，力争

---

① 《黑龙江省第十四届运动会花样滑冰项目资格审查名单公示》，http：//www. hljshort track. com/showart. aspx？id = 207。

② 罗斌、王诚民、李付坤：《黑龙江短道速滑后备人才培养分析》，《边疆经济与文化》2019 年第 2 期。

③ 《2017 齐齐哈尔首届冰球节开幕》，《黑龙江日报》2017 年 1 月 8 日，http：//epaper. hljnews. cn/ hljrb/20170108/ 249294. html。

④ 王诚民、吴迪、郭晗等：《齐齐哈尔冰球城市创新发展研究》，《高师理科学刊》2019 年第 6 期。

⑤ 《连特色小镇都要"搞冰球"！黑龙江人为啥偏偏对它爱得深沉?》，https：//news. qichacha. com/postnews_ 2eb6f6061f3749027138c43d39cb8d96. html。

⑥ 《2019 年黑龙江省花样滑冰夏令营落户鹤城》，http：//www. ydshaonian. com/ydsn/zx/news/？m = show&id = 582。

"校校有基地，人人会滑冰"。

3. 强化冰球学校建设

由于 2022 年冬奥会的成功申办，2015 年以来全国范围内掀起了广泛的冰雪运动热潮，黑龙江省也不例外。黑龙江建立滑冰项目学校 500 所，开设冰壶项目学校 162 所，王嘉廉冰球希望工程学校 10 所，中小学冰球队 21 支。积极推进校园浇冰建设，哈尔滨中小学校每年浇建冰场 525 块。[①] "冰雪运动特色学校"也在一些地方逐步建立起来，目前黑龙江有"冰雪运动特色学校" 180 所。[②] 此外，黑龙江还设立具有省域特色的冰球基点和试点校，目前 38 所冰球基点和试点校分布在哈尔滨市、齐齐哈尔市、佳木斯市、大庆市等 5 个城市的中小学校中。设有大学的冰球基点校，其中哈尔滨市 17 所、齐齐哈尔市 9 所、佳木斯市 5 所、大庆市 1 所，以及黑河市 3 个冰球试点学校（小学冰球基点校 20 所）。[③] 一些重点城市还出台"强制性"举措，比如齐齐哈尔要求各城区必须创建至少 1 所冰球特色学校，各县（市）每年增设 2 所铺冰学校，市教育局直属学校每年增设 1 所铺冰学校。

4. 夯实后备人才基地

为发挥黑龙江冰上运动优势，国家体育总局在黑龙江设置了 18 个冬季运动后备人才培养基地，纳入发展规划并给予重点扶持，科学合理地配置有限的资源，最大限度地发挥优势，调动了地方组队积极性，推动了黑龙江冰球后备人才队伍建设。

未来，黑龙江省将通过增加省级冬季体育后备人才基地、增加地

---

① 《冰情雪趣点燃冬日校园哈尔滨市青少年上冰雪活动纪实》，http：//www.hlj.gov.cn/ztzl/system/2017/12/20/010857233.shtml。

② 教育部官网。

③ 张娅姗、张良祥、张海泉：《黑龙江省冰球后备人才发展的瓶颈与破解对策》，《冰雪运动》2018 年第 9 期。

市级冬季体育精品工程及增加冬季体育传统项目学校的方式，在全省中小学范围内开展冰上运动，举办各类冬季运动会，提高青少年参与冰雪运动的比例。

（三）吉林

吉林是我国冰上运动大省。截至 2018 年末，吉林省共有冰场113 块，冰场面积 654350 平方米，其中省一级组织开展冰上赛事活动 36 起、综合类赛事活动 49 起（含冰上、雪上），共带动 1031500人参与冰上运动。为推动吉林省冰上运动发展，2017 年吉林省投入108 亿元建设最高（超级）冰球联盟，发展冰球事业。[1]

吉林省短道速滑培训基地主要分布在长春、通化、吉林、白城、四平等全省 8 个地区。长春市和吉林市短道速滑运动员占全省短道速滑人数的 62%，其他 6 个地区中延边占 13%，白城占 9%，四平占5%，松原占 4%，辉南占 4%，通化占 3%。[2] 吉林花样滑冰基地集中在省体育运动学校、吉林省体育局冬季运动管理中心和长春、吉林、四平、松原等地[3][4]；冰球主要集中在吉林市、长春市，特别是吉林市体育局还与吉林市城市建设控股集团有限公司共同组建吉林市首支职业冰球俱乐部——吉林市城投冰球队。[5]

---

[1] 《吉林为发展冰球事业投入 108 亿元人民币》，http：//sputniknews. cn/china/2017070510230 27216/。

[2] 郝梦丽：《吉林省短道速滑竞技项目可持续发展策略的研究》，吉林体育学院硕士学位论文，2017。

[3] 《全国花样滑冰冠军赛在黑龙江省冰上基地启幕》，https：//heilongjiang. dbw. cn/system/2014/ 04/12/055646744. shtml。

[4] 《我市选手在全省花样滑冰比赛中荣获冠军!》，http：//www. zxsilk. com/sipingshi/20190809/ 23589. html。

[5] 《吉林市"娃娃冰团"越滚越大 80 多名青少年入选国家集训队》，https：//sports. qq. com/ a/20190328/008633. htm。

1. 强化冰上设施建设

冰球场馆的数量是冰上运动事业稳步发展的重要保障。为推动冰上运动发展，2006 年 9 月吉林省速滑馆建成，总建筑面积 3 万平方米。从 2015 年开始，每一年都有若干场冰壶比赛在这里进行。2016 年，索契冬奥会冠军李坚柔成立了以自己名字命名的滑冰俱乐部，招收 8~10 岁的孩子，至今已经培训了 2000 多个小学员。① 从 2014 年冬天起，吉林市浇筑露天公益冰场，为市民开展冰上运动提供免费场所。随后，政府加大冰上运动场地投入，将最初的 6 块公益冰场陆续增至 34 块、91 块、107 块，2017~2018 年，吉林省参与滑冰人数达 136 万人次。② 2018 年冬季，全市冰场总数达到 109 块，其中包含城区内 26 块、周边县市 26 块、校园冰场 57 块。③ 公益冰场为市民提供了冬季健身的场所，也为体育主管部门从长期上冰的少年儿童中挑选人才提供了便利，实现了冰上运动后备人才储备，初步完成了冬季特色项目梯队建设。目前吉林省已经有 80 多名青少年入选各类冰上项目国家集训队，吉林冰上运动"娃娃冰团"不断壮大。④

表 11　吉林省部分冰上运动俱乐部

编号	俱乐部名称
1	欧悦冰上赛车国际俱乐部
2	冠军之星冰上轮滑俱乐部
3	长春冰上训练基地
4	富奥冰上运动中心
5	长春冰上训练基地速滑馆

资料来源：根据各类资料整理。

---

① 《吉林市"娃娃冰团"越滚越大　80 多名青少年入选国家集训队》，https：//sports. qq. com/a/20190328/008633. htm。

② 《全民上冰踏雪　吉林特色冰雪体系展现"江城速度"》，https：//sports. qq. com/a/20180413/006620. htm。

③ 《吉林市新设两处公益冰场！全市冰场总数达到 109 块！》，https：//baijiahao. baidu. com/s？id =1620743622755730596&wfr = spider&for = pc。

④ 《全民上冰踏雪　吉林特色冰雪体系展现"江城速度"》，https：//sports. qq. com/a/20180413/006620. htm。

2. 推动冰壶运动发展

在我国，冰壶运动起源于 20 世纪末黑龙江省与加拿大、日本北海道的交流活动。1995 年，我国正式引入冰壶运动。[①] 我国冰壶运动起步晚，吉林省冰壶运动项目的发展较北京、上海、哈尔滨等城市更晚，社会化发展的速度也较慢。[②]

2014 年以前，我国只有黑龙江在开展冰壶运动。吉林省拥有丰富的冰雪运动场地资源，推广和发展吉林省冰壶运动具有很大的可行性。[③] 吉林省在引进前国手陈路安后，2015 年 8 月 5 日，正式成立吉林省冰壶队，结束了黑龙江"独孤求败"的历史。[④] 在陈路安的带领下，吉林省冰壶队水平迅速提高，在 2016 年全国冬运会上吉林省夺得金牌，打破了冰壶立项以来黑龙江省对这个项目的垄断。此后，吉林省成为国家冰壶队的主力输出大户。2017 年国家冰壶集训队名单正式出炉，吉林省有 3 男 4 女共 7 人入选本期国家队，其中，男队员有田佳峰、王相坤、张泽众；女队员有焉会、范苏圆、王美妮、于佳鑫。[⑤] 为夯实冰壶发展基础，吉林省冬运中心还与上海市冰壶协会合作，为吉林冰壶队进行培训以及科研合作。[⑥]

3. 推动冰壶运动进校园

为夯实冰壶运动基础，吉林省积极推动冰壶进校园活动，吉林省体校率先开展冰壶专业定向培养中专生[⑦]，据不完全统计，目前吉林

① 《吉林省运会冰壶项目收官　冰壶发展仍有瓶颈》，https：//new. qq. com/omn/20180914/20180914F1XHPP. htm。
② 《国际冰壶学院中国分院冰雪运动进校园案例》，https：//www. caigou. com. cn/news/2018 111362. shtml。
③ 徐若天：《吉林省冰壶运动社会化发展的研究》，吉林体育学院硕士学位论文，2017。
④ 《吉林省冰壶队：一支很有前途的潜力股》，http：//news. cnjiwang. com/jwyc/201702/2336714. html。
⑤ 李木子：《吉林省 7 人入选国家冰壶集训队》，《长春日报》2017 年 7 月 5 日，http：//m. xinhuanet. com/2017 -07/05/c_ 1121267256. htm。
⑥ 《吉林省冰壶队：一支很有前途的潜力股》，http：//www. sohu. com/a/126826092_ 406982。
⑦ 《吉林省冰壶队：一支很有前途的潜力股》，http：//www. sohu. com/a/126826092_ 406982。

已经有近百所小学开展了地板冰壶项目①。与此同时，自 2017 年起，国际冰壶学院中国分院以吉林省为试点，开展地板冰壶进校园、进社区工作，至 2018 年 6 月，共进入吉林省 300 所左右中小学②，推动了吉林冰壶运动的发展。

4. 开展冰壶赛事活动

为推动冰壶运动持续发展，2018 年第十八届吉林省运会首次将冰壶纳入比赛项目。本届省运会冰壶比赛共有来自长春市朝阳区、汽车经济开发区、吉林市昌邑区、四平市、辽源市、珲春市等 14 支代表队的 72 名教练员和运动员参赛，争夺混合四人和混合双人 2 枚金牌。③ 2018 年，在由中国残联、中国残奥委等单位主办的 2018 年全国残疾人冰壶锦标赛上，吉林省获得女子听障组季军、男子听障组第四名、轮椅组第五名的优异成绩。④ 特别是在第二届全国青年运动会冰壶混双决赛上，吉林省吉林健亚冰雪体育俱乐部和长春市业余冰雪运动学校分别获得冰壶混双俱乐部组冠军和冰壶混双体校组亚军⑤，显示出吉林省在冰壶运动上的强大竞争力。

（四）辽宁

辽宁地处我国东北地区，体育冬季项目历史成绩显著，但在过去体育不是重点发展对象。借助北京冬奥会，辽宁体育将与时俱进，积

① 《吉林省运会冰壶项目收官　冰壶发展仍有瓶颈》，https：//new.qq.com/omn/20180914/20180914F1XHPP.html。

② 《国际冰壶学院中国分院冰雪运动进校园案例》，https：//www.caigou.com.cn/news/2018111362.shtml。

③ 《吉林省运会青少年组冰壶比赛开战》，http：//jl.cri.cn/20180910/4ff4ea41 – 34a1 – 8758 – 7b43 – cb86885b9ee0.html。

④ 《吉林省长春市残疾人冰壶队在 2018 年全国残疾冰壶锦标赛上取得优异成绩》，http：//www.cdpf.org.cn/dfdt/201807/t20180719_632628.shtml。

⑤ 《喜报！第二届青年运动会冰壶混双吉林省夺金》，http：//www.jlntv.cn/folder2228/folder2229/folder2442/2019 – 07 – 23/947885.html?_hgOutLink = news/newsDetail&id=947885。

极调整发展战略，补齐冬季项目短板①，正在实现冰上运动跨越式发展。截至 2018 年末，辽宁共有冰场 15 块，冰场面积 436367 平方米，其中省一级组织开展冰上赛事活动 3 起、综合类赛事活动 10 起（含冰上、雪上），共带动 404600 人参与。

1. 组建冰上运动机构

为推动辽宁冰上运动发展，协调冬夏项目，2014 年 8 月，辽宁成立省冰球队，且冰球首次进入辽宁省运会，辽宁冰球力量开始逐渐崛起。2015 年，辽宁组建速度滑冰队，2016 年 10 月 21 日，辽宁省冬季运动管理中心正式成立。② 此外，各地市也成立协会，如沈阳滑冰协会等。目前，省体育局正在谋划建设"辽宁冰上运动中心"，借此促进辽宁冰上运动的大发展。③

2015 年 12 月，沈阳滑冰协会正式被辽宁体育局确立为辽宁省级速滑体育后备人才基地。为了推动"带动三亿人参与冰雪运动"，辽宁省体育局青少处、辽宁省冬季项目运动管理中心与沈阳市滑冰协会合作，在沈阳市众多中小学校园内浇灌冰场，开展滑冰训练，打造"冰雪进校园"系列活动。④

2017 年沈阳滑冰协会推出"雏鹰培育战略"，与省政府、省军区、大地和米兰四家幼儿园，通过选派教练员授课的方式对儿童进行滑冰运动启蒙教育和体能训练。⑤ 2018 年全国青少年"未来之星"阳

① 《辽宁夏季冬季项目两手抓两手都要硬》，http：//sports. sina. com. cn/zz/2017 – 03 – 06/doc – ifycaasy7669357. shtml。

② 《辽宁冰雪运动如何创造更多人才优势》，http：//www. huaxia. com/lnsy/jrln/xwsc/2016/10/5051228. html。

③ 《省体育局召开学习中办国办〈关于以 2022 年北京冬奥会为契机大力发展冰雪运动的意见〉专题会议》，http：//tyj. ln. gov. cn/zfxxgk/tygzdt/201904/t20190422_ 3473088. html。

④ 《冰雪运动进校园 沈阳众多学校浇冰场练滑冰》，http：//ln. ifeng. com/a/20170119/5337774_ 0. shtml。

⑤ 《推广普及精准施教 注重全民健身与竞技体育的融合发展》，2017 年沈阳市滑冰协会总结，http：//www. sy – skating. com/news/2017 – 11 – 20. html。

光体育大会系列活动暨辽宁省中小学生滑冰联赛，在沈阳市二十中学的校园滑冰场内举行。[①] 2019 年暑期 2019 ~ 2020 辽宁省暨沈阳市首届全民冰雪运动会在沈阳市举办，通过组织速度滑冰、花样滑冰、冰球校园对抗赛等高水平竞赛，推动了辽宁青少年"冰雪进校园"向纵深发展。[②]

2. 加强场地设施建设

根据《辽宁省冰雪场地设施建设规划（2017—2022 年)》，到 2022 年，辽宁省滑冰馆数量不少于 20 座，其中新建不少于 10 座。辽宁积极在公园、校园、广场、社区等地建设可拆装的气模滑冰场；充分利用江、河、湖等水域资源建设天然滑冰场。一些地区和学校在冬季浇建冰场，一些地方利用闲置的旧厂房、仓库等无安全隐患的设施改建滑冰场地，维修改造各级滑冰训练基地，发挥功能作用。同时，为承办"第十五届全国冬季运动会"，抚顺正在建设一个可承办开闭幕式、短道速度滑冰分项中的 16 个小项、花样滑冰分项中的 10 个小项，共计 26 个小项的冰上运动综合馆。[③] 这些都充分满足了辽宁省冰上运动竞技人才训练及大众冰上运动健身娱乐的需求。

3. 推动冰壶运动

辽宁冰壶运动尤其是竞技冰壶发展较为滞后，在辽宁组建的冬季项目运动队九大项 13 个分项中，唯独没有冰壶运动队。[④] 2017 年 5 月 12 日，以冰壶运动的简易版——地壶球运动推广为主，项目正式

[①] 《沈阳市滑冰协会推广冰雪进校园不遗余力》，https：//www.caigou.com.cn/news/2018011792.shtml。

[②] 《整合资源 搭建平台 打造辽宁冰雪运动第一赛事 IP 全民冰雪运动会应运而生》，http：//www.lnsports.gov.cn/zfxxgk/tygzdt/201907/t20190703_ 3520894.html。

[③] 《辽宁抚顺市政府签约 AST 中国打造"中奥冰雪装备产业园"》，http：//www.olympjoy.com/nd.jsp？id＝940。

[④] 《省体育局召开学习中办国办〈关于以 2022 年北京冬奥会为契机大力发展冰雪运动的意见〉专题会议》，http：//tyj.ln.gov.cn/zfxxgk/kyyl/201907/t20190712_ 3530724.html。

引入本溪市，成为辽宁省第一个开展地壶球运动项目的城市①，并在东胜小学、大峪小学等全市 15 ~ 20 所小学试点推广地壶球项目。

4. 发展花样滑冰运动

花样滑冰是辽宁发展基础较好的冬季项目之一。② 近年辽宁积极通过连续举办业余性赛事，如花样滑冰公开赛、年度全国花样滑冰青少年系列赛等，提高花样滑冰选手的专业技巧和增加参赛经验，扩大花样滑冰运动在辽宁的影响力。一些商业机构也积极组建花样滑冰俱乐部参与"全国花样滑冰青少年系列赛"比赛③，如沈阳华润冰纷万象俱乐部除了参加花样滑冰队列滑比赛，还安排四位小队员参与单人滑角逐。④ 同时，辽宁体育局积极推进花样滑冰公益训练营，多次在雷奥冰上运动中心举办活动。⑤ 2019 年 7 月 12 日，2019 ~ 2020 辽宁省首届全民冰雪运动会在沈阳火热启动，依托省内 6 所合作滑冰场，通过"运动辽宁"广泛发布、动员、征集、评选，分期、分批选拔花样滑冰爱好者，走进各市内专业冰场进行体验、分享、互动、交流、学习、提升。专业滑冰教练员对滑冰体验者进行专业辅导、指导，结对子。同时，冰场夏季惠民活动在春季、夏季、秋季长期持续进行，直至 10 月底结束。⑥ 这些都扩大了辽宁花样滑冰的知名度，也让更多群众了解花样滑冰、接触花样滑冰、体验花样滑冰、爱上花样滑冰。

① 《本溪市引入地壶球运动项目》，http：//www. ln. gov. cn/zfxx/qsgd/ass_ 1/201705/t20170519_ 2950414. html。
② 《省体育局召开学习中办国办〈关于以 2022 年北京冬奥会为契机大力发展冰雪运动的意见〉专题会议》，http：//tyj. ln. gov. cn/zfxxgk/tygzdt/201904/t20190422_ 3473088. html。
③ 《沈阳花滑小队员经历高规格"历练"》，http：//ln. ifeng. com/a/20180116/6307148_ 0. shtml。
④ 《沈阳花滑小队员经历高规格"历练"》，http：//ln. ifeng. com/a/20180116/6307148_ 0. shtml。
⑤ 《景区活动ⅠⅠ辽宁省体育局滑雪、滑冰公益培训开始啦!》，http：//www. sohu. com/a/125947074_ 349299。
⑥ 《七十华诞，冰雪献礼，辽宁全民冰雪运动会在沈阳盛大启幕》，https：//baijiahao. baidu. com/s? id = 1638910047541011230&wfr = spider&for = pc。

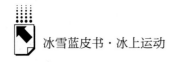

三 东北三省冰上运动场馆发展现状

东北地区是我国冰上运动场馆较多的地区之一，不少冰上运动场馆曾经举办过大型国内国际赛事活动，是国家冰上运动训练的重要基地。此外，东北地区还发展了不少商业连锁冰场和冰上俱乐部，是大众冰上运动休闲体验的重要空间。

（一）东北三省室内冰场发展现状[①]

1. 东北三省室内冰场总体分布情况

截至 2019 年 8 月，东北三省室内冰场总计 63 家，其中包括 3 家在建冰场（见图 2）。

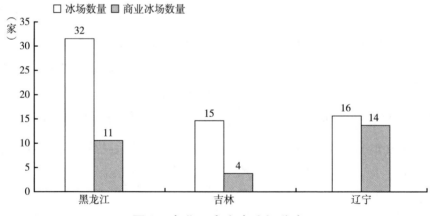

图 2 东北三省室内冰场分布

资料来源：体银智库。

区域分布上，黑龙江省 32 家，吉林省 15 家，辽宁省 16 家。东北三省半数以上冰场分布在黑龙江省。

---

① 本部分关于东北室内冰场的数据均由体银智库整理、统计得出。

　　《中国冰雪产业发展研究报告（2018）》将我国滑冰场主要分为体育运动型和商业休闲型两大类，前者由政府体育管理部门建设运营，在形式上多为独立建筑或场馆；后者主要由商业机构建设运营，在形式上多依托于商业综合体建设。[①] 根据这一分类，东北三省目前体育运动型冰场34家，占冰场总数的54%；商业休闲型冰场29家，占冰场总数的46%（见图3）。三省比较来看，黑龙江省体育运动型冰场数量位居东北三省之首，而辽宁省的商业休闲型冰场数量位居东北三省之首。

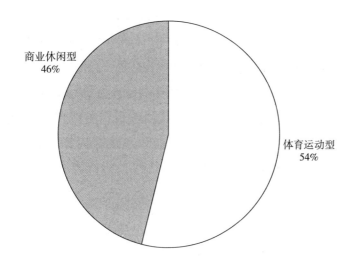

图3　东北三省室内冰场类型分布

资料来源：体银智库。

2. 黑龙江省室内冰场现状

　　黑龙江省冰场主要分布在哈尔滨和齐齐哈尔两大城市（见图4、表12）。

---

① 国际数据集团（IDG）、华腾冰雪产业机构：《中国冰雪产业发展研究报告（2018）》，第50页。

哈尔滨室内冰场总数为 18 家，占全省的 56.25%。黑龙江省速滑馆、黑龙江省滑冰馆等较早建立的大型冰上运动场馆，几十年来在中国冰上运动发展中发挥了重要的作用。黑龙江省速滑馆建筑面积22268 平方米，馆内有国际标准速滑冰场 1 块、短道速滑冰场 2 块，不仅国内赛事纷呈，还承办过第三届亚洲冬季运动会、第二十四届世界大学生冬季运动会，2002 年、2004 年、2006 年、2012 年、2016年世界杯速滑赛等世界大型比赛。黑龙江省滑冰馆建筑面积 8063 平方米，观众座席 4000 多个，是黑龙江省最早的一座室内滑冰馆，冰场内设有 5 条国际标准冰壶赛道，曾承办全国"五冬"、"七冬"、亚洲二届、三届短道比赛等系列赛事。哈尔滨 9 家商业冰场中，包括喜悦滑冰场、冠军冰场、飞扬冰场等知名冰场连锁店。

有"冰球之都"之称的齐齐哈尔室内冰场总数为 7 家，其中华星冰上运动中心 1 家商业冰场处于运营状态、齐齐哈尔奥悦冰球馆正在建设中。大庆、佳木斯、绥化、牡丹江、七台河等地的室内冰场均为非商业型冰场，以政府运营为主。

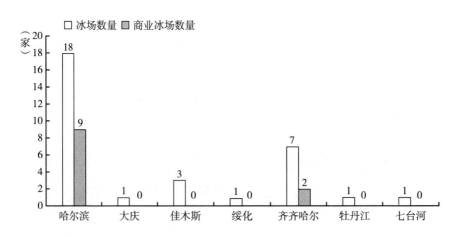

图 4　黑龙江省室内冰场分布

资料来源：体银智库。

表 12 黑龙江省室内冰场统计

地区	室内冰场	备注
哈尔滨	黑龙江省滑冰馆	
	哈尔滨市冰球馆	
	黑龙江省速滑馆	
	哈尔滨国际会展体育中心体育馆	
	黑龙江省冰上综合训练馆(花样馆)	
	喜悦滑冰场(融创茂店)	商业型
	哈尔滨体育学院滑冰馆	
	哈尔滨市新秀滑冰俱乐部	商业型
	哈尔滨市奥博特滑冰俱乐部	商业型
	哈尔滨冰上训练基地天润滑冰馆	
	桑莱特轮滑滑冰俱乐部(室内真冰冰场)	商业型
	冠军冰场(中央公园店)	商业型
	炫采滑冰场	商业型
	雪花冰球俱乐部(江南国际公寓1001室)	商业型
	哈尔滨理工大学体育活动中心	
	新华小学冰球馆(平房区)	
	奥禹冰壶运动中心	商业型
	飞扬冰场(王府井购物中心店)	商业型
大庆	大庆市速滑馆	
佳木斯	佳木斯体工队冰场	
	佳木斯市社区全民健身中心冰球馆(在建)	
	佳木斯市滑冰馆	
绥化	绥化市滑冰馆	

续表

地区	室内冰场	备注
齐齐哈尔	齐齐哈尔市综合体育馆(齐齐哈尔体育运动中心)	
	齐齐哈尔市冰球馆	
	齐齐哈尔市速滑馆	
	黑龙速滑馆	
	波司登滑冰馆	
	华星冰上运动中心(龙沙区新明大街5号)	商业型
	齐齐哈尔奥悦冰球馆(在建)	商业型
牡丹江	牡丹江北山滑冰馆	
七台河	七台河市体育会展中心综合体育馆(体育局综合体育馆)	

资料来源：体银智库。

3. 吉林省室内冰场现状

吉林省室内冰场以政府运营为主，商业冰场较少。15家冰场中，商业冰场有4家，非商业型冰场有11家，非商业型冰场占比73.3%（见图5）。

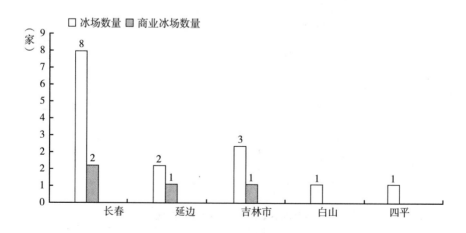

图5 吉林省室内冰场分布

资料来源：体银智库。

吉林省一半以上的室内冰场分布在长春市。其中，吉林省滑冰馆、吉林省速滑馆观众席位均超过 2000 个，吉林省滑冰馆曾举办2007 年冬季亚运会所有的女子冰球初赛至决赛赛事，吉林省速滑馆曾举办 2007 年冬季亚运会所有的男子、女子初赛至决赛赛事。长春五环体育馆是第六届亚洲冬季运动会的主场馆，举办开闭幕式、短道速滑与花样滑冰等赛事。此外，长春市拥有富奥体育中心（冰球馆）、欧悦真冰滑冰场两家商业冰场。延边、吉林市、白山、四平也有分布，其中四平市滑冰馆正在建设中（见表 13）。

表 13　吉林省室内冰场统计

地区	冰场	备注
长春	吉林省滑冰馆	
	吉林省速滑馆	
	长春市滑冰馆	
	长春冰上训练基地速滑馆	
	富奥体育中心（冰球馆）	商业型
	长春五环体育馆	
	长春体育中心－速滑馆	
	欧悦真冰滑冰场	商业型
延边	延边滑冰训练馆	
	欢乐宫真冰场	商业型
吉林市	吉林市冰上运动中心（吉林市滑冰馆）	
	吉林市全民健身中心体育馆国际标准化冰球场	
	财富购物广场滑冰场	商业型
白山	白山市滑冰馆	
四平	四平市滑冰馆（在建）	

资料来源：体银智库。

4. 辽宁省室内冰场现状

辽宁省商业冰场占据主导地位，16 家冰场中有 14 家属于商业冰场，商业冰场占比 87.5%（见图 6）。

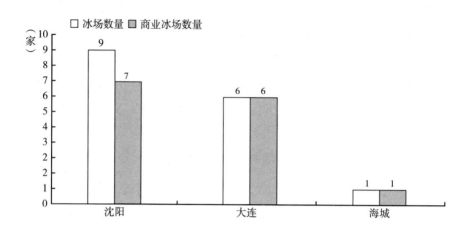

图 6　辽宁省室内冰场分布

资料来源：体银智库。

辽宁省冰场主要分布在沈阳和大连两大城市。沈阳 9 家冰场中，除了沈阳皇姑区的星汉体育馆（八一速滑馆）、和平区的全民健身活动中心滑冰馆两大非商业型冰场外，其他 7 家室内冰场均为商业冰场。而大连的 6 家冰场和海城的 1 家冰场均属于商业冰场。

辽宁省商业冰场类型较为丰富，产品较为多元。沈阳市拥有沈阳冰纷万象滑冰场（万象城）等大型知名商业冰场、华星冰上运动中心满融馆等品牌连锁店、PINK RINK 冰上运动中心（龙之梦大都汇）等特色主题冰场。大连市拥有冠军溜冰场、陈露大连国际冰上运动中心等知名品牌连锁店，雪堡冰乐园滑冰场等娱乐性、体验性冰场乐园（见表 14）。

表 14 辽宁省室内冰场统计

地区	冰场	备注
沈阳	奥林冰场(商业城店)	商业型
	雷奥冰上运动中心	商业型
	冰舞天地滑冰场(兴隆大都汇)	商业型
	华星冰上运动中心满融馆	商业型
	星汉体育馆(八一速滑馆)(皇姑区)	
	沈阳冰纷万象滑冰场(万象城)	商业型
	龙悦冰城滑冰场	
	PINK RINK 冰上运动中心(龙之梦大都汇)	商业型
	全民健身活动中心滑冰馆(和平区)	
大连	百思德绿天地冠军冰场(甘井子区)	商业型
	冠军溜冰场(西岗区百年港湾)	商业型
	陈露大连国际冰上运动中心	商业型
	雪堡冰乐园滑冰场	商业型
	海德澜冰场	商业型
	蓝极冰(恒隆广场店)	商业型
海城	冰纷万和滑冰场(永安路 2 号万和城六楼真冰场)	商业型

资料来源:体银智库。

(二)东北三省公益冰场发展现状

随着"带动三亿人参与冰雪运动"和国家对体育场馆的鼓励开放政策不断落地实施,东北地区借助自身的冰上运动场馆优势和自然气候优势,每年为群众提供大量的室内外公益冰场活动空间,通过免费或低收费的形式,让更多的民众参与冰上运动项目。

1.冬季浇建公益性临时冰场

以"冰城"哈尔滨为例,2016 年冬季哈尔滨建设 43 块公益冰场、8 块冰壶场,2017 年冬季至 2019 年春哈尔滨共建设 69 块公益冰场。2017 年 12 月 15 日至 2018 年 4 月 30 日,哈尔滨市体育局主办哈尔滨市"赏冰乐雪"体育活动暨"全民上冰雪"百日系列活动，节庆期间市区浇建公益冰场 45 块，县（市）浇建公益冰场 24 块，开展比赛和活动 164 项（见表 15）。[①]

表 15　哈尔滨 2017 年度全市公益冰场统计

区域		冰场
市区	道里区	群力体育公园冰场
		群力外滩青少年冰雪活动基地冰场
		长岭湖冰场
		斯大林公园江面冰场
	道外区	区体育场冰场
		太平公园冰场
		古梨园公园冰场
	南岗区	青年广场冰场
		马家沟河宣化桥东段冰场
		马家沟河宣化桥西段冰场
		马家沟河大成桥东段冰场
		马家沟河大成桥西段冰场
		马家沟河儿童公园段冰场
		哈西万达广场
		哈尔滨体育学院冰场
		哈尔滨国际会展体育中心冰场
		国际高尔夫球场冰场
		红旗乡南湖冰场
		黑龙江旅游职业技术学院

[①] 《滑冰免费！鞋免费！哈尔滨这 69 处公益冰场免费开放!》，搜狐网，http://www.sohu.com/a/212686193_ 797262。

区域		冰场
市区	香坊区	黛秀湖公园冰场
		马家沟滨河公园冰场
		远大生态园冰场
		林大社区冰场
		建成社区新成学校冰场
		哈尔滨职业技术学院冰场
		农大体育场冰场
	平房区	哈飞公益冰场
		平房公园冰场
		东轻公益冰场
		保国公益冰场
		九十九中学公益冰场
		联合公益冰场
	松北区	新区中心公园冰场
		锦绣家园社区冰场
		北岸明珠社区冰场
		枫叶小镇冰场
	呼兰区	区政府广场冰场
		区体育场冰场
		萧红公园冰场
	阿城区	区体育场冰场
		会宁公园冰场
		恒大城东冰场
		龙涤广场冰场
	双城区	人工湖冰场
		区职教中心冰场

续表

区域		冰场
县(市)	五常市	金山公园冰场
		荷花池冰场
		山河一中冰场
		红旗乡冰场
	尚志市	胜利社区冰场
		民族社区冰场
	宾县	第二中学冰场
		县体育场冰场
	巴彦县	西郊公园冰场
		人民体育场冰场
	依兰县	第五小学冰场
		雁鸣湖冰场
		五国城广场
		三道岗中心校冰场
		县松花江防洪纪念塔
	延寿县	县体育场冰场
		湿地公园人工湖冰场
	木兰县	人民体育场冰场
		吉兴乡冰场
		江上冰场
	通河县	县体育场冰场
		通河县江畔公园
	方正县	体育休闲广场冰场
		公共体育场冰场

资料来源：体银智库。

2. 大型场馆免费或低收费

以"冰球之都"齐齐哈尔市为例,齐齐哈尔市 2018 年、2019 年均制定了冬季运动项目管理中心体育场馆免费或低收费开放工作方案,将齐齐哈尔市冰球馆、市速滑馆对外开放,以服务于群众体育赛事和体育活动、体育培训和日常健身等活动(见表 16 至表 20)。

表 16 齐齐哈尔市体育场馆服务接待情况

类别	室内体育场馆	室外体育场馆
全年接待(不低于)	10.2 万人次	4 万人次
月均接待(不低于)	8533 人次	3300 人次
日均接待(不低于)	280 人次	111 人次
每万平方米平均接待(不低于)	69189 人次	93023 人次

资料来源:齐齐哈尔市体育局。

表 17 2018～2019 年冰上运动体育场馆免费或低收费开放情况

场馆		开放项目	开放时间	收费标准
齐齐哈尔市冰球馆	2018 年	冰球、花样滑冰	每天中午、晚上;公休日、法定节假日、学校寒暑假期间、全民健身日	免费
	2019 年			
齐齐哈尔市速滑馆	2018 年	速度滑冰	每天中午、下午;公休日、法定节假日、学校寒暑假期间、全民健身日	5 元/(人·时)
	2019 年	速度滑冰		免费

资料来源:齐齐哈尔市体育局。

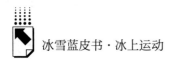

表18 2018年齐齐哈尔市冰球馆体育赛事活动

单位：人次

时间	体育赛事及活动	参赛队伍人员
1月5日至8日	2018中国齐齐哈尔第二届冰球节国际冰球邀请赛（成人组）	300
1月25日至2月3日	2018中国齐齐哈尔第二届冰球节国际冰球邀请赛（少儿组）	450
1月18日至20日	2018黑龙江省第二届学生运动会	300
1月23日	2018齐齐哈尔龙沙区第三届冰上运动会	2900
2月1日至4日	2018全国中学生冰球锦标赛	330
2月	2018第七届王嘉廉"希望杯"（升降级）冰球大奖赛	336
3月22日至28日	2018中国齐齐哈尔中俄城际冰球联赛	266
4月29日至5月1日	2018第二届"黑龙杯"全国少儿冰球大奖赛	300
7月1日至22日	2018中国齐齐哈尔第三届夏季冰球节国际冰球邀请赛	1020
7月	2018黑龙江省冰球联赛	400
7月	2018黑龙江省大众冰球赛	400
8月	2018全国U12组冰球锦标赛	600
每天	日常培训工作	（平均）300

资料来源：齐齐哈尔市体育局。

表19 2018年齐齐哈尔市速滑馆体育赛事活动

单位：人次

时间	体育赛事及活动	参与活动人数（每天）
1月1日至3月10日	冬季运动项目管理中心速滑馆群众上冰	300
1月15日至16日	全市青少年速滑比赛	200
1月17日至19日	全市青少年冬令营	200
1月26日	全省冰上资格培训	100
3月30日至31日	全市中小学生乒乓球比赛	400

时间	体育赛事及活动	参与活动人数（每天）
4月13日至15日	齐齐哈尔市中学生篮球比赛	200
4月18日至21日	黑龙江省跆拳道锦标赛暨省运会资格选拔赛	300
5月22日至25日	市直机关乒乓球比赛	300
5月26日至27日	齐齐哈尔市国体连庆六一移动杯乒乓球比赛	300
6月2日至3日	黑龙江省健身操广场舞分站赛	1000
6月9日上午	齐齐哈尔市全民健身日	100
6月9日下午	悦宝园早教体育实践课	400
6月16日至18日	2018年第四届东北地区少儿乒乓球赛	1000
6月22日至23日	黑龙江省武术协会	400
6月24日	齐齐哈尔市轩德太极拳俱乐部十周年庆典大会	600
6月26日	全市趣味运动会	100
6月30日	全国乒乓球会员比赛	200
7月9日至10日	烟草公司篮球比赛	300
8月5日至11日	全国男子U21篮球锦标赛	300

资料来源：齐齐哈尔市体育局。

表20　2019年齐齐哈尔市冰球馆与速滑馆体育赛事活动

单位：人次

冰球馆		
名称	时间	参赛队伍人数
第八届王嘉廉冰球希望学校大奖赛A组比赛	1月3日至5日	300
2019年齐齐哈尔市少年冰球锦标赛	1月9日至11日	400
2019中国齐齐哈尔冰球节国际冰球邀请赛	1月11日至14日	300
黑龙江省第三届学生冬季运动会	1月14日至20日	300
2019中国中学生冰球锦标赛	1月24日至26日	600
日常培训工作	每天	（平均）300

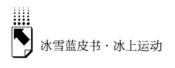

速滑馆		
名称	时间	参与活动人数（每天）
黑龙江省第三届学生冬季运动会冰壶比赛	1月13日至15日	300
黑龙江省第三届学生冬季运动会大道速滑比赛	1月17日至19日	300
全市中学生速滑比赛	1月21日至23日	400

资料来源：齐齐哈尔市体育局，不完全统计。

（三）东北三省冰上运动场馆发展总结

1. 发展基础较好，区域分布不均

从东北目前的冰上运动场馆情况来看，既有黑龙江省速滑馆、黑龙江省滑冰馆、吉林省滑冰馆、长春五环体育馆、星汉体育馆（八一速滑馆）、齐齐哈尔市综合体育馆等举办过大型国际赛事的专业运动场馆，也有华星冰上运动中心、冠军冰场、陈露大连国际冰上运动中心等全国知名的商业连锁冰场。东北地区是冰上运动场馆发展较早、数量和类型较为丰富的地区，冰上运动发展基础较好。但是大部分室内场馆集中分布在哈尔滨、长春、沈阳、大连、齐齐哈尔等城市，其他地区室内冰上运动场馆较少，大部分地区没有室内冰上运动场馆。

2. 室外临时场馆对大众冰上运动发挥重要作用

室外临时场馆是冬季对室内冰上运动场馆的重要补充，特别是对开展大众冰上运动发挥了重要作用。冬季借助湖泊、河流以及公园广场浇灌冰场，让更多的群众参与冰上运动项目，特别是一些节庆举办地、冬季旅游目的地，可以实现短期内迅速增加冰上运动场地，减少室内冰场的淡季闲置成本。

3. 大城市优化存量、中小城市适当增量是趋势

随着冬奥会的推进，东北三省冰上运动场馆建设不断获得政策支持，东北地区的冰上运动场馆还会持续增加。例如吉林省提出2020年各级各类滑冰场总数达到500座以上，实现各市（州）滑冰馆全覆盖，冰上运动场馆建设空间很大。未来，东北地区冰上运动场馆以大城市优化存量，中小城市适当增建扩建，冬季室外临时冰场充分利用为主导趋势。东北的冰上运动场馆建设应通过区域结构优化、设施环境提升、智慧科技应用、管理运营提升、文化旅游提升等方式实现稳步推进、提质升级。

四 东北三省冰上运动发展趋势

经过几年的发展，围绕体育强国、健康中国建设，随着2022年北京冬奥会的举办，东北三省将协同发展、开拓进取，冰上运动将迎来大发展态势。

（一）冰上场地设施更加完善

冰上场地设施是开展冰上运动的基础和载体。随着2022年北京冬奥会的举办和中国冰雪消费需求的日益旺盛，东北三省冰上场地设施将迎来大发展。三地将建设一批高质量的室内滑冰场馆；依托体育公园、校园、城市广场、社区等地建设若干可拆装的气模滑冰场；利用江、河、湖等水域资源建设季节性、临时性天然滑冰场；利用城市内的闲置旧厂房、仓库等改建扩建滑冰场地，从而最大限度地满足当地群众和外来游客参与冰上运动的需求。

（二）冰上赛事活动更加充实

随着参与冰上运动的人数逐渐增多，东北三省的冰上赛事活动也

将更加充实，形成专业、职业、业余三大赛事体系，满足各层级人群的需求。一些国际级冰上职业赛事将会更多地布局东北三省，在提升东北三省影响力的同时，也将逐步拉动东北经济发展，如国际冰联的顶级赛事和中蒙俄冰球联赛等；一批国家级、省级冰球赛事也将积极在东北三省展开；一些服务于普通群众的大众类冰上赛事也会增多，并形成若干知名品牌；以学校为主的校际冰上运动联赛也将形成，为国家做好后备人才储备，夯实冰上运动人才基础。

（三）冰上运动组织更加健全

随着国家运动组织培养社会化的转变，东北三省冰上运动组织将更加健全，为各级群众参与冰上运动提供服务。各省、市、县/区、乡都会建立群众身边的冰上运动组织或冰上单项运动组织；一些商业资本将会更多地介入冰上运动，组建自己的冰上运动俱乐部或冰上单项俱乐部，通过人才培训、培养，并组织参加各级各类比赛，畅通冰上运动人才上升通道。通过各类冰上运动组织，建立更广泛的交流平台，共享发展机遇。

（四）青少年冰上运动更加广泛开展

青少年是国家的未来、民族的希望。随着"冰雪进校园"的广泛推进，赛事活动积极开展，校园冰雪文化广泛传播，以"享受乐趣、增强体质、健全人格、锤炼意志"为核心的青少年冰上运动将更加广泛，学生上冰、师生上冰，以及各类以冰上运动为主的"冬令营""训练营""游学营地""主题营地""兴趣班"等将会更加突出，冰上运动的基础会更加扎实。

（五）冰上运动中新技术新材料运用更加突出

随着技术进步，未来东北三省冰上运动将更加充分利用国内外新技术、新材料、新工艺等,建设旱冰场、仿真冰场、可拆装冰场等替代性冰雪运动场地,实现跨季节参与冰上运动;新型轮滑冰技术将更加便捷地运用到冰上运动中;一些 VR、AR、MR 等技术也将在冰上运动中得以运用。这些都将扩展冰上运动的时间、空间,拓展服务项目、扩大服务范围,使东北三省冰上运动进一步满足群众的需求。

五 七台河市短道速滑人才培养情况

近年来,得益于国家和省市全力支持,七台河市以优势品牌项目打造为着力点,以高水平体育后备人才基地建设为依托,积极培育短道速滑高水平后备人才,成就斐然。目前,七台河市先后培养出 10 位冬奥会冠军和世界冠军,共获得 169 枚世界级金牌,其中含 6 枚冬奥会金牌,打破世界纪录 15 次,获得 466 枚国家级金牌,向省队和国家队输送 396 人次优秀短道速滑后备人才。2005 年以来,连续三次被国家体育总局命名为"国家高水平体育后备人才基地",2014 年 9 月被黑龙江省体育局命名为"黑龙江省短道速滑训练基地",2017 年 8 月被国家体育总局命名为"国家短道速滑七台河体育训练基地",2019 年 2 月被国家体育总局命名为"国家重点高水平体育后备人才基地"。

(一)改善硬件设施,积极保障后备人才培养

近年来,七台河市投资 1.8 亿元,建成了设施先进、功能完善的七台河体育中心。2013 年体育中心投入使用以来,投入 1500 余万元资金用于体育中心体育综合馆的设备和设施建设,购置各类冰上器材和设备设施、铺设地胶、安装训练器材等,目前体育中心可承接短道速滑等大型体育赛事,并进行陆地训练、冰上训练、体能训练等。近年来,七台河市还陆续投资了 270 万元,购买了 200 余平方米的基地

用房 2 套，基地用房面积增至 600 余平方米，装修改造基地老旧房屋 5 户，彻底改善了驻哈训练基地的生活条件。投资 300 余万元建设了短道速滑冠军馆，通过图片、文字、音像和实物全景再现了七台河短道速滑项目 40 多年的发展历史，营造了后备人才培养的文化氛围。

（二）创新工作思路，积极推动后备人才培养

七台河市坚持体育和教育结合，从源头抓起、从校园做起，利用校园，培养后备人才，坚持"抓训练与抓学习、抓品德并重，培养优秀体育后备人才与培养社会有用人才并重"的"两并重"原则，在校园选拔天赋突出的运动员，在校园淘汰天资平淡的运动员，通过文化课教育，促进运动员全面发展，确保后备运动员培养工作健康、科学、协调、可持续发展。2014 年，七台河在全市中小学校创建了短道速滑特色校 7 所，并实行"统一训练计划、统一训练内容、统一免费上冰、统一免费接送、统一免费发放训练装备和补贴"的"五统一"支持办法，采取了在学校中建立"小体校"，进行"集中学习、集中训练、集中生活"的"三集中"管理和走训相结合的创建方式，形成了"特色校、业训班→重点班→省体校、省体队→国家队"的"金字塔形"选材选拔和向上输送模式。几年来，七台河市政府向特色校发放 150 余万元的训练装备、13.23 万元的训练补贴、50 余万元的免费接送费、300 余万元免费上冰费。通过上述措施，缓解了特色校经费不够、装备不足、场地受限的窘迫之态，大幅缩短了短道速滑后备人才的成才时间，使得人才培养数量和质量都有大幅提升。截至 2019 年底，七台河市短道速滑特色校共有 300 多名在训运动员，向哈尔滨重点班和黑龙江省花样队列滑队输送 62 名运动员，一次性向黑龙江省花样队列滑队输送 25 名队员。此外，七台河还将短道速滑纳入中考，累计参加短道速滑项目考试的学生约有 1.6 万人，在全市中小学生中营造了浓郁的"学速滑、练短道"氛围。

（三）加强制度创新，大力推进后备人才培养

为形成有效规范的管理制度推动后备人才培养，七台河市政府出台了《七台河市体育局教练员管理制度》，明确规定教练员既要当老师抓技能，又要抓文化、抓品德，促进运动员全面发展，培养高素质、高质量的体育后备人才。除此之外，还制定了《七台河市少儿短道速滑业余体校哈尔滨重点班经费管理暂行办法》，以每人每年7000元的标准，全部免除了驻哈尔滨重点班运动员的伙食费，既减轻了运动员家庭负担，也获得了家庭的广泛支持。

在运动员注册管理方面，七台河市体育局推动运动员注册否决制，若不进行注册，将影响参加比赛、入队训练及拨付伙食费，实现了驻哈尔滨重点班的全部注册、业训班（业余班）和特色校基本注册的目标，从源头上杜绝了运动员的流失。2016~2017年，七台河市国家级短道速滑项目注册运动员257人，占全国的20.4%，占黑龙江省的41.1%，占黑龙江省速滑队和黑龙江省体校注册总数的31.1%，是目前全国短道速滑后备人才储备最丰富的城市。

（四）建立奖励机制，激励后备人才培养

近年来，七台河市出台了《七台河市运动员、教练员和相关人员参加重大体育赛事及输送奖励办法》（以下简称《办法》），加大后备人才激励力度。《办法》设立三大奖项：运动员比赛成绩奖、教练员培训成绩奖和输送成绩奖，特别是优秀运动员输送奖，也对输送优秀后备人才给予积极的奖励。截至2019年底，累计发放500余万元的奖励资金，其中，对第十三届全国冬季运动会奖励113.5万元。同时，积极将敬业奉献的马庆忠教练推选为全国、省、市劳动模范和全国双百精英教练；将赵小兵教练推选为黑龙江省劳动模范、黑龙江省十二次党代会的代表；对优秀年轻教练员张利增实施"一对一"人

才引进，给予正式编制。此外，七台河市政府还对冬奥会和世界冠军给予必要的奖励，积极为王濛母亲和姐姐、范可新的哥哥安排了工作，为孙琳琳和范可新家庭解决了住房；还为患乳腺癌的已故教练孟庆余遗孀开设了免费治疗的绿色通道，拨付了医疗补助资金10万元，为其购置了一套96平方米、价值40多万元、可拎包入住的新楼房。

（五）通过以赛促训，强力促进后备人才培养

2014年以来，七台河市承办了包括全国短道速滑联赛暨国家队选拔赛、省第十三届运动会短道速滑比赛等在内的6个国家级和省级短道赛事；每年举办"未来之星"短道速滑系列挑战赛4站，约有1200人次的参赛小运动员；连续20年举办了20届中小学生短道速滑赛，累计有700余支参赛队伍和万余人次参赛人数，王濛、范可新等优秀短道速滑后备人才就是从中发现的。采取"请进来，走出去"的方式，加强对外交流。邀请了俄罗斯体育代表团来七台河市访问，与俄罗斯远东地区城市建立了交流合作关系，签订了合作框架协议，2016~2017年连续两年承接了哈巴罗夫斯克边区花样滑冰队集训；2017年举办了中俄青少年短道速滑邀请赛，参加了乌苏里斯克市短道速滑国际邀请赛，获得金牌5枚。另外，还承接了国家队、省队、浙江省短道队、佳木斯队的短道集训。通过冰上运动赛事活动，七台河市提升了教练员和运动员训练水平和实战能力，推动了高水平后备人才的培养。

B.5
北京冰球协会发展报告

邢　崔[*]

摘　要： 北京冰球协会于 2012 年成立，对推动北京地区青少年
参与冰球运动、带动更多人参与冰雪运动做出了突出
的贡献。本文介绍了北京冰协的发展历程、发展特点、
未来发展方向，希望能为其他城市冰协的发展提供参
考案例。分析可得，北京冰球协会平稳发展主要得益
于以下几个方面：①站位高远，致力于推动北京冰球
运动发展；②规范化发展，完善组织机制与规章制度，
吸引注册会员；③注重人才培养，建立完善的冰球赛
事体系，注重青少年梯队建设；④与时俱进，开创以
赛代练培养模式；⑤把握冬奥会契机，积极推进冰球
进校园、进社区；⑥重视裁判队伍的建设与培养，填
补北京市冰球项目裁判领域的空白；⑦经营创收，多
渠道宣传，使北京冰球运动更上台阶。

关键词： 冰球协会　赛事　冰球普及　渠道宣传

一　推动北京冰球运动的发展是协会成立的使命

2008 年北京一些冰球家长模仿北美的青少年冰球运动模式，开

---

* 邢崔，北京市冰球运动协会，见证并参与了北京冰球发展历程，现任职协会常务副秘书长，
负责协会秘书处日常工作，负责北京市注册俱乐部各项赛事工作。

始自发组织冰球比赛，这就是今天北京市青少年冰球联赛的雏形。从此开启了北京青少年冰球运动蓬勃发展的历史。2012 年，在北京市体育局及各界支持下，由一些热爱冰球的家长发起，成立了北京市冰球运动协会。协会成立后，以推动、普及冰球运动，特别是发展青少年冰球运动群体为目标，极大地提升了北京地区青少年的冰球参与热度，带动更多人发现冰雪运动的魅力。

二　完善组织机制、建立健全规章制度是协会立身之本

北京市冰球运动协会尽管起自民间，但从成立之初，就按照专业化、正规化、国际化标准，把完善组织机制、建章立制作为协会建设的重要内容。协会大力加强自身建设特别是专业人才队伍建设，以赛事服务为核心狠抓各项组织机制完善，各项工作逐步实现专业化、正规化。

协会下设秘书处，负责管理日常工作，秘书处有办公室、竞赛部、球队事务部、外联部、财务部等部门。

伴随着协会的成长壮大，各项规章制度从零开始，渐趋完善。依据《社会团体登记管理条例》先后制定了《代表大会制度》《财务管理制度》等一系列规章制度，并在各项工作中严格遵守与落实。特别是协会制定了北京市冰球运动员注册管理办法，将分散在北京各个俱乐部的冰球运动员纳入统一规范管理，使冰球运动人才资源流动和体育竞赛有规可循、有据可依，为推动北京市冰球事业健康、可持续发展奠定了基础。

三　注册会员逐年增加，协会规模逐步壮大

协会会员包括单位会员和个人会员两大类，单位会员包括冰球俱乐部和其他相关单位，个人会员分为运动员、教练员、裁判员等几类人员。根据冬季运动开展的特点，每年会员注册在赛季开始前进行，时间为 7 ~

8月。首先在7月1日至15日进行单位会员的注册；之后在7月16日至8月31日进行个人会员注册。个人会员注册时，运动员和教练员要选择注册在已完成注册的单位会员下。同时，在注册时个人会员必须购买冰上人身意外险，为每个会员提供整个赛季的冰球运动安全保障。协会成立当年2012~2013赛季注册个人会员455人。2018~2019赛季，注册单位会员31家，个人会员4160人，个人会员数量相比上年增长16.1%。目前，2019~2020赛季注册正在进行中（见图1）。

完成新赛季注册的单位和个人将于9月开始进行参加俱乐部联赛的报名工作，准备迎接新赛季的到来。

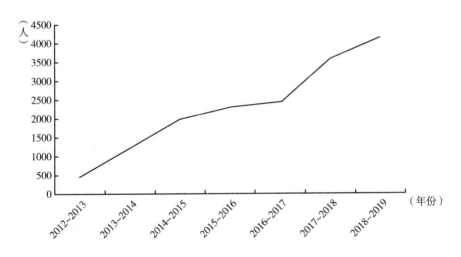

图1　历年注册运动员人数

资料来源：北京冰协内部数据。

四　建立完善的冰球赛事体系，
造福北京冰球青少年

北京市冰球运动协会自成立以来，致力于建立完善的青少年赛事体系，每年定期举办面向全市青少年的俱乐部联赛和校际联赛。两个赛事

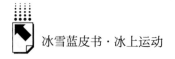

贯穿全年，共进行 1000 多场比赛，已成为北京市的品牌赛事。青少年运动员代表俱乐部或学校参加相应级别的比赛，每个队员每年会进行十几至几十场比赛。联赛机制推动了青少年冰球运动的发展，吸引更多的青少年参与冰球运动。协会举办的比赛主要包括以下几项。

（一）北京市青少年冰球俱乐部联赛

首届北京市青少年冰球俱乐部联赛于 2008 年举行，有 4 支队伍参加。此后每年举办一届，至今已成功举办十一届。俱乐部联赛以俱乐部为单位报名参赛，每届比赛报名时间通常为 9 月中旬至 9 月底。比赛组别按照年龄划分，设置从 U6 至 U14 多个年龄组别。采用联赛形式，从每年的 10 月第三周开始到次年 3 月，每队每周一场比赛。

2015～2016 年第八届联赛开始参赛队伍分选拔组和竞技组进行比赛，比赛设常规赛和季后赛，其中竞技组前八名进入季后赛，季后赛采用三局两胜的淘汰赛制最终决出冠军。

2016～2017 年第九届联赛是前九届联赛中规模最大的一届。该届联赛设置 5 个不同年龄组 8 个竞赛组别，共进行约 700 场比赛。该届联赛也首次获得北京市体育局的经费支持，参赛运动员不需要缴纳参赛费。在政府的大力支持下，第九届联赛突破了以往历届联赛的参赛人数纪录。共有 130 支参赛队伍、近 2000 名运动员、百余名教练和裁判员参与联赛。部分季后赛场次还进行了网上直播。

2017～2018 年第十届联赛邀请了天津、河北等地队伍参加，带动了京津冀青少年冰球运动协同发展。同时，在这届联赛中 U6 组别在国内首次采用小场地进行比赛，比赛在蓝线以内进行，每块场地同时进行两场比赛，每 60 秒鸣笛统一换人。这样的半场比赛以激发孩子们兴趣为目的，增加每名球员平均上场时间，让更多孩子喜欢上冰球运动。

2018～2019 年第十一届联赛共有 31 家冰球俱乐部、263 支队伍、3308 名运动员报名参赛，与上赛季相比，参赛俱乐部增加 2 家，参赛队伍增加 51 支，参赛运动员增加 689 人。共设 U6、U7、U8、U9、U10、U11、U12、U14 八个年龄组，共 12 个组别。考虑到青少年身体成长发育快的特点，本届联赛组委会在此前 U7、U8、U10、U12、U14 五个年龄组的基础上，增设了 U6、U9 与 U11 年龄组，划分更为细致，将运动员在比赛中可能受伤的风险进一步降低（见图 2、图 3）。

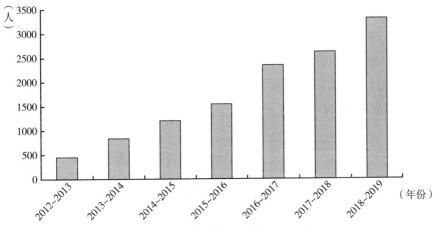

图 2 俱乐部联赛历年参赛人数

资料来源：北京冰协内部数据。

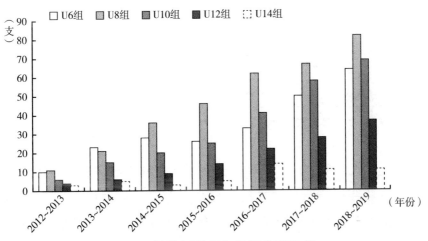

图 3 俱乐部联赛各组别参赛队伍

资料来源：北京冰协内部数据。

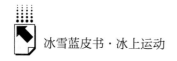

（二）北京市中小学生校际冰球联赛

首届北京市中小学生校际冰球联赛于2013年举办，有12个学校组成校队参赛，至今已举办七届。校际联赛通常安排在周末举行，不占用学生们的上课时间。既丰富中小学生的课余生活、培养孩子自身的兴趣爱好，同时又可通过冰球运动，强健中小学生的体魄、历练孩子们的心理抗压能力，有利于孩子心、智、体的全面发展，可谓一举多得。每年报名时间为4月中旬至4月底。比赛从5月的第二周开始至6月的第三周结束。与市俱乐部联赛不同，市校际联赛以学校为参赛单位，按年级划分竞赛组别，分为初中组、小学高年级组、小学低年级组。

2019年5月18日至6月16日，第七届校际联赛设初中组、小学甲A组、小学甲B组、小学乙组、小学丙组、小学丁组共6个组别，与2018年相比，参赛学校数量、参赛队伍数量、参赛运动员数量均有较大增长，总比赛场次达到325场（见表1、图4、图5）。

表1　2018～2019年校际联赛参赛信息

参赛信息	2018年	2019年	增长率（%）
参赛学校（所）	105	118	12.4
参赛队伍（支）	120	132	10.0
参赛运动员（人）	1500	1900	26.7

资料来源：北京冰协内部数据。

第七届校际联赛中，小学甲组首次实行升降级赛制，即按照上一年度校际联赛成绩分为A、B组，A组为上一年度甲组前8名的球队，B组为上一年度甲组第9名（含）以后的球队。A组的7~8名将参加下一年度校际联赛B组的比赛，B组的1~2名将参加下一年度A组的比赛。

升降级赛制的首次应用，让相近水平的球队在一个组别中比赛，很大程度上降低了大比分出现的概率，提高比赛效率。同时增加了球员在比赛后的获得感，保护了孩子的自尊心，有助于培养孩子对冰球的兴趣。

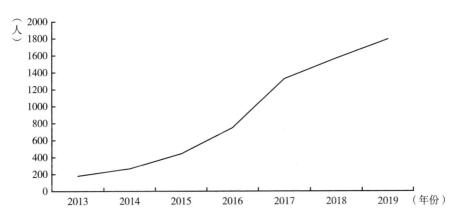

图4　历年校际联赛参赛运动员人数

资料来源：北京冰协内部数据。

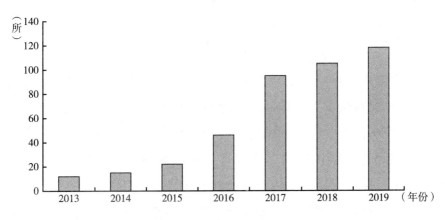

图5　历年校际联赛参赛中小学校

资料来源：北京冰协内部数据。

（三）"奥运城市杯"北京国际青少年冰球邀请赛

2016 年 7 月，北京市冰球运动协会与北京奥运城市发展促进会共同举办了首届"奥运城市杯"北京国际青少年冰球邀请赛，赛事设 U12、U15 两个组别。该赛事是在中国举办的最高水平的国际青少年冰球赛事，海外球队均为当地最优秀俱乐部高级别队伍或城市选拔队伍。通过赛事的创办，意图将国外高水平球队"请进来"，为北京青少年搭建与世界强队切磋竞技的平台，提高北京冰球水平。

第一届"奥运城市杯"北京国际青少年冰球邀请赛，邀请了来自世界冰球强国的捷克、芬兰、瑞典、俄罗斯、美国共 12 支青少年球队来京，与北京青少年进行了五天的激烈角逐。第一届邀请赛，北京队的比赛成绩并不理想。然而对于当时发展历史仅不到十年的北京青少年冰球而言，这也在意料之中。正是因为落后于那些冰球历史已有百余年的冰球强国，北京冰球才更要奋起直追。

2018 年，经过三年"奥运城市杯"北京国际青少年冰球邀请赛上与外国高手过招，北京青少年冰球的水平已有了突飞猛进的提升。在这届邀请赛中，北京青少年队在 U12 组别的比赛中力克美国、捷克等老牌冰球强国青少年冰球队，获得该组别亚军。

北京青少年冰球水平的快速提升令世界冰球强国刮目相看，感受到 2018 年北京队实力"威胁"的外国队伍为了证明自己的水平，在 2019 年的邀请赛中纷纷派出国内更强的队伍参赛。2019 年 4 月底，第四届"奥运城市杯"北京国际青少年冰球邀请赛顺利举行，首次邀请了来自白俄罗斯的队伍参赛。共有来自中国、俄罗斯、美国、芬兰、捷克、德国、瑞典、拉脱维亚、白俄罗斯共 9 个国家的 17 支队伍、约 360 名运动员和教练员同场竞技。

在赛事组织方面，每届比赛都汲取上一届办赛经验，为中外球队提供更好的参赛感。在比赛之余，还为外国球队准备了北京文化活动。其中，冰雪运动特色学校交流、中国传统文化体验、青少年冰球沙龙、北京文化之旅已成为传统的文化活动项目。

几年来，"奥运城市杯"邀请赛在海外已赢得了很大的影响力和号召力。连续参赛四年的捷克布拉格斯拉维亚队的球队经理表示，"每年来京参赛都有不一样的感受。从第一届到现在，赛事在竞赛水平和组织上都有了很大提高。四届比赛下来，北京队的水平相比最初，进步十分明显，已经成了一个我们不能轻视的对手。"

高水平青少年国际赛事的举办不仅能够为备战 2022 年北京冬奥会助力，同时也将北京青少年冰球运动的风采充分展现在世界冰球强国的面前。

（四）北京－首尔－东京小学生冰球邀请赛

2016 年 10 月，北京市冰球运动协会经过与日本、韩国冰球协会的多次接触沟通，克服各种困难，共同发起举办亚洲三地的冰球比赛，小运动员们加强了相互之间的了解，切磋了技艺。

五　北京市冰球青少年梯队建设
——培养青少年拔尖人才

（一）青少年队的选拔与培养模式

在推广、普及青少年冰球运动的同时，北京市冰球运动协会特别注重选拔、培养优秀后备人才，建立青少年冰球运动员梯队。

北京市青少年冰球队（以下简称"青少年队"）正式成立于 2016 年 6 月，由 U12、U15、U18 三支队伍组成。每年 7 月，协会均邀请国际冰球专家在全市范围内进行选拔，产生新赛季的北京青少年队名单。每队 25～33 人，由外籍教练员担任教练。每支队伍固定每

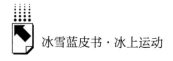

周进行一次常规训练，每年进行一次海外训练或比赛。

每年入选的小队员们将会成为北京队的后备军，并以此来保证北京市冰球事业的长期发展。我们希望以这种形式来达到每年各层次队伍吐故纳新的调整，激励更多青少年投身冰球事业，坚持高水平的训练，使北京的梯队建设质量更高，不断进步。

（二）青少年队出访世界冰球强国

北京市青少年 U12、U15 队每年参加"北京－东京－首尔"青少年冰球巡回赛、"奥运城市杯"北京国际青少年冰球邀请赛；除此之外，北京市青少年队还走出国门，前往世界冰球强国，丰富自己的冰球知识。

自 2015 年至今，北京市青少年冰球队曾多次出访世界冰球强国，开阔眼界，学习世界前沿冰球技术。从北美到北欧，再到邻国日本，队员们的脚步遍布美国、芬兰、捷克、爱沙尼亚、塞尔维亚、瑞典、日本、韩国等地，将北京青少年冰球奋勇拼搏的精神与不断增长的实力广泛而深远地传播出去，让冰球强国对北京冰球有了新的认识。

值得一提的是，2017 年 9 月，在塞尔维亚贝尔格莱德举行的"北京日"活动庆典期间，北京市青少年 U15 队由时任北京市副市长陈吉宁带队，作为"北京一张亮丽的冰球名片"参加了活动，并与当地高水平队伍比赛切磋。面对强大的对手，青少年队的队员并未放弃，仍然奋起对抗，充分体现了敢打敢拼的精神。队员们坚韧不拔的精神不仅感动了所有在场观众，也感染了在场的陈吉宁副市长及北京代表团的成员们，他们专门走到队员入口，为北京青少年队员们加油鼓劲。

在贝尔格莱德"北京日"活动后，北京青少年队继续用实力征服国外冰球友人，增加北京冰球这张"城市名片"的含金量。2018

年2月，北京市青少年 U12 队受到了爱沙尼亚塔林市政府的邀请以及北京市冬季运动管理中心指派，参加了在爱沙尼亚塔林及芬兰赫尔辛基举行的2018"欢乐春节－北京周"青少年冰球交流赛，以四战四胜的成绩刷新了外国人对中国青少年冰球的看法。同月，北京市青少年 U15 队受到日本长野县政府的邀请，参加了国际青少年冰球比赛/U15 轻井泽春季杯，获得了季军，并访问轻井泽当地学校进行文化交流活动。

（三）青少年队所获成绩

特别重要的是，北京青少年队还肩负着代表北京参加全国性比赛的任务。2018 年全国 U 系列比赛和第二届全国青年运动会等，北京青少年队都取得了骄人的成绩。

在 2018 年全国青少年 U 系列（中小学生）冰球锦标赛中，北京共向哈尔滨、齐齐哈尔、青岛、北京四个赛区派出了 10 支不同年龄段的参赛队。其中向哈尔滨赛区（U16 组、U14 组）派出了 1 支 U16 组别男队，以及 U14 组别男、女队各 1 支；向齐齐哈尔赛区（U12 组）派出了男、女队各 1 支；向青岛赛区（U10 组）派出了 2 支男队；并向北京赛区（U8 组）派出了 3 支男队。各队伍均不负众望，克服困难，取得优异成绩，充分展现了北京市青少年冰球的真实水平。在本次派出的 10 支队伍中，共有 9 支队伍获得金银铜牌，获奖率达90%。其中获得 U16 男子组、U14 男子组、U12 男子组、U12 女子组、U10 男子组共计 5 个组别的冠军，包揽了本届赛事62.5%的金牌；获得 U14 女子组、U8 男子组共计两个组别的亚军，以及 U8 男子组季军、U8 男子组第六名。

在第二届全国青年运动会中，北京市共派出 6 支参赛队，分别参加体校男子甲乙组、俱乐部男子乙组、体校女子甲乙组五个组别的比赛。甲组参赛年龄为 17～19 岁，乙组参赛年龄为 14～16 岁。

体校女子甲组北京参赛队 2 支，其余每个组别北京参赛队各 1 支。在比赛中，北京各队均奋勇拼搏，体校男子甲、乙队在场上力克东北老牌强队哈尔滨队与齐齐哈尔队，以五战全胜的傲人成绩为北京摘得两枚金牌。在其他组别中，俱乐部男子乙队、体校女子甲一队摘金，体校女子乙队夺银，体校女子甲二队获得第四名。本次比赛北京共取得 4 金 1 银的好成绩。

六 北京市男子冰球队——开创海外以赛代练的培养模式

自 2016 年 1 月 11 日协会接受北京市体育局的委托承担北京市男子冰球专业队的组建及培养工作，协会深深感到肩负的责任之重大、任务之艰巨。经过半年多的努力，排除各种困难，北京市男子冰球队从无到有于 2016 年 7 月 22 日正式成立。

为创新建队模式，迅速提高专业队水平，协会拓宽思路，对标世界最高水平球队，与美国 NHL 联赛强队——纽约岛人俱乐部达成合作协议，在王嘉廉先生的大力支持下，实现了国内首支冰球队参加国外正规联赛的目标，开创中国冰球新的训练模式。

从 2016 年 9 月开始，北京队在美国参加 USPHL 联赛，该联赛是 21 岁以下的青年联赛，分主客场，每赛季共计 40 多场比赛。北京队加盟完整的联赛不仅引起北美的关注，更震动了整个中国冰球圈。通过两年的时间，球队完全融入北美冰球氛围，建立自信、快速得到实战锻炼，大幅提高了竞技水平。在 2017～2018 赛季中，北京队成为赛季最大的黑马。作为一支年轻的队伍，一举杀入联赛前四名，令所有美国队伍刮目相看。

通过海外以赛代练的形式，北京队迅速成长起来，在 2018 年 5 月及 2019 年 6 月举行的全国冰球锦标赛中，北京市男子冰球队回国参赛。在激烈的比赛中，北京市男子冰球队努力奋战，连续两年获得季军，为北京争得了荣誉。

七 冰球进校园、进社区——积极 开展冰球普及活动

2014 年，北京市冰球运动协会得到了北京市社会建设专项资金的支持，开始冰球文化的推广活动。当时正值北京－张家口联合申办 2022 年冬奥会的热潮，协会举行了名为"冰球进校园，助力申冬奥"的冰球推广活动。活动前期，邀请了冰球方面的专家、社会体育研究方面的专家共同讨论，制作了一系列宣讲资料，包括：两段时长在 10 分钟内的宣传视频；14 页 16 开的纸质宣传资料；PPT 宣讲文件；上冰体验问答、互动环节的小礼品以及其他宣传资料，如海报、易拉宝等。

在北京市体育总会和北京市教委体卫艺处的帮助指导下，在朝阳区、东城区、西城区、海淀区、顺义区和丰台区教委的支持下，"冰球进校园"活动累计培训了 200 余名志愿服务人员。在他们的共同努力下，"冰球进校园"活动共走进 100 余所中小学校，为 3 万余名学生进行了宣讲，分发了 2 万余册冰球知识手册，共计 8000 余人次进行了冰上体验。网络媒体、平面媒体、电视新闻等对"冰球进校园"活动进行了 20 余次报道，在社会上、校园里均收到了良好的反响，提高了同学们对于冰球的认识，也激发了同学们走进冰球、学习冰球的兴趣。此外，"冰球进校园"活动也向学生们传达了冬季运动的理念，将同学们的运动视野开拓到冬季，让同学体验与夏季运动不同的冬季运动特色。同学们通过冰球等各种冰雪项目同样可以锻炼身体，促进身心健康发展。很多中小学生对于北京举办冬奥会都给予了热烈支持，并纷纷表达了未来希望参与冬奥会的愿望，对学习冬奥知识、

参与冬奥运动十分感兴趣，并希望未来可以作为志愿者，亲自为北京冬奥会服务。

2016 年 10 月，在北京社会建设工作领导小组办公室组织的第三届北京市社会组织公益服务品牌评选中，"冰球进校园"获得银奖。社会组织公益服务品牌评选活动每两年进行一次，旨在宣传和倡导公益理念，引导广大社会组织健康有序发展。项目的评选经过社会组织自荐、公众投票、专家评审等程序，最终按照品牌效果突出、公益性强、社会效益好以及持续发展能力强等原则从全市数万家社会组织中选择产生。① "冰球进校园"的成功获奖，是对其公益性质和社会影响的充分肯定与认可。

在"冰球进校园"活动之外，为响应习近平总书记"带动三亿人参与冰雪运动"的号召，协会进一步推出了"普及冰球·多彩社区——冰球社区公益活动"。"冰球进社区"活动针对北京市城区内的重点社区及重点公园进行，项目内容既涉及面向全体北京市民的摄影大赛，也有针对具体社区的宣传推广活动，还有在重点公园进行的冰球表演赛和推广活动，项目内容丰富，覆盖面广，层次多，适合不同年龄段、不同文化层次和不同身体素质的各类人群参与。

此外，协会积极配合有关机构和社会各界为宣传冬奥会、培育冰雪文化等开展各项活动，取得了良好的社会效益。在每年冬季的什刹海、颐和园等地开展群众参与的冰上娱乐活动、冰球表演赛等。

八　北京市冰球裁委会——以发展北京冰球裁判员队伍为己任

裁判员是比赛的组织者和领导者，裁判工作直接影响着竞赛的进

① 北京市人民政府：《关于对第三届北京市社会组织公益服务获奖品牌进行网上公示的公告》，http：//www. beijing. gov. cn/zfxxgk/110049/ywdt52/2016－10/19/content_ 747526. shtml。

行和运动员技术水平的发挥，是竞赛的重要组成部分。在比赛速度快、强度高的冰球比赛中，经常发生激烈的身体冲撞、摩擦和打架现象，尽管这是冰球独特的文化特性，却对裁判员提出了更高的要求。由于北京冰球事业尚处在萌芽和起步阶段，裁判员队伍难免成为短板，为此，协会高度重视裁判员队伍的建设与培养。

2012 年 7 月 13 日，在中国冰球协会和北京市体育竞赛管理中心的支持下，北京市冰球运动协会首次举办北京市冰球裁判员培训班，共有 28 位来自北京各个冰球俱乐部的裁判员及冰球爱好者参加了培训，填补了北京市冰球项目裁判领域的空白。此后，协会每年两次举办裁判员培训班，通过聘请高水平专家进行授课，通过联赛提供实践机会，利用畅通考试与晋级渠道等方式，为裁判员培养与成长提供了良好的机会。截至 2019 年 8 月，北京市冰球运动协会已经组织了 23 次冰球裁判员培训，培训实习裁判员约 700 名，已有 10 人通过考核，获得了国际级冰球裁判员资格，47 人获得一级冰球裁判员证书，30 人取得了二级冰球裁判员证书，214 人取得了三级冰球裁判员证书。

2017 年 8 月，在北京市体育竞赛管理中心的支持下，协会成立了北京市冰球运动协会裁判员委员会，首届裁委会由 7 人组成，中国冰球协会裁委会裁判员指导员张志担任主任。裁委会将在协会的领导下致力于发展壮大北京裁判员队伍，制定了《北京市冰球运动协会裁判委员会章程》《北京市冰球运动协会裁判员管理办法实施细则》等规章制度，为满足日益增加的冰球比赛的需求而不断努力。

2018 年，协会的裁判员队伍培养初见成效，共为各级比赛提供了 1250 余场技术支持与赛事服务，派出 11000 余人次裁判进行执裁工作、13000 余人次工作人员进行赛事服务。其中国际级赛事 50 余场，包括 NHL 中国赛、KHL 大陆冰球联赛、"丝路杯"冰球超级联赛、"Bauer 杯"国际冰球邀请赛；全国级赛事 200 余场，其中包括 2018 年全国冰球锦标赛、2018 年全国冰球训练营及全国中小学生冰

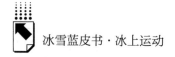
球邀请赛、2018年全国青少年U系列冰球锦标赛北京赛区比赛；市级、区级赛事1000余场，其中包括北京市第一届冬季运动会-冰球比赛、北京市中小学生冬季运动会、京津冀青少年冰球邀请赛、北京市成人冰球联赛、海淀区中小学冰球联赛、西城区中小学冰球联赛、东城区中小学生冰球联赛、中国城市冰球联赛、天津市运会等。

九 经营创收——实现自我发展

北京市冰球运动协会所举办的冰球赛事及活动，受到社会的广泛认可与欢迎，同时也为自身的发展赢得了坚实的支撑，获得了旺旺集团、八喜冰淇淋、黑龙江五大连池仙池矿泉饮料饮品有限公司等多家知名企业的赞助以及大力支持。来自企业与社会各界的支持，让协会能够更好地开展赛事，解除其后顾之忧。同时，协会将这些来自社会的支持用于为参赛队员提供更好的服务，回馈北京冰球事业。特别是2018年北京市冰球运动协会与北汽集团签署了合作协议，北汽新能源集团冠名赞助北京市青少年联赛，帮助完善联赛的各方面机制，使北京的青少年联赛更上一个台阶。

十 多渠道宣传——让更多人认识北京冰球

协会对外的宣传渠道包括微信公众号、官方网站、微博、会刊等方式。由于近年新媒体行业的兴起，宣传的主战场转向手机端。2014年开通"北京市冰球运动协会"微信公众号，截至2019年8月，关注人数已达12000余人。会刊《我爱冰球》已创办7年，至今已发行17期，对传播冰球文化起到了推动作用。

除协会自身的对外宣传之外，还积极与北京市各级单位新闻中心、国内各级电视媒体、平面媒体联络，形成北京冰球媒体网，在新闻点出现的第一时间通过不同渠道推送给大众，将北京冰球的新鲜事更广泛、更迅速地向外扩散。

在 2022 年北京冬奥会热度越来越高之时，不少电视媒体（如 BTV 冬奥纪实、湖南卫视、BTV 生活等）拍摄了有关冰球的纪录片、科普短片等节目，增加了人们了解冰球的兴趣。

十一　推动北京冰球事业的发展
——协会的使命与愿景

2022 年冬奥会使北京冰球迎来了最大的发展机遇，对协会来说亦是前所未有的挑战。如何响应习近平总书记"带动三亿人参与冰雪运动"的号召，并且实现这一目标；如何让更多的人了解冰球、热爱冰球；如何切实地提高北京的冰球竞技水平，迎战冬奥会，是协会当前也是今后长远的努力方向。协会更希望能够通过自身的努力，积极组织赛事、扩大影响力，从而为推动北京冰球事业的发展贡献自己的一份力量。

B.6
冰上运动产业人才培养报告
——以北京体育职业学院为例

李　非[*]

摘　要: 北京市于2016年出台了《关于加快冰雪运动发展的意见（2016—2022年）》及七项配套规划（简称"1+7"文件），"1+7"文件中明确提出加强冰雪运动人才队伍建设任务。北京体育职业学院作为一所立足北京，以培养优秀职业运动员为主要宗旨，兼顾为国家培养社会体育和体育产业人才的高等职业学院，以北京2022年冬季奥运会为契机，以为我国冰雪运动培养技术技能型服务人才为出发点，于2016年在已有的社会体育系中开设了体育运营与管理专业（冰雪运动服务与推广）方向。经过三年的发展，已初步形成了一套冰上运动产业人才的培养模式。

关键词: 北京体育职业学院　冰上运动　人才培养

　　自2015年7月北京联合张家口成功申办2022年冬奥会以来，冬季体育产业发展备受关注。国家体育总局关于冰雪运动"北冰南展

---

　　* 李非，体育旅游管理学硕士，现任职于北京体育职业学院，负责体育旅游、冰雪旅游方面的研究。

西进东扩"战略的实施，进一步刺激了冰雪市场的快速发展，东、西、南部地区冰雪市场的开发使得冬季体育产业的布局更加广阔。而冬季体育产业健康有序发展的核心在于冬季体育产业人才建设，冬季体育产业人才结构和供给量与产业需求的一致性，是保证我国冬季体育产业持续稳定发展的必要条件。

作为 2022 年冬奥会的举办城市，为贯彻落实党中央、国务院关于北京冬奥会筹办工作的重要指示批示精神，充分利用城市冰雪运动资源条件和优势，北京市于 2016 年出台了《关于加快冰雪运动发展的意见（2016—2022 年）》及七项配套规划（简称"1＋7"文件）。"1＋7"文件中明确提出加强冰雪运动人才队伍建设任务：①充分挖掘体育院校教学资源，以在京体育高等学校和职业院校为依托，探索产学研用相结合的人才培养模式，建立冰雪运动研究机构，增设冰雪运动专业，加快冰雪运动专业人才培养。借助东北三省体育院校办学资源，通过联合培养、定向培养、交流学习等形式，为北京市重点培养制冰师、器材师、导滑员、防护师、救护人员等应用型、技能型专业人才。②培育冰雪运动专业师资，鼓励有条件的学校引进优秀冰雪运动教师或教练。选拔优秀教练员、现役或退役运动员，集中到国内外进行中短期学习培训，快速培养一批冰雪运动骨干师资。③建立多元化的人才培养渠道，从单一的体育系统管理走向学校、社会等多元化发展道路，进一步推行"体教结合"的体育人才发展战略。支持退役运动员接受再就业技能培训，推动跨界合作，共同培养冰雪运动人才。实现到 2022 年培养 1500 名冰雪运动高级管理人员，4200 名运动员、教练员和裁判员，4300 名专业技术人员，15000 名服务保障人员，25000 名校园辅导员和社会体育指导员的基本目标，为加快发展冰雪运动、筹办北京 2022 年冬奥会提供人才保障。

北京体育职业学院作为一所立足北京，放眼周边，辐射津冀地区，以培养优秀职业运动员为主要宗旨，兼顾为国家培养社会体育和体育产业人才的高等职业学院，以北京 2022 年冬季奥运会为契机，以为冰雪体育产业市场培养"实用""好用"的冰雪运动休闲服务型、技能型人才为出发点，以冰雪场地岗位需求为导向，进行北京市退役运动员冰雪岗位群的技能转型，为优秀运动员的职业转型提供更加广阔的空间；同时增加社会招生与冰雪企业从业人员职业培训，促进冰雪运动休闲服务人才的培养工作。

一　我国冰上运动产业人才现状和主要特点

2018 年《我国冬季体育行业人才需求与职业院校专业设置报告》①（以下简称《报告》）对于冬季体育产业人才队伍培养现状及岗位需求进行了调研。共有 87 家冰雪企业参与了调研，其中冰场 44家，大型滑冰场 2 家，占 4.5%；中小型滑冰场 42 家，占 95.5%。

（一）人才岗位类型

我国现有冰场的工作岗位主要分为 4 类：管理类、营销类、技术技能类、其他类。其中，技术技能类包括教练员、浇冰车司机、制冰师、巡场员；其他类主要包括教务助理、后勤保障人员及服务人员（本文仅对技术技能类岗位加以论述）。

（二）人力资源结构

《报告》结果显示，44 家冰场共有员工 2983 人，管理类员工 430人，占 14.4%；营销类员工 646 人，占 21.7%；技术技能类员工1704 人，占 57.1%；其他类员工 203 人，占 6.8%。

---

① 2018 年教育部立项项目。该项目由全国体育职业教育教学指导委员会组织领导，由黑龙江冰雪体育职业学院、北京体育职业学院、内蒙古体育职业学院组成的课题组及国内冬季体育企业多名高管组成的项目组共同承研。

（三）企业员工学历分布

《报告》结果显示，44 家冰场高职学历员工共 1327 人，占44.5%；中职学历员工 421 人，占 14.1%；初高中毕业经过职业培训的员工共 308 人，占 10.3%；初高中毕业员工 191 人，占 6.4%；其他学历员工（指本科及以上学历）722 人，占 24.2%；初中以下学历的员工很少。

（四）未来人才总体需求

《全国冰雪场地设施建设规划（2016—2022 年）》要求到 2022 年"全国滑冰馆数量不少于 650 座，其中新建不少于 500 座"，目前新建冰场数量以每年近 80 家的速度增长，预计到 2021 年，全国有 240 家新建冰场投入使用，按照平均每家冰场员工数 30 人计算（中小型企业 42 家，员工人数 1363 人），需招聘约 7200 人，技术技能型人才约4100 人。北京计划新建室内滑冰场 16 座、室外滑冰场 50 座，需要招聘的技术技能型人才约 1130 人。

二　我国冰上运动产业技术技能型人才所需能力

（一）职业素质需求

随着 2022 年北京冬奥会的临近，其对我国冰上运动产业技术技能型人才的职业素质不断提出新要求。一是产业体系全面升级、服务品质全面提升，对从业人员的职业道德、服务意识、标准化的工作流程要求不断提高；二是逐步向全产业链运营模式发展，体育运动技术指导服务不断多样化；三是全面注重安全救护，在不同岗位均将安全

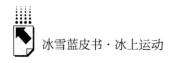

救护、事故处理、协助救护技能作为必备条件；四是多方推动培育品牌赛事，赛事组织、赛事保障能力逐步得到重视。

（二）典型工作任务及职业能力需求

结合目前我国冬季体育产业发展所带来的人才需求变化，冰上运动产业技术技能型人才典型工作任务及职业能力见表1。

表 1　冰上运动产业技术技能型人才典型工作任务及职业能力

岗位	典型工作任务	职业能力
教练员	①熟悉冰场各项产品、服务及活动的价格、内容、时间等信息，及时向顾客提供解答 ②负责准备滑冰课程计划，并能根据学员实际情况顺利实施授课 ③掌握花样滑冰 ISU、ISI 等级和考试规则，组织学员完成花样滑冰等级测试 ④参加冰场组织的各类表演及赛事的筹备与开展 ⑤与学员、顾客建立良好的关系，确保冰场对外的良好形象 ⑥及时反馈顾客投诉，协助主管及经理解决顾客投诉 ⑦及时反映滑冰教学工作中出现的问题，提出改进意见和建议	①良好的职业道德修养，熟悉服务规范及流程 ②客户服务意识强，具有良好的礼仪、沟通能力 ③规范、熟练的滑冰技术水平及滑冰指导能力 ④具有技术、场地、器材、冰球 IIHF 规则等各方面的专项理论知识 ⑤预防滑冰损伤及现场安全救护的技能
浇冰车司机	①能够独立完成冰车的日常保养、维护 ②能够提前发现冰场存在的隐患并采取专业措施予以解决 ③每天在规定时间内完成浇冰（修冰）工作，不造成训练时间的推迟 ④定期对各个设备进行检修与隐患排查；完成除冰工作，确保冰面符合训练标准 ⑤协助事故处理和救护工作 ⑥其他	①良好的职业道德修养，熟悉服务规范及流程 ②客户服务意识强，具有良好的礼仪、沟通能力 ③熟练掌握冰车的驾驶技能以及浇冰的要领 ④熟悉冰上运动、冰场的各项要求及标准

岗位	典型工作任务	职业能力
制冰师	①滑冰场地制作工作 ②冰壶场地制作工作 ③滑冰场地和冰壶场地维护工作 ④熟练处理冰场故障	①良好的职业道德修养，熟悉服务规范及流程 ②客户服务意识强，具有良好的礼仪、沟通能力 ③规范、熟练的冰场和冰壶场地制作技术水平
巡场员	①负责客户的接待、服务、营销工作;负责匝机处引导和验票入场、出场工作 ②负责严格执行入场须知，冰面滑冰秩序及事故安全隐患的防范、检查、管理工作 ③负责磨刀及浇冰工作;负责部门内设施设备(客用鞋、储物柜、助滑器、磨刀机等)日常使用、维护、管理工作 ④负责按规定组织部门内盘点工作 ⑤负责医务室的管理工作 ⑥负责各项销售管理报表的编制、填写、管理工作	①良好的职业道德修养，熟悉服务规范及流程 ②客户服务意识强，具有良好的礼仪、沟通能力 ③责任心强，吃苦耐劳，认真细致，执行能力强 ④会滑冰，有滑冰现场安全救护的技能

资料来源:《报告》项目组调研数据。

（三）持证上岗

根据调研结果，冰上运动产业技术技能型人才在企业入职前后需考取的主要职业资格证见表2。

表2 冰上运动产业技术技能型人才职业资格证需求

滑冰场	教练员	社会体育指导员证、ISU 或 ISI 等级测试或注册教练员证、裁判证，个别企业要求有幼师资格证
	浇冰车司机	驾驶证 C1、电工证、特种作业操作证，个别企业要求有电工证、汽车维修证、工程资格证
	制冰师	制冰师证、特种作业操作证
	巡场员	社会指导员证、安全员培训证、红十字会义务救援证

资料来源:《报告》项目组调研数据。

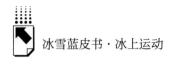
三 北京体育职业学院冰上运动 产业人才培养模式

北京体育职业学院立足北京，以培养优秀职业运动员为主要宗旨，兼顾为国家培养社会体育和体育产业人才，以北京2022年冬季奥运会为契机，以为我国冰雪运动培养技术技能型服务人才为出发点，于2016年在已有的社会体育系中开设了体育运营与管理专业（冰雪运动服务与推广）方向。

（一）人才培养目标与培养规格

"冰雪运动服务与推广"专业针对市场需求开设了雪上和冰上两个细分方向，其中，冰上专业方向选择了社会关注度高、市场空间大的花样滑冰与冰球作为两个专项，面向的主要岗位类别（或技术领域）为社会体育指导员、滑冰教练、冰球教练、赛事活动服务人员、冰场服务管理人员等；可考取国家相关职业资格证书或技能等级证书。

1.培养目标

（1）花样滑冰专项

本专业主要面向滑冰场馆、滑冰运动俱乐部、滑冰运动培训学校等企事业单位，培养德、智、体全面发展，掌握滑冰运动基本技术、滑冰场馆经营管理和滑冰运动防护基本知识，具备制冰、冰车等工程机械操作基本能力、滑冰场馆营销（售前和售后）、赛事活动策划等推广能力；并具有良好的沟通能力、协调能力、组织能力、团队合作能力、服务意识和创新意识等基本素质，能够胜任初级滑冰教练员、赛事活动服务、滑冰场馆销售、客服、制冰师等岗位的冰上运动保障服务型人才、技术服务型专业人才和开发服务型专业人才。

（2）冰球专项

本专业主要为了培养学生学习滑冰的基本方法，熟练掌握滑行技术的教学和实际运用；掌握冰球技战术、理解技战术的基本要求，能够在教学实践中应用；使学生了解冰球运动的相关知识及冰上安全知识；掌握护具及周边产品的正确使用及销售方法；掌握基本的营销理论，具备一定的市场营销能力；掌握青少年培训能力与技巧。如能够完成所有相关学科的考核，可获得华星 B 级冰球教练资质认证。

2. 培养规格（就业岗位分析）

（1）花样滑冰专项

本专业主要培养滑冰场馆初级滑冰教练员、滑冰场馆销售、客服、赛事活动服务、机务工程部门（冰车司机、制冰师）、教务顾问等岗位的工作人员。所需的职业能力培养规格见表3。

表3　花样滑冰专项职业能力分析

序号	就业岗位	典型工作任务	职业能力分析		
			素质	知识	能力
1	初级滑冰教练员	教授初学者滑冰技术	具有爱岗敬业精神和职业道德、社会责任感；具有较强的法律意识和观念。做人诚信。具有一定的人文素养；具有较强的服务意识	滑冰技术（花样滑冰/冰球）、滑冰运动防护、市场营销、消费心理、教学及裁判等方面的知识	掌握滑冰运动基本理论和运动损伤防护知识。具有一定水平的滑冰技术、良好的语言表达能力、滑冰教学和仲裁能力
2	滑冰场馆销售	负责滑冰场馆会员、团体及散客联系，根据企业产品特色撰写文案	良好的纪律性、礼仪修养和执行力。健康的身体，良好的体魄。正确的自我认知，良好的人际关系，坚韧不拔的毅力	熟知滑冰场馆工作流程、掌握冰上市场营销、消费心理等方面的知识	熟知滑冰场馆营销方法和手段，并在实际工作中熟练运用

续表

序号	就业岗位	典型工作任务	职业能力分析		
			素质	知识	能力
3	客服(场馆前台)	负责收银、接待、约课、回访等工作	具有爱岗敬业精神和职业道德、社会责任感;具有较强的法律意识和观念。做人诚信。具有一定的人文素养;具有较强的服务意识、良好的纪律性、礼仪修养和执行力。健康的身体,良好的体魄。正确的自我认知,良好的人际关系,坚韧不拔的毅力	突出掌握沟通技巧、语言表达、商务礼仪等方面的知识	熟知与客户交流沟通的方法和手段,并在实际工作中熟练运用
4	机务工程部门	掌握滑冰技术、负责场地设备检查检修及冰面整修等工作		掌握大众运动、竞赛竞技冰场制冰要求与日常维护等方面的知识	具备在实际工作中操作与维护冰场机械设备的能力
5	教务顾问	善于维护客户关系,主动服务意识强;负责配合教练员教务安排及相关活动安排		突出掌握沟通技巧、语言表达、商务礼仪等方面的知识	具备在实际工作中及时提醒并协助滑冰教练及学院按时完成或更改课程的能力
6	赛事活动服务	负责滑冰场馆赛事活动的策划设计,并组织落地实施		掌握滑冰场馆花样滑冰、冰球裁判知识;掌握冰上赛事活动策划、组织、实施等方面的知识	具备在实际工作中策划、组织、实施冰上赛事活动的能力

资料来源:北京体育职业学院数据。

（2）冰球专项

本专业主要培养滑冰场馆初级冰球教练员、冰球俱乐部销售、俱乐部前台、赛事活动服务等岗位的工作人员。所需的职业能力培养规格见表4。

表4 冰球专项职业能力分析

序号	就业岗位	典型工作任务	职业能力分析		
			素质	知识	能力
1	初级冰球教练员	①科学合理地制订会员和队伍的训练计划 ②有规划地组织会员和队伍进行训练 ③评估训练效果 ④提交比赛计划和申请,做好队伍比赛时的指挥和管理工作 ⑤评估比赛结果 ⑥做好队伍建设,包括家长与队员的团建工作 ⑦配合与支持其他部门工作	具有爱岗敬业精神和职业道德、社会责任感;具有较强的法律意识和观念。做人诚信。具有一定的人文素养;具有较强的服务意识、良好的纪律性、礼仪修养和执行力。健康的身体,良好的体魄。正确的自我认知,良好的人际关系,坚韧不拔的毅力	冰球滑行技术、冰球运动防护、市场营销、消费心理、教学及裁判等方面的技术和理论知识	掌握冰球运动基本理论和运动损伤防护知识;具有一定水平的冰球滑行技术、良好的语言表达能力、冰球基础教学和仲裁能力
2	冰球俱乐部销售	负责冰球俱乐部会员、团体及散客联系,根据俱乐部冰球产品特色撰写文案		熟知冰球俱乐部工作流程、掌握冰球市场营销、儿童心理等方面的知识	熟知冰球俱乐部营销方法和手段,并在实际工作中熟练运用
3	俱乐部前台	负责收银、接待、约课、回访等工作		突出掌握沟通技巧、语言表达、商务礼仪等方面的知识	熟知与客户交流沟通的方法和手段,并在实际工作中熟练运用
4	赛事活动服务	负责冰球俱乐部赛事活动的策划设计,并组织落地实施		掌握滑冰场馆花样滑冰、冰球裁判知识;掌握冰上赛事活动策划、组织、实施等方面的知识	具备在实际工作中策划、组织、实施冰上赛事活动的能力

资料来源：北京体育职业学院数据。

3. 职业技能等级证书

（1）花样滑冰专项

表5　花样滑冰专项职业技能等级证书

序号	证书类型	证书名称	证书颁发单位	取证等级
1	职业类证书	社会体育指导员（滑雪）	国家体育总局	中级
2	职业类证书	初级社会体育指导员（户外）	国家体育总局	初级
3	职业类证书	花样滑冰/冰球场外裁判		
4	职业类证书		中国滑冰协会	一级

（2）冰球专项

表6　冰球专项职业技能等级证书

序号	证书类型	证书名称	证书颁发单位	取证等级
1	职业类证书	社会体育指导员（滑雪）	国家体育总局	中级
2	职业类证书	冰球场内裁判	北京市（区）体育局	三级
3	职业类证书	华星冰球教练员	华星国际冰上运动中心	B级

资料来源：北京体育职业学院数据。

（二）招生规模

北京体育职业学院于2016年开设三年学制大学专科学历体育运营与管理专业（冰雪运动服务与推广）方向，并于2016年秋季开始面向爱好冰雪且愿意致力于冰雪事业的北京市及河北省高中毕业生、高中同等学历学生进行招生（自主招生与统招招生）（见表7）。2019年冰雪专业计划招生规模达到76人。

表7 体育运营与管理专业（冰雪运动服务与推广）方向招生情况

单位：人

类别	体育运营与管理专业（冰雪运动服务与推广）方向		
	2016 年	2017 年	2018 年
计划招生数	50	50	62
实际录取数	42	53	70
在校生人数	42	89	152

资料来源：北京体育职业学院数据。

（三）毕业就业

2019 年 7 月，北京体育职业学院 2019 届（16 级）体育运营与管理专业（冰雪运动服务与推广）方向 40 名学生经过三年的学习，顺利毕业。成为学院首届冰雪专业毕业生，整体就业率达到 100%。

毕业生的就业渠道主要是通过学院推荐、企业到学院宣讲招聘、与学校签订订单培养等方式，所招聘毕业生技术技能等各方面能力均符合人才需求。

（四）课程体系设置

体育运营与管理专业（冰雪运动服务与推广）方向课程分为通识教育课、行业基础课和专业教育课三个模块。其中行业基础课包括技术基础课和理论基础课两个子模块，专业教育课包括核心课程、证书课程、选修课程和实践课程四个子模块。

1. 花样滑冰专项

通识教育课按国家统一要求开设，根据专业特点增加了实用体能训练等课程。合计 766 学时，40 学分，其中课程讲授 604 学时，课程实践 162 学时（见表8）。

表 8　花样滑冰专项通识教育课学时学分分配

单位：学时，学分

类别	学时分配			学分
	讲授	实践	小计	
通识教育课	604	162	766	40

资料来源：北京体育职业学院数据。

行业基础课包含技术基础课与理论基础课（见表9）。技术基础课设置冰雪运动技术课程；理论基础课设置冰雪运动概论、社会体育指导员、沟通技巧、运动防护等课程。合计 522 学时，30 学分，其中技术基础课为 378 学时全实践；理论基础课课程讲授 90 学时，课程实践 54 学时。

表 9　花样滑冰专项行业基础课学时学分分配

单位：学时，学分

类别		学时分配			学分
		讲授	实践	小计	
行业基础课	技术基础课	0	378	378	10
	理论基础课	90	54	144	20
合计		90	432	522	30

资料来源：北京体育职业学院数据。

专业教育课包含核心课程、证书课程、选修课程和实践课程四个子模块（见表10）。共计 1734 学时，73 学分。其中核心课程设置冰雪运动市场营销、冰雪旅游策划、冰雪活动策划与管理、冰场制作与维护、冰雪场馆管理实务、冰雪运动损伤与防护、专项体能训练等课程；证书课程设置社会体育指导员、初级户外指导员理论与实践、花样滑冰/冰球场外裁判等课程；实践课程设置顶岗实习与毕业实习。

表 10 花样滑冰专项专业教育课学时学分分配

单位：学时，学分

类别		学时分配			学分
		讲授	实践	小计	
专业教育课	核心课程	132	228	360	20
	证书课程	48	132	180	10
	选修课程	34	110	144	8
	实践课程 顶岗实习	0	540	540	18
	毕业实习	12	498	510	17
合计		226	1508	1734	73

资料来源：北京体育职业学院数据。

综上所述，花样滑冰专项教学课程总计 3022 学时，143 学分，其中课程讲授 920 学时，课程实践 2102 学时（见表 11）。

表 11 花样滑冰专项教学课程总学时学分分配

单位：学时，学分

类别		学时分配			学分
		讲授	实践	小计	
通识教育课		604	162	766	40
行业基础课	技术基础课	0	378	378	10
	理论基础课	90	54	144	20
合计		90	432	522	30
专业教育课	核心课程	132	228	360	20
	证书课程	48	132	180	10
	选修课程	34	110	144	8
	实践课程 顶岗实习	0	540	540	18
	毕业实习	12	498	510	17
合计		226	1508	1734	73
总计		920	2102	3022	143

资料来源：北京体育职业学院数据。

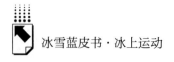

2. 冰球专项

通识教育课按国家统一要求开设，根据专业特点增加了实用体能训练等课程。合计 766 学时，40 学分，其中课程讲授 604 学时，课程实践 162 学时（见表 12）。

表 12　冰球专项通识教育课学时学分分配

单位：学时，学分

类别	学时分配			学分
	讲授	实践	小计	
通识教育课	604	162	766	40

资料来源：北京体育职业学院数据。

行业基础课包含技术基础课与理论基础课（见表 13）。技术基础课设置冰雪运动技术与冰球专项技术课程；理论基础课设置冰雪运动概论、社会体育指导员、沟通技巧、运动防护等课程。合计 546 学时，30 学分，其中技术基础课为 402 学时全实践（冰球专项技术占据 240 学时）；理论基础课课程讲授 90 学时，课程实践 54 学时。

表 13　冰球专项行业基础课学时学分分配

单位：学时，学分

类别		学时分配			学分
		讲授	实践	小计	
行业基础课	技术基础课	0	402	402	22
	理论基础课	90	54	144	8
合计		90	456	546	30

资料来源：北京体育职业学院数据。

专业教育课包含核心课程、证书课程、选修课程和实践课程四个子模块（见表 14）。共计 1602 学时，68 学分。其中核心课程设置冰球专业理论、冰球专业技术、冰雪运动市场营销、冰雪旅游策划、冰雪活动策划与管理、冰场制作与维护、冰雪场馆管理实务、冰雪运动损伤与防护、专项体能训练等课程；证书课程设置社会体育指导员、冰球裁判、华星 B 级冰球教练员等课程；实践课程设置顶岗实习与毕业实习。

表 14　冰球专项专业教育课学时学分分配

单位：学时，学分

类别		学时分配			学分
		讲授	实践	小计	
专业教育课	核心课程	126	228	354	22
	证书课程	9	45	54	3
	选修课程	34	110	144	8
	实践课程 顶岗实习	0	540	540	18
	毕业实习	12	498	510	17
合计		181	1421	1602	68

资料来源：北京体育职业学院数据。

综上所述，冰球专项教学课程总计 2914 学时，138 学分，其中课程讲授 875 学时，课程实践 2039 学时（见表 15）。

表 15　冰球专项课程总学时学分分配

单位：学时，学分

类别		学时分配			学分
		讲授	实践	小计	
通识教育课		604	162	766	40
行业基础课	技术基础课	0	402	402	22
	理论基础课	90	54	144	8
合计		90	456	546	30

类别		学时分配			学分
		讲授	实践	小计	
专业 教育课	核心课程	126	228	354	22
	证书课程	9	45	54	3
	选修课程	34	110	144	8
	实践课程　顶岗实习	0	540	540	18
	实践课程　毕业实习	12	498	510	17
合计		181	1421	1602	68
总计		875	2039	2914	138

资料来源：北京体育职业学院数据。

（五）教学实训基地建设

冰雪专业在教学实施过程中注重课程教学内容与工作岗位的实际需求紧密结合，在原有冰雪季课程体系中增加非雪季课程的内容，致力于冰雪运动四季运营人才的打造。

目前，冰雪专业有校内实训基地2个，主要用于冰雪装备保养与维护和滑雪技术模拟训练等课程，校外实训基地13个。其中冰上实训基地包括世纪星滑冰俱乐部有限公司、北京宏奥体育文化发展有限公司、华星辉煌体育管理有限公司。

（六）师资队伍建设

目前，北京体育职业学院体育运营与管理专业（冰雪运动服务与推广）方向教学团队有12名专业教师与15名企业导师，其中12名教师为双师型教师，教授1名，副教授3名，讲师8名，博士学历教师1名，硕士学历教师10名，本科学历教师1名，8名专业教师过去曾有相关企业任职经历，现有教师基本能满足教学需要。

（七）人才培养面临的挑战

1. 人才供求匹配度低，供给需求缺口大

北京体育职业学院从 2016 年开始，每学年招收一届冰雪专业学生，共培养 152 名在校生，其中 40 名毕业生正式走入工作岗位。相关人才的供求远远无法满足市场需求，存在巨大的人才供给缺口。

2. 办学经验、办学条件不足

冬季体育产业属于新兴产业，人才培养工作不可避免地存在办学经验、办学条件不足等问题。标准化的专业设置、人才培养体系、教学资源体系均没有形成规模，对人才培养的质量势必产生一些影响。

3. 行业发展期较短，标准规范缺失

滑冰社会体育指导员、制冰师、安全防护员等岗位尚未形成法定的职业标准或行业统一的职业资格认证体系，对于相关人才职业生涯阶段的专业认可度和等级晋升产生一定影响。

（八）人才培养的愿景

冰上运动产业人才培养是产业可持续发展的动力，也是提升我国冰上运动竞争力的核心。我国冰上运动及冰上运动产业的人才相对匮乏，人才的培养还处于相对落后的状态。为了更好地推动冰上业态和产业发展，服务保障好北京冬奥会，打造北京"冰球城市名片"，笔者认为，冰上运动产业人才培养应主要从体育、教育与社会系统三个层面出发，在场馆运营、制冰技术、大众冰上运动指导员等方面培养人才，力求通过院校、企业和社会等渠道开展合作，优势互补，培养、储备一批冰上运动服务保障人才，为场馆发展提供强大的人才保障和智力支撑。

B.7
国内冰场运营商发展模式解析

奥山冰雪研究院*

摘　要： 本报告通过解析奥山、奥众、华熙、华星、启迪、庞清佟健冰上艺术中心等国内主流冰上运营商，分析其运营模式，以期对国内冰上运动发展起到促进作用。奥山控股将特色冰雪产业与商业协同发展，发展奥山国际冰上运动学校，主推培训、赛事、冰雪进校园三大业务，逐步打造完整的冰雪产业链；奥众体育愿景为布局冰球运动全产业链，积极探索冰球市场化发展的路径；华熙国际建立冰雪产业发展体系，向"全民＋职业"方向规划发展；华星辉煌采取"冰"＋"地产"的双轮驱动模式，冰上运动产业分学员培养、赛事、职业培训、冰上运动科技四个板块；启迪冰雪致力于将冰雪产业打造为"培训、赛事、娱乐、文旅"组成的"冰雪＋"文化教育综合产业；庞清佟健冰上艺术中心开启全新花滑培训模式，也为世界冠军创业探索了一条全新的路径。

关键词： 冰上运动　运营商　全民参与　三亿人上冰雪

---

* 奥山冰雪研究院，隶属奥山控股，从事冰雪投资、冰雪场馆规划设计、运营管理、维护保养、节能等相关方面研究，致力于实现冰雪场馆规范化、生态化、智能化、模块化规划管理目标，建设各具特色的冰雪运动场馆。

一 奥山冰雪运营模式介绍

（一）奥山冰雪简介

凭借北京 2022 年冬奥会的历史契机，全民进入冰雪运动快速发展普及的黄金时代，这为冰雪产业带来了广泛而深远的积极影响。在北方冰雪产业蓬勃发展的同时，以奥山控股为代表的南方企业正厉兵秣马，高质量开发提供国际化的冰上培训服务、高专业度的冰上赛事活动等，旨在健全完善中国冰雪产业链条，贯彻落实冰雪运动"南展西扩东进"的国家战略，推动冰雪运动蓬勃发展，消解冰雪运动的季节性掣肘，促进全年参与的冰雪运动常态化。

众所周知，冰雪产业属于投入高、回报晚、发展周期长的产业，企业大规模进入冰雪产业需有一定的实力和耐心。奥山控股作为一家集团化企业，并不以短期利益为首要目标，而是在进军冰雪产业之初就做好了长远规划。2013 年，奥山冰雪旗下首个冰雪项目——奥山世纪广场真冰场在武汉地区落成，其后奥山控股继续加大对"白色经济"的投入，逐渐形成"冰雪 + 住宅"双轮驱动发展战略。以"冰雪运动 + 娱乐休闲"为主导功能，在全国多个地区布局冰雪项目，普及冰雪运动。

1. 奥山控股产业优势

1997 年，奥山正式成立，发展至今已形成集地产、商业、酒店、教育、旅游、金融、影视、冰雪八大产业于一体的多元化产业集群。

2018 年，奥山整合旗下地产、商业、冰雪三大产业，成立奥山控股，总部位于上海虹桥世界中心。奥山控股以"让生活充满阳光"为品牌理念，让客户从多维度产业产品中，感受到阳光般的美好生活。奥山控股实施"冰雪 + 住宅"双轮驱动发展模式，坚持"1 +

2 + X"的战略布局，深耕中部、长三角、成渝城市群，布局全国，位列"中国房地产百强企业""中国房地产企业综合实力 TOP 50""中国房地产企业品牌价值 TOP 50"等荣誉阵容。

围绕"冰雪运动社区，东方智慧人居"核心理念，奥山控股优化了冰雪特色住宅标准，打造世御系、尚唐系、海纳系三大产品线。在产口打造上整个冰雪产业的发展分为两部分：一是对物理空间的打造，即冰雪场馆的建设、开发和运营；二是产业适配，在冰雪场馆建设开发运营过程中，逐步形成全产业链，让产业与物理空间适配。

2. 奥山冰雪运营项目

奥山控股着力探索专业、融合的商业版图，将特色冰雪产业与商业协同发展，以家庭游乐中心运营整合。自 2013 年武汉奥山世纪广场奥山冰场建成以来，奥山控股持续规划完善冰雪产品线，聘请国际专业团队作为顾问，汲取国外成熟经验。同时，从国内外聘请高端专业人才，成立奥山冰雪研究院。在冰雪投资、冰雪场馆规划设计、运营管理、维护保养、节能等相关方面进行深入研究，实现冰雪场馆规范化、模块化规划管理目标，建设更多特色化、高专业水平的冰雪运动场馆，为冰雪行业的健康发展夯实基础。

在冰雪产品打造方面，奥山通过一个标准化或非标准化的冰雪场馆衍生出体育健康产品，并配置简单的商业配套，以打造满足不同客户运动要求的完整综合性项目。在此基础上，奥山控股还在一些城市内部开发一些大体量的产品，除了满足区域层面基本的商业配套需求之外，搭配中型雪场和标准化冰场，提供冰雪教育培训和相关衍生产品。

从区位分布到体量和业态分布，奥山冰雪特色产品线分为以下几部分：一是冰雪小镇——经开国际冰雪运动旅游小镇；二是冰雪综合体——奥山·澎湃广场；三是冰雪体育 Mall——奥山·澎湃荟。冰雪小镇为大家提供四季冰雪娱乐主题沉浸式体验，通过专业冰雪培训和赛事活动拓展冰雪玩法，传播时尚冰雪度假式生活理念。冰雪综合体，则打造室内冰雪乐园全新业态。室内雪场涵盖初级雪道、全冷飘雪嬉雪区域、冰雕景观展览、冰雪游乐设备等多个区域。综合体覆盖5公里以内家庭亲子需求，打造周末城市游玩新去处。冰雪体育Mall，为城市冰雪运动提供更便捷的平台，位于各大购物中心内部，包含全天飘雪的嬉雪区域，以及常温冰雪主题游乐区域。同时，在实现大众娱乐的基础上，深入发展冰上培训，包括冰球、花样滑冰等，让冰雪运动更贴近普通大众生活，促进冰雪运动的普及，将冰雪运动的乐趣与魅力推向更广大的人群。

目前，奥山控股已在全国各地完成了5个冰雪体育文化综合体项目的布局。在上海有合作运营的1800平方米国际赛事标准冰场，位于松江大学城，辐射周边大学生和冰雪爱好人士，并通过"冰雪进校园""冰雪赛事"持续发声，普及冰雪运动。除了上海，在武汉的光谷、东西湖、沌口三地均规划了冰雪场馆。其中，位于沌口武汉经济技术开发区智慧生态城的"奥山国际冰雪运动旅游小镇"，入选《2018年全国优选体育产业项目名录》，总体量约68万平方米，配备了国际赛事级真冰场，可以承办国际顶级标准赛事。室内滑雪场则规划至少两条雪道供不同水平的雪友娱乐进阶。除此之外，小镇还配备了2000亩山体生态公园，集全龄段国际教育学区、星级酒店、泛体育商务中心、极限运动场所、全民健康小镇等功能于一体。该小镇建成后，将成为中国知名冰雪产业功能区、国家AAAA级旅游景区、武汉冰雪运动示范基地。小镇的内部产品可以为客户提供完整的2~3天娱乐体验。目前，奥山控股正在成都、重庆以及长三角部分城市持续推广类似项目，未来将打造完整的俱乐部机制，为不同区域客户提供定制化产品并且可以进行区域间轮转。

奥山冰雪在建的多个室内真冰运动场，均定位为国际赛事级别，可举办国际冰球及花滑赛事。在建的室内雪场，让南方冰雪爱好者离

冰雪更近，在专业滑雪学校的指导下，安全地学习进阶滑雪技术。

3.奥山冰雪发展目标

奥山冰雪以成为中国最优秀的冰雪运动休闲方式缔造者为愿景，五年内计划落地更多冰雪项目，实现3000万人上冰雪的发展目标，为中国南方市场注入冰雪产业活力。

围绕冰雪培训、冰雪赛事、设计规划、冰雪装备、冰雪演艺、冰雪旅游等方面，奥山冰雪融合资源，推动群众性冰雪运动快速普及，积极响应"冰雪进校园"活动，组织策划青少年冰雪运动，冰雪特色全产业链的业务模式基本形成。2018～2022年五年时间，奥山冰雪将全面布局武汉、成都、重庆、上海等全国多个重点城市，大力发展冰雪产业。

针对3～12岁青少年主力客户，奥山以冰雪培训、"冰雪进校园"、冰雪赛事三条主线为基础，形成俱乐部制度和会员体系，保证了冰雪运动参与规模。同时，整合奥山控股旗下产业资源，系统发展，从而扩大冰雪产业发展的力度与深度。在冰雪产业设计建设及运营方面，奥山主动探索，聚力城市发展、改善人居环境，为客户提供优质冰雪休闲产品，以自身优势积极助推中国冰雪产业发展。

（二）奥山冰雪区域定位

围绕奥山控股的战略布局，奥山冰雪现阶段重点拓展南方冰雪市场，逐步走向全国，推动冰雪产业发展提速。

为什么是南方市场？从消费数据来看，南方市场需求更加旺盛，市场潜力大。南方跨省参与和出国参与冰雪项目的人数很多。就北海道等冰雪人气旅游地，从南方城市出发的旅游人次及行程客单价均高于北方。这几年南方室内滑冰场、室内滑雪场、滑雪模拟机等产品不断出新并高速发展，南方人对冰雪有着强烈的兴趣，市场颇具发展潜力。奥山冰雪作为奥山控股的特色产业，看好南方冰雪市场。

以上海为例，用户拥有更加开放的心态，对于新鲜事物的反应更迅速、勇于尝试。浓郁的文化底蕴让上海家长更重视孩子的教育，积极接触冰雪运动掌握国际趋势，以便孩子留学后迅速融入团队。上海政府举办了一系列高水平的国家赛事，提升冰雪运动社会参与度。"全国大众冰雪季""上海超级杯"等活动向大众普及冰雪运动，而上海市冰雪运动协会等机构对于"冰雪进校园"的推动，则让更多青少年参与冰雪运动，强身健体的同时为上海储备了冰雪后备人才。

除了政策助推，冰雪运动的本质才是吸引南北消费者的根本原因。当消费能力提升，冰雪运动恰好迎合了居民群体对新鲜、有趣、有品质的娱乐与度假方式的追求。在中国冰雪产业发展进入快车道的阶段，奥山作为行业的参与者，以南方区域为重点向全国拓展冰雪项目，规模扩大的同时更有责任与义务带来更好的产品与服务，普及大众冰雪运动，以国际化的格局，重塑大家对冰雪文化的认知，满足人们对美好生活的向往。

（三）奥山冰雪运营模式

1. 奥山冰雪经营理念

奥山冰雪以"责任、创新、超值、服务"为产业理念，以传播冰雪文化为首要责任，不断创新探索，永不守旧，为客户提供专业细致的服务并持续创造附加值给予客户惊喜。

2. 奥山冰雪重点业务

现阶段着力于冰上产业的奥山将重点在以下方面进行布局。

（1）聚焦培训

在业务模式上，奥山聚焦于冰雪培训，成立奥山国际冰上运动学校，引入了成熟、专业的北欧冰球教学体系，搭建了资深专业的教练团队。发展国际冰雪文化，与国际各大机构合作，打造丰富的冰上运

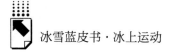

动培训课程。国际化视野、高专业度培训体系是奥山培训教学的核心。

目前，奥山冰雪邀请到瑞典冰球大师 Mike 团队、上海知名冰球教练郭大川、专业花滑教练贾丰博等组成奥山冰雪教练团队，全方面提升了冰雪课程教学品质，为学员提供国际化、系统化、规模化专业冰雪运动培训和训练，同时自主培养了多位冰上运动教练。教练队伍及教学体系的细致打造，让奥山冰雪 IP 在市场上获得了冰雪运动爱好者的高度肯定。

（2）"冰雪进校园"

践行冰雪运动从娃娃抓起，切实通过"冰雪进校园"来推动整个冰雪教育培训体系的建设是运动发展的核心。"冰雪进校园"是教育部深化学校体育改革的重要内容，同时积极推动"冰雪进校园"也是奥山冰雪践行"三亿人上冰雪"的国家战略，促进大众参与冰雪运动的重要发展方向。

奥山冰雪与武汉市红钢城小学合作，建立了青山区第一支冰球队"红钢城小学冰球校队"进行专业冰球培训，打造冰球课堂，为球队学员提供全套冰球装备。奥山冰雪承担球队培训及装备费用。2019年，奥山冰雪协助武汉市红钢城小学被教育部认定为"全国青少年校园冰雪运动特色学校"。未来，奥山冰雪将协助更多学校发展冰雪培训，打造特色化教学，成为"冰雪进校园"示范项目。

除与红钢城小学合作外，奥山冰雪携手吉的堡等幼儿园，积极发展冰上体育课，通过瑞典的冰球外教和多位花滑教练的专业指导，为孩子们提供冰上体验课。

为了让更多青少年体验冰雪、享受冰雪，吸引更多青少年参与冰雪运动，奥山冰雪将通过共建校队、公开体验课等更多更丰富的形式积极推动"冰雪进校园"，帮助学校选拔和培养冰雪精英人才，助力全国青少年人才全面发展。

（3）冰雪赛事

只有高水平的职业赛事持续推动，将赛事经济效益持续释放出来，产业发展才能实现可持续性。冰雪赛事是奥山冰雪发展重点之一，奥山与非凡中国控股有限公司（以下简称"非凡"）签署合作交流备忘录（非凡与其控股的李宁公司均为香港上市公司，成功举办的赛事包括协调中国男子篮球职业联赛 CBA、李宁 3＋1 篮球联赛；组织李宁 10 公里路跑联赛、用心趣跑生活节；组织"李宁红双喜杯"中国乒乓球协会会员联赛等）。奥山以冰雪运动场馆为核心，非凡以赛事、体育活动为核心。双方拟在未来就赛事的引入、体育社区、场馆运营等方面进行深入合作。

专业赛事运营团队的组建是奥山发力冰雪赛事的举措之一，奥山冰雪吸引专业冰球赛事人才加盟，结合奥山实际情况设计完善的赛事体系，并与多国冰球俱乐部结盟，承接、承办从国家级专业赛事、国际交流赛到奥山体系内联赛、城市邀请赛的众多赛事。

Hockey 3′s 冰球联赛是奥山冰雪自主 IP 赛事，发展冰球 3 对 3 赛事，逐步形成奥山特色。在武汉及上海的奥山相关滑冰场馆进行多组别联赛，一年分三个季度进行，包括暑期联赛、秋季联赛、春季联赛。以 3 对 3 的冰球赛事形式，在快节奏的攻防中，提升球员瞬间反应能力、急转变向能力及传球、控球、射门等相关技战术能力。同时联赛遵循国际专业规则，规范统计每一位出赛球员的表现：进门、助攻、射门次数、犯规等个人详情，持续记录每一位球员在场上的个人数据。以赛代练，从内部联赛打起，逐步完善全国性的赛事体系。

3. 奥山冰雪合作伙伴

奥山与政府及教育机构进行密切合作，推动冰雪运动发展。奥山冰雪是武汉市冰雪运动协会副会长单位，作为武汉市冰雪运动协会发起筹备组织单位中的一员，奥山冰雪将与武汉市各冰雪运动企业、组织机构共同努力，为武汉市冰雪运动发展贡献一份力量。

2019 年，奥山冰雪承接武汉市级活动"2019 武汉全民健身运动会"开幕式并在冰场举办赛事活动及冰上体验，持续开展冰上嘉年华系列活动。通过群众参与的方式传播全民健身的理念，进一步激发武汉市群众参与冰雪运动的热情，推动武汉市冰雪运动的持续发展。

"走出去，带进来"模式在奥山获得广泛运用，奥山积极开展国际交流，促成多位国际教练来华交流。除了外教，奥山更邀请了多位冰雪圈大咖来到中国与冰雪爱好者进行面对面交流，打破地域性壁垒。奥山在武汉成功举办世界知名控球大师 Sean Skinner 训练营，为学员及教练进行理论培训及冰场教学。同时，奥山冰雪与芬兰 VIERUMÄ 体育学院、芬兰国家商务促进局、瑞典冰球协会、瑞腾体育等达成战略合作，在场馆设计、赛事合作、教学培训、冰雪研学营、冰雪留学等方面开展合作，为热爱冰球运动的孩子们带来全世界丰富多彩的冰球文化。

另外，在冰球装备方面，奥山冰雪与 Bauer、CCM、JACKSON、格拉芙等国际品牌合作，为学员训练提供基础支持。

4. 奥山冰雪品牌 IP 化

为了贴近年轻的消费群体，奥山冰雪在品牌形象上也有进一步细分，打造全新冰雪 VI 体系。"OSKLAND 冰上探索中心"是奥山冰雪旗下冰场的细分品牌，通过年轻潮流的视觉符号提升品牌形象力和认知度，拉近与目标消费群体的距离，重塑奥山冰雪品牌形象。炫丽的颜色和简约的品牌符号后续将全面应用于奥山冰雪旗下冰场——OSKLAND 冰上探索中心的软装中。总部统一软装方案并快速复制于各分店，赋予奥山冰雪旗下冰场活力及高识别度。

除此之外，奥山冰雪旗下"奥山国际冰上运动学校""奥山阳光冰球俱乐部""奥山花滑俱乐部"围绕奥山冰雪整体品牌定位，均形成独立的 VI 应用体系。在品牌 IP 后续延展开发中，善用互联网思维的奥山冰雪或将通过用户激励体系及品牌周边开发为冰上运动带来更潮流的玩法。

（四）奥山国际冰上运动学校

奥山国际冰上运动学校的成立是奥山冰雪对于产业长期健康发展的新探索。

1. 解决行业痛点

（1）冰雪培训难以系统化，且基础薄弱，冰雪文化沉淀不足

国内培训，大多以结果为导向，以赛事成绩论英雄。奥山国际冰上运动学校将结合国际冰雪文化，与国际各大机构合作，提供国际化、系统化、数据化的培训体系，并打造多样的外训活动，为学员和教练搭建成长平台。

由瑞典外教 Mike 制定的 LTPD 培训体系针对不同年龄段有不同的训练，有不同的要求，有不同的规划，是一个长期发展计划。不同阶段分别设置了总目标、技术技能检测表、个人训练计划、团队训练计划、季节教学时间表（含对教学和课程周期的评估）。希望通过 LTPD 培训体系为球员提供一个循序渐进的发展指南，这应该是受益终生的。奥山冰球教练团队一直教授和思考"Hockey for life"，主教练 Mike 对于教练的定位不只是提供技能培训，更是教育者，向学员推广积极健康的生活方式。

（2）学员成长档案欠缺

学员档案的缺失一直是冰雪行业的一大痛点，学员成就系统无法打通，培训的系统化也因此受影响。奥山引入国际一流的冰球课程软件，录入学员每次的培训及赛事数据。奥山冰雪通过用户档案数据的持续建立，给予学员更有针对性的培训内容；通过丰富的用户激励政策，维护并打造超级用户。

（3）冰上教练人才缺失

奥山国际冰上运动学校将联合各大高校，发展成人冰球的同时储备滑冰教练，校企联合输送人才，实现冰雪运动发展的良性循环。

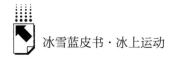

（4）滑冰运动门槛高

奥山国际冰上运动学校重视初学者市场，借鉴健身房模式，设置体验课，推广"冰上第一课"。同时邀请瑞典顶级外教，拍摄冰上教学视频，包含冰雪文化、装备认知、安全知识、滑冰技能等。

（5）升学留学渠道待开通

大部分冰雪爱好者，对于出国留学有一定的意识甚至有所规划。冰雪运动在国外是一项常见的体育运动，也是留学生了解国外文化、迅速融入国外环境的技能之一。奥山与瑞腾体育文化发展有限公司正式签署的《战略合作备忘录》显示，在游学方面，奥山将依托瑞腾体育在耐克运动营及高端体育相关内容与游学方面的成熟运营模式，凭借耐克运动营及300多所美国顶尖大学合作，通过将高端体育训练与学术元素互相结合，为学生创造一流的冬、夏令营游学体验。瑞腾体育提供游学相关的各类产品，由奥山负责产品推广、申请人招募等事宜。

在升学留学方面，由瑞腾体育提供以体育为核心要素的海外中学、大学等留学咨询及服务项目产品。

2.学校组织

奥山国际冰上运动学校包含"奥山阳光冰球俱乐部"及"奥山花滑俱乐部"。其中，奥山花滑俱乐部筹建时间较短，正通过行业内各大渠道吸引全国知名的花滑专业教练。而奥山阳光冰球俱乐部已拥有一支国际化的教练团队，教学经验丰富，教练拥有瑞典、加拿大、俄罗斯、美国、拉脱维亚、白俄罗斯、奥地利、冰岛、韩国、丹麦、法国、斯洛伐克、捷克和芬兰等地执教经验。Mike Beharrell、Johan Bjornfot、Sedov Pavel Ivanovich、Oleg Inshakov、郭大川、刘英奎等教练曾在青年队和职业联赛中担任教练和球员。

注册在籍的奥山阳光冰球俱乐部拥有三支奥山冰球队，奥山阳光冰球俱乐部在国内外多个重量级赛事中取得优异成绩。

（1）2018新浪杯国际青少年冰球公开赛武汉站冠军

2018年8月24日，中国冰球协会执导的2018新浪杯国际青少年冰球公开赛武汉站在奥山冰场拉开序幕，奥山轰炸机队与奥山天选队表现优异，以大比分获胜，夺得此次公开赛的冠军，两队也直接晋级总决赛。

（2）2018新浪杯国际青少年冰球公开赛全国季军

2018年10月，新浪杯国际青少年冰球公开赛在北京浩泰冰上中心拉开战幕。奥山轰炸机队和奥山天选队的学员们完全从零开始，却在此次大型国际冰球赛中取得了全国第三的成绩，奥山天选队李子星球员获得"最佳拼搏奖"。

（3）2018湖北省第二届大众冰球锦标赛全省冠军

2018年12月，奥山轰炸机队和奥山天选队参与了湖北省第二届大众冰球锦标赛并取得优异成绩，奥山轰炸机队更是在两场比赛中以大比分获得此次比赛的冠军。

（4）2019年贺岁杯全国青少年冰球邀请赛全国亚军

在2018年的年尾，奥山阳光冰球俱乐部的奥山轰炸机和奥山天选队参与了在首都北京展开的2019年贺岁杯全国青少年冰球邀请赛，奥山天选队获得U6组的全国亚军。

（5）2019中国·齐齐哈尔夏季冰球季国际冰球邀请赛

2019中国·齐齐哈尔夏季冰球季国际冰球邀请赛中，奥山队员魏天骐荣登U8组球员榜，奥山队在U10组比赛中获得小组第三。

奥山阳光冰球俱乐部秉承一个理念：奥山冰球队不仅是一个球队，还是所有球员们的家，更是冰球文化的传播者。俱乐部致力于打造拥有国际视野、团队意识、专业技战术、强悍身体素质的优质冰球青少年队伍。用冰球运动帮助孩子规划生活，以冰球教育塑造孩子优秀品格。

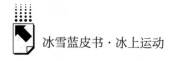
（五）总结

在国家经济发展的大背景下，奥山控股坚持进一步深入探索"冰雪＋住宅"发展模式，同时结合旅游、金融、影视等多元化产业，科学布局，走出一条独具特色并且以冰雪为主导的高品质 IP 发展道路，实现规模化、精细化和品质化发展。

对企业而言，优秀的人才是企业稳健发展的重要保障，奥山冰雪不断引进国内外优秀教练，促进冰雪运动良性循环。在冰雪产业内遵循奥山控股跟投机制、事业合伙人机制等各项奖励机制，员工的能动性得到了极大调动。奥山控股通过不断引进与培养自我驱动型人才，持续优化教练及管理团队，由外而内夯实人才之基。

奥山冰雪将持续开拓并发展奥山国际冰上运动学校，做好培训、赛事、"冰雪进校园"三大业务，打造完整的冰雪产业链，打通冰雪人才上升通道，为冰雪行业带来一些创新、专业的解决方案。奥山控股以冰雪为名片，不断推动冰雪运动四季拓展，探索可持续的冰雪产业运营模式。

二　奥众冰雪运营模式介绍

（一）过往现在篇

成立于 2017 年 6 月的奥众体育是奥瑞金旗下负责体育板块运营的全资子公司。不到两年的发展之中，奥众体育基于集团优势先后在冰球、足球等领域展开全方位深耕，同时也在体育营销、体育经纪、赛事运营等不同领域快速发展，积极探索"体育＋商业"融合发展的新模式。

公司定位是专业的体育 IP 运营机构，同时也进行体育营销，在对接商业客户和企业之间的诉求时，也帮目标客户进行体育营销的投放。

奥众体育的运营目标是搭建国际化体育营销平台。其中主要业务分为体育 IP 运营、体育人才培养、体育营销三个板块。体育 IP 运营以冰球项目为重点，并在足球、击剑领域与国际顶级体育资源展开全方位的合作。在体育营销、赞助权益开发以及运动员商务代理等方面，积极探索，搭建国际化体育营销平台，推动中国体育产业"黄金时代"的加速到来。奥众经营冰球项目，奥众体育不断整合国际优质冰球资源，积极探索冰球市场化发展的路径。奥众体育的愿景是：布局冰球运动全产业链。

冰球运动作为冬奥会对抗最激烈、场面最火爆的项目备受运动爱好者喜爱。回望中国冰球的历史，中国男冰在 20 世纪 80 年代处于亚洲领先地位，然而属于中国冰球的高光时刻是短暂的，由于受到当时市场经济等因素影响，进入 90 年代中国冰球快速衰落，成绩下滑严重，各地冰球运动发展滞缓。但 2014 年国家推出一系列政府指导性政策文件后，在中国体育产业快速发展的情况下，冰球运动市场再次迎来快速发展时期。

2017 年至今，奥众体育通过合作将冰球推广开来。

奥众冰球运营模式：青训体系建设 + 球队俱乐部运营。虽然奥众体育发展时间不长，但在冰球方面已经积累了一定的资源，特别是冰球 IP 赛事资源，依托投资建设的现代化冰球场馆，奥众体育形成青训体系建设 + 球队俱乐部运营方式。奥众通过与国外一线冰球俱乐部合作，将国外成熟的冰球教学经验本土化后运用到我国冰球青训之中，奥众目前的冰球产业基本覆盖了冰球产业链上的所有环节。除此以外，其还与国外 NHL 俱乐部，国内 VHL、MHL 俱乐部及大学生冰球联赛等合作。特别是奥众和整个冰球布局中最具影响力的 NHL 的合作，在过去两年成功地把 NHL 中国赛带到中国。希望能够通过专业的青训体系，培养和发现优秀的冰球人才，能够代表某一支球队去参加职业联盟的比赛。奥众体育主导了 NHL 中国赛从无到有的整个过程，成为 NHL 在中国的创始伙伴，并和 NHL 签署了在华战略合作。未来公司将围绕 NHL 在华商业开发、媒体版权、球员经纪、体育旅游、衍生品开发等展开业务。

与此同时，奥众体育也在不断发展自己的赛事体系，奥众体育独家运营的大学生冰球联赛将为大学发展冰球运动提供平台，在赛事策划、媒体宣传、商业开发等方面全面发力，打造国内顶级校园冰球赛事。同时与冰球装备公司、各级赞助商、体育推广公司合作，全面提升赛事影响力，为职业队培养后备人才。

体育营销需长期坚守品牌精神与运动精神的完美融合。随着群众参与运动，诉求增加带来体育产业商机。

国家统计局网站相关数据显示，从 2016 年国家体育产业内部结构看，体育用品和相关产品制造的总产出和增加值最大，占国家体育产业总产出和增加值的比重分别为 62.9% 和 44.2%。体育服务业（除体育用品和相关产品制造、体育场地设施建设外的九大类）占国家体育产业总产出的比重从 2015 年的 33.4% 提高到 35.9%，增加值比重从 2015 年的 49.2% 提高到 55.0%。

另外，国家体育总局官网上的一篇文章提到，国外体育服务业所占比重高于体育制造业，世界平均比例为 7∶3。中国以体育制造业为主，体育服务业与体育制造业的比例长期为 3∶7，目前体育制造业的比重已经降到 44%，仍然明显高于世界平均水平和许多国家。而且体育服务业中体育用品销售和贸易等与制造相关的部分又占一半，两者相加所占比重超过 3/4。

《2017 年度深圳市居民体育消费调查》显示，2017 年深圳市居民实物型体育消费、参与型体育消费、观赏型体育消费三者所占比例分别为 47.2%、45.2%、7.6%，人均体育消费分别为 1211.39 元、

1160.74 元和 196.41 元。

从以上数据看出，我国体育产业特别是体育服务业还有很大的市场空间，同时随着人民收入的不断增加，家庭体育消费的投入将逐渐增加，未来体育服务业有很大的市场空间。

在体育产业快速发展的背景下，许多国内品牌纷纷试水体育及大赛营销，从欧洲杯到世界杯等大型赛事中可以看到越来越多中国品牌的身影，对于这一火热风潮，体育营销更需要品牌长期的坚守和延续，需要将品牌精神与运动精神深度契合。这也是很多为促进中国体育产业发展的从业人士经常提到的"体育情怀"。

（二）未来发展篇

1. 探索奥众冰球俱乐部运营模式，深耕"体育+商业"发展之路

在俱乐部运营方面，奥众体育在发展之中不断摸索适合国内冰球运动发展环境的俱乐部运营模式，作为整条产业链中较为核心的俱乐部环节，无论是冰球还是足球、篮球俱乐部，其本身造血机能有限，如何通过广告权益、商业权益以及周边产品等的销售不断提高俱乐部自身的造血能力，找到适合的商业模式是俱乐部良性发展的关键。

俱乐部也是培养冰球人才的重要基地，如何真正挖掘年轻的冰球人才、如何扩大参与冰球运动的爱好者基数，是当下国内冰球俱乐部需要思考的问题。对此，赵相林表示："现在这个阶段怎么能够真正地发现好的年轻的冰球人才，培养他们，然后让他们成为职业选手，达到参加职业联赛的高度。现在最大的挑战就是选材的人数还非常有限，现在很多小朋友在打球，但都是初中以前，都是12岁以前，再大一些几乎断层，未来我们需要时间的积累，还需要培训机构、培训规模的扩大。包括教练的体系其实也需要不断磨合，在国内因为职业冰球的运营和管理是新课题，很多教练是外籍人士，怎么和他们磨合，让他们更好地适应中国球员的一些需求，能够保

证有好的竞技表现，这方面还有很多工作要做。"

2. 激活国内冰球赛事市场，为大众带来更好的观赛体验

对比国外冰球运动发达国家，从整体商业环境到媒体环境都更加开放，结合国外冰球赛事运营经验以及国内冰球运动发展环境，在激活国内冰球赛事市场，为观赛者带来更好的观赛体验方面：一方面是转播形式，目前主要有电视画面或者视频以及新的植入方式，随着科技水平的发展，越来越多的新科技引入冰球赛事的直播中，表现形式也多种多样；另一方面是赛事 IP 及周边产品的开发，比如队服，相关的礼品、纪念品，包括水壶、水杯、帽子、手套、围巾等，整个产业链条比较长。

另外，从国际角度来看，整个职业体育的价值最核心的还是媒体版权。它的稀缺性、不可替代性导致了版权的价值水涨船高，每次重新签约时都在升值。

3. 开发挖掘场馆功能，培养正确的体育消费习惯

运动场地是体育的基础，同时专业的运动场馆是保证体育培训顺利进行的核心要素之一。场馆方面，奥众体育投资建成国内第一家符合 NHL 标准的冰球场馆并面向社会开放，自 2017 年 5 月试运行以来，整体运行情况稳定，一个冰球馆，第一职能是承接各级各类冰球比赛和培训活动，在安排完赛事后，能够开发的时间非常有限。除此以外，因为它有 2000 多个座位，是一个小型体育馆，这样的规模其实非常适合搞一些小型歌友会，包括一些产品的发布会，未来也会加大客户开发、市场推广力度，不断丰富它的功能，充分运转、充分使用。

奥众体育希望基于现有冰上运动俱乐部优质的场地资源，与冬季运动管理中心、商业赛事公司合作，承办运营花样滑冰、冰壶等冰上运动赛事。提高冰场利用率，扩大奥众冰上运动俱乐部的影响力。

三 华熙运营思路

（一）过往现在篇

华熙国际投资集团作为一家集投资、运营及实体产业于一体的集团公司，其核心价值理念是"品质、效率、诚信、责任"。华熙国际投资集团成立以来的 20 余年里，凭借着全体华熙人的共同努力，不断超越自我，完善自我。现在，华熙在国内外已拥有 80 余家全资子公司和投资控股、参股公司以及数家海外上市公司，业务领域包含地产、文化体育、生物科技、金融证券等多个行业，总资产已增长至500 亿元左右。

华熙集团作为集投资、运营及实体产业于一体的集团公司，旗下拥有多个知名大众体育、文化项目，基于已建成的五棵松体育馆、五棵松篮球公园、北京时代美术馆，以及正在建设的"华熙 LIVE·成都 528 艺术村项目""华熙 LIVE·重庆鱼洞项目"，华熙集团为大众体育和文化传播搭建平台，服务社会、惠及大众，积极承担企业应有的社会责任。

华熙 LIVE 的定位是为城市打造的年轻人健康活力聚集地，城市新的生活方式体验地；以大中小型场馆群为核心，汇聚文化体育、文化娱乐、文化艺术、文化教育、文化生活五大业态的产业集群。引领全新生活理念，形成城市新焦点，打造活力、品质的五小时城区互动生活圈。

华熙目前在全国有 4 个项目布局。其中代表作品为华熙 LIVE·五棵松是华熙集团打造的第一个华熙 LIVE。华熙 LIVE·五棵松隶属华熙集团旗下，位于北京市海淀区长安街与西四环交会处，总占地面积超过 1000 亩，由北京奥运会篮球比赛场馆——五棵松体育馆发展而来。目前这里除了拥有 2008 年北京奥运会和 2022 年北京冬奥会双料奥运场馆——五棵松体育馆以外，还包括多功能综合性中型场馆——M 空间

（曾用作 2008 年奥运会篮球训练馆）、大众篮球公园——HI – PARK、京西吃喝玩乐天堂 Hi – up 以及正在建设的五棵松冰上运动中心。

众所周知，奥运场馆的赛后利用一直是世界性难题，五棵松体育馆是 2008 年北京奥运会 12 个新建场馆之一，奥运会后，华熙集团经过 10 年的运营，成功将这里打造成中国第一条以文化、体育产业为核心的特色商业街，其开创的"沉浸式"互动体验的全新商业模式，为奥运场馆的赛后利用开创了一条新路。

2008 年北京夏季奥运会过后，为充分利用奥运遗产，五棵松体育馆所有者对其进行了以全球顶级演唱会场馆为标准的全方位改造，这个能容纳 18000 人的体育场馆因此成为既能举办世界级体育赛事，又能为商业演出等娱乐活动提供大型场地的综合性场馆。目前的五棵松体育馆是 CBA 北京首钢男篮主场、NBA 中国赛、CBA 全明星赛、2019 年男篮世界杯等职业篮球赛事的举办地。五棵松体育馆还举办了职业冰球赛事：北美职业冰球联赛（NHL）中国赛已连续两年在这里举行，大陆冰球联赛（KHL）北京昆仑鸿星冰球俱乐部选择将这里作为主场，2022 年冬奥会冰球比赛也将在这里举行；五棵松体育馆更是国内外一线艺人来京举办演唱会的首选场馆：碧昂斯、Super Junior、后街男孩、加拿大"小天王"贾斯丁·比伯、刘德华、张学友、"天后"王菲等都在这里举行过演唱会。如今，五棵松体育馆已成为国内乃至世界上为数不多的大型综合性体育场馆，配备高标准的专业篮球馆和冰球馆，甚至还配有诸多娱乐项目，场地利用率高达 80%，位居世界前列。另外，五棵松体育馆还是国内第一家获冠名赞助的奥运场馆。

华熙文体公司秉持文体不分家的发展思路，专注场馆运营多年，连续 8 年承办 NHL 国内赛。为响应国家冰雪发展战略、推动广大群众积极投身冰雪运动，经北京市发改委批准，华熙集团正在五棵松体育馆东南侧建设五棵松冰上运动中心，该项目总建筑面积38400平方米，共设置南北两块30米×61米的标准冰面。如此规模的场馆同样也具备相对应的功能。一方面，该项目将扮演承接2022年冬奥会冰球比赛的热身馆及训练馆的角色；另一方面，该项目还将为北京地区的冰上运动、青少年冰球参与人群等提供一流的训练场地、培训和其他专业服务，把五棵松打造成为中国冰上运动的新地标（见图1）。

图1　华熙五棵松效果

随着国内越来越多的人关注冰雪运动的发展。华熙顺应发展趋势，基于多年来对中国体育市场的了解，建立了一套符合自身冰雪产业发展的产业体系（见图2）。向"全民＋职业"方向规划发展，普及冰上运动的同时，也解决了一部分冰上运动者职业上升的问题。

随着群众对冰雪运动的关注，项目原来的场地不能满足日益增长的需求，于是在原来的场馆旁新增了2块标准冰场，该冰场于2018年11月开始制冰，同年12月投入使用。这两块场地的投入使用也将作为国家冰上运动训练基地为冰雪事业添砖加瓦（见图3）。华熙文体公司通过此次场馆的建设对原来公司的发展路线做了重新规划，将以前的"赛事＋场馆运营"的思路调整为"赛事＋场馆运营＋场馆建设"的全产业发展模式。

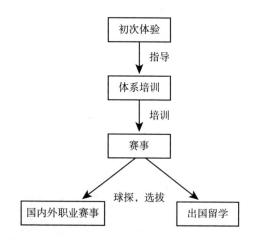

图2　华熙冰雪产业体系

资料来源：奥山冰雪研究院调查数据及现场访谈。

图3　华熙冰场效果

（二）未来规划篇

通过这次冰场的成功设计，华熙未来的发展不仅仅是一个场馆，也不仅仅是一个开发商，而是一个产业链的整合者，融合冰雪产业前中后的一个专业开发商，是从前端的专业场地设计、建设，到场馆及周边的市场化运作，甚至场馆运营期间的细节服务管理等的产业开发者。

同时，在冰雪运动参与者逐渐增加的同时，华熙在现有的青训体系下，将联合国内外资源，在培训体系中形成一个渠道，解决冰雪爱好者未来职业上升的问题，进一步扩大我国冰雪运动参与者的范围。

四 华星辉煌运营思路

（一）过往现在篇

2015年1月8日，华星辉煌体育管理有限公司在北京正式注册成立，公司建立伊始就定位为区别于传统冰雪运营商的"深度运营商"。通过4年多的运营，从当初的1家场馆逐渐发展到现在的5家场馆（仅北京），运营冰面面积达到10000平方米。

目前华星辉煌在北京有5家场馆，主要分布如表1所示。

表1 华星辉煌北京冰场分布

单位：块，平方米

序号	名称	地址	冰场数量	冰场面积
1	华星国际冰上运动中心（北京黄港）	北京市朝阳区崔各庄乡奶东村体育公园内	2	3600
2	华星冰上运动中心（西三旗馆）	北京市昌平区回龙观镇吉晟别墅北门西侧	1	1600
3	华星冰上运动中心（阜石路馆）	北京市海淀区玉泉路5号	1	1600
4	华星冰上运动中心（沙河基地）	北京市昌平区沙河镇民园小区对面	1	1600
5	华星冰上运动中心（博大路馆）	北京市博大路8号城外诚润京广场内	1	1600

资料来源：奥山冰雪研究院调查数据及现场访谈。

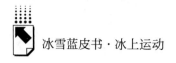

在天津、齐齐哈尔还有 2 家场馆，如表 2 所示。

表 2　华星辉煌天津和齐齐哈尔冰场

单位：块，平方米

序号	名称	地址	冰场数量	冰场面积
1	华星冰上运动中心（天津馆）	天津市津南区微山路与外环线交口（中华石园内）	1	1800
2	华星冰上运动中心（齐齐哈尔 2 号馆）	齐齐哈尔市龙沙区新明大街 5 号	1	1600

资料来源：奥山冰雪研究院调查数据及现场访谈。

华星辉煌冰上运动产业目前营收的 90% 来自会员收入。

庞大的会员基础为公司创造了营收，公司在此基础上积极主办或协办全国及国际级青少年冰球赛事——"城市杯"青少年冰球邀请赛，第一届 CCM 杯北京国际青少年冰球邀请赛，第二届 CCM 杯北京国际青少年冰球邀请赛，"贺岁杯"青少年冰球邀请赛。

特别是在 2016 年，华星辉煌成为国家关工委"百万儿童上冰场"公益活动以及中国冰协"十百千万工程"的实施机构。2017 年 9 月，华星旗下俱乐部获得 2017 年度 WSTOPS "冰球俱乐部 3 强" "滑冰俱乐部 10 强" "最具网络人气奖"。

目前华星辉煌的经营模式主要是"冰 + 地产"的双轮驱动模式，虽然冰上运动产业的绝大部分收入来自会员，但通过和地产板块的良好互动，公司整体营收逐年递增（见图 4）。

形成这样的经营模式，华星辉煌公司实际上经过了很长的一个艰辛摸索过程。

冰上运动产业板块主要分学员培训、赛事、职业培训、冰上运动科技四个板块。

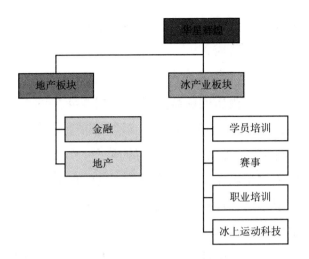

图4 华星辉煌经营模式

资料来源：奥山冰雪研究院调查数据及现场访谈。

华星辉煌在冰球学员培训上有自己独特的想法，华星辉煌建立了自己的训练管理部，将目前场地内的冰球教练按照训练风格归纳成三大体系，分别为国内培训体系、北欧培训体系和俄罗斯培训体系（见表3）。

表3 各类培训体系特点及不足

类型	特点	不足
国内培训体系	擅长情绪调动,强调个人技术	缺乏团队配合
北欧培训体系	快乐冰球,重视陆地培训,注重意识	成绩进步缓慢
俄罗斯培训体系	强调体能,重视运动量	身体负担较大

资料来源：奥山冰雪研究院调查数据及现场访谈。

三个体系各有优缺点，没有好坏之分，关键在于孩子的适应与否。现场教练会在家长选课初期积极与家长和孩子沟通，确定孩子的兴趣方向后推荐合适的培养方向。这样将会提供给孩子最适合的培训体系，有助于孩子快速成长。

学员培训和赛事息息相关，青少年最重要的就是冰上联赛。华星辉煌致力于提供更加优质的联赛体系，通过4年多的努力，目前华星辉煌已形成大小90余支队伍。每年定期参与联赛，将培训和赛事良好地结合起来。例如，在北京华星辉煌的孩子一年能打10~20场比赛，代表学校能打8~10场比赛，两个联赛能打30多场比赛。通过日常培训，在赛事中将培训成果体现出来，不仅是教练希望看到的，也是学员家长期望的。

另外，在冰球以外的冰上运动板块，华星辉煌还积极与北京市政府合作，通过提供速滑训练场馆，积极普及速滑和花滑。

华星辉煌在运营一段时间后发展出的教练职业化培训模式则是整个冰上运动产业值得参考的一段经历。成立初期，公司为了树立"深度运营商"的形象，在整个教练团队的构建上不惜成本，但是经过一段时间的运营发现，项目人工成本占总成本的70%以上，属于一个不健康的成本构成。为此，公司在2016年启动了后备教练人才的培训计划，通过带薪培训的形式招收了一批冰上运动爱好者，通过一段时间的培训，希望将其打造成项目的储备教练人才。但是该批学员仅有少数几名成为公司签约教练，很多人在完成培训课程后就流失了，事实证明没有约束的免费培训是不能长期维持的。于是在其后的两年开启了第二、三批的预备教练培训机制，通过收取一定费用定向培训职业化教练员，通过安排就业的形式与其签约达到稳定教练员的目的。从而形成良好的、成体系的教练培养机制，将持续对内、对外输出教练员，在实现自身发展的同时，还为中国整个冰上运动产业的发展提供了教练员储备人才。

冰上运动科技是建立在庞大的客户基础上的一套科学培养体系，华星辉煌公司在2017年底投入使用了该系统，目前通过多次调试后系统逐渐成熟。这套系统采用的运动轨迹捕捉技术，通过极短的时间利用遍布全场的高速摄像机捕捉球体的运动轨迹，来重现运动员在比赛中的运动姿态，通过分析成百项基础数据，对球员的日常训练方式做出有针对性的调整来实现球员的科学化训练，在提高学员成绩的情况下还能有效减少伤病。目前这套系统由华星辉煌自主研究开发，在国内还是首例，相信在不久的将来，越来越多的球员在这套系统的帮助下将有效提高运动成绩。

受到国家冰雪运动政策利好的推动，华星辉煌积极与其他地产公司寻求合作。与多家地产公司签订战略合作协议，推动冰上运动产业板块更加努力地走出北京市场。例如，华星辉煌在齐齐哈尔取得冰场的运营权，一开始很多本市消费者不能接受收费培训的经营模式，有段时间项目出现亏损。公司顶住压力，强调服务，最终项目被消费者接受，实现了扭亏为盈。

（二）未来规划篇

虽然近年来华星辉煌在冰上运动产业领域取得了不俗的成绩，但是其并没有就此满足，依然积极谋求布局未来。集团秉持"体育强，少年强；少年强，中国强"理念，以"一切为了孩子"为核心，推动更多的中国孩子参与更专业的冰球、花样滑冰、短道速滑、冰壶等冰上运动。华星集团将为夯实国家冰上运动根基，全方位推动中国冰上运动的蓬勃发展而不断努力。

华星辉煌未来规划主要分两个板块：冰上运动产业板块的内部调整和地产板块的外部扩张。

冰上运动产业板块的内部调整主要集中在教练师资力量的培养和架构的调整上。

在地产板块的外部扩张方面将尽快落实项目，将冰上运动产业的优势与地产结合，达到最终的利益共享。

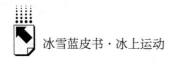

五　启迪冰雪运营模式介绍

（一）过往现在篇

启迪冰雪集团隶属于启迪控股股份有限公司，是该公司文体产业板块至关重要的一环。2000 年 7 月，启迪控股股份有限公司（以下简称"启迪控股"）正式成立，其前身是清华科技园发展中心。在清华大学的强力支持下，启迪控股聚焦科技服务领域，负责清华科技园的开发建设与运营管理，是首批国家现代服务业示范单位。公司控（参）股启迪古汉、启迪国际、北控清洁能源等企业 800 多家（包括上市与非上市公司），管理总资产规模逾 2000 亿元。

目前，通过 20 余年的探索与耕耘，启迪控股已成为科技园区规划建设和运营管理领域的"专家"，一支经过多番实战的高素质经营管理队伍为启迪控股保驾护航。启迪控股坚持把推进创新资源与区域经济的有机融合与互动作为主要任务之一，成功构建起以超过 300 个孵化器、科技园、科技城为载体的全球创新服务网络，辐射网络覆盖北京、上海、广州、深圳等中国内地各主要城市和中国香港、中国澳门，以及美国、英国、意大利、俄罗斯、澳大利亚、瑞士、荷兰、瑞典等国家的 80 多个城市。

北京石景山启迪冰雪体育中心是启迪冰雪集团为迎接 2022 年北京冬奥会、践行习近平总书记对国际冬奥组委"带动三亿人参与冰雪运动"的庄严承诺而布局冰雪体育产业后所建的旗舰项目，该项目所采用的建造技术拥有独立知识产权。该项目的落成，创造了多个全国首次：首先，该中心是国内第一个经政府正式批准的气膜式冰球馆；其次，该中心是国内规模最大的创新型气膜式冰球馆群；最后，该中心是国内第一家基于冰上运动的体育素质教育综合运动中心。在建设上，该中心还尝试采用 PPP 模式，与石景山区政府合作建成，有效地解决了冰雪体育场馆的建设资金、效率以及后期运营维护等一系列问题，为冰雪场馆的建设和运营提供了一个可持续发展的解决方案、具备全面业务能力的科技服务提供商。"奥运城市杯"北京国际青少年冰球邀请赛由北京奥运城市发展促进会和北京市冰球运动协会共同发起并主办，于 2016 年夏圆满举办首届，并获得各国各参赛队伍的一致认可和好评。2017 年第二届"奥运城市杯"北京国际青少年冰球邀请赛在启迪冰雪体育中心举行，标志着启迪冰雪集团在正式进军冰雪产业、通往 2022 年冬奥之路上迈出了卓越的一步。

通过这次成功的开始，启迪冰雪集团加快了全国布局，广泛与各地政府合作布局。

2017 年 6 月 8 日，三亚启迪冰雪体育中心正式奠基，这是继石景山启迪冰雪体育中心开业之后的又一大型项目。三亚启迪冰雪体育中心项目于 2017 年 10 月开业，可开展冰球、花样滑冰、冰壶等多种冰上项目。据悉，在三亚启迪冰雪体育中心项目建设运营基础上，启迪还将在三亚建设运营"冰雪体育特色小镇"，拟利用现有的废弃矿坑，结合海南省的城市属性和发展方向，发挥启迪现有产业资源，服务海南省的"城市双修"，打造三亚体育休闲、旅游消费的新亮点。

2018 年 11 月 25 日，第九届启迪创新论坛（昆明）举行，包括中国科学院昆明分院与云南启迪框架性合作协议签订、云南启迪康辉旅游景区开发有限公司揭牌等主要议程。由云南启迪打造的"启迪腾冲双创冰雪小镇"即将问世。

启迪控股沿着"一带一路"路径顺势布局，以启迪 K 栈、科技园、科技城、总部基地等特色园区项目组合拳，启动"深耕滇中，西进保腾，南拓普洱"云南战略。集创新创业、区域总部基地、众创空间、科技研发、休闲娱乐、体育运动、古村落保护性开发、观光

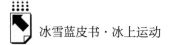

农业、全境旅游开发、探险体验等功能于一体的"启迪腾冲双创冰雪小镇"已于 2018 年 3 月 15 日正式奠基。

从启迪冰雪集团的发展看，公司从最初的场地开发，逐步做大，充分利用集团在产业园开发上的优势资源，将冰雪这一个 IP 和多个 IP 嫁接融合，形成目前的冰雪小镇项目。

目前启迪冰雪集团的开发策略采用"政策＋市场"的 1＋1 模式。利用集团产业园开发优势与各级政府沟通拿地，利用自己成熟的产业市场优势将项目市场化运作，取得利益回馈社会的同时还能利用资金持续开发项目，集团致力于将冰雪产业打造为"培训、赛事、娱乐、文旅"组成的"冰雪＋文化教育"综合产业。

培训板块主要业务是提供冰上运动项目——冰球、花滑、速滑的培训教育工作。培训板块将更多地与学校、政府合作，目的是在学生群体中普及冰雪运动，让更多的孩子爱上冰上运动。

赛事板块将为冰雪运动爱好者提供上升通道，通过赛事的筛选提供上升通道，扩大冰雪集团社会知名度。

娱乐板块通过和集团媒体公司的异业合作，多种渠道推广项目及冰雪运动，让更多的人了解冰雪运动。

文旅板块是通过市场化手段推动整个冰雪产业市场化运作，利用取得的收益投资，加快全国布局的步伐。

（二）未来规划篇

未来，集团的主要业务在"培训、赛事、娱乐、文旅"组成的"冰雪＋文化教育"综合产业板块会继续深化。

同时将打造自己的沉浸式体验场所"启迪星光汇"，项目将包含冰雪运动、娱乐体育、综合健身等泛体育社交场所（见图 5）。

还将推动更多集团孵化器资源和冰雪集团嫁接，通过全国 300 余家孵化器的异业合作积极布局全国。

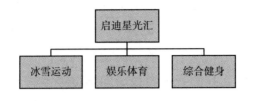

图 5　启迪星光汇项目

资料来源：奥山冰雪研究院调查数据及现场访谈。

六　庞清佟健冰上艺术中心介绍

（一）背景介绍

提到运动冠军创业品牌，我们最容易想到的就是李宁，随着社会发展，我国在奥运赛场上有越来越多的冠军涌现，退役后的他们很多选择了跟随自主创业的大潮。但是自主创业并不容易，尤其是对于专业运动员而言，他们对非体育领域专业知识的把控是相对欠缺的。一般认为，运动员创业有两大比较现实的劣势：其一，普遍缺乏现金流的把控和商业模式的验证。没有探索出持续创收的商业模式，没有合理的流水，自主创业很可能以失败告终。其二，不擅长企业的运营与管理。企业文化、业务分布、架构把控、人员管理等在自主创业中已是难题，对于专业运动员出身的人而言，这种难题更为明显。

国家也逐渐意识到退役运动员创业的艰难，于是开始对整个体育产业做出指导。随着国务院 46 号文件的出台，体育产业一跃成为体现国家意志的"国家战略"，之后国家体育总局、教育部、发改委等部门又接连发文，推动体育产业快速发展。政策推动、企业云集、资本热土等利好条件让体育产业成为炙手可热的朝阳产业。2017 年 9 月 21 日，由中国青年创业就业基金会和宝成国际集团联合设立的裕元创新创业公益基金宣告成立，基金规模1亿元，旨在帮扶体育人才加入"大众创业、万众创新"队列，大力扶持具有公益性质的体育领域创业项目，一定程度上缓解了运动员创业的资金问题。

至于创业阶段面临的管理短板等问题，很多运动员也在退役后选择前往各类大学学习，或者在企业中锻炼自己来补足短板。

（二）过去现在篇

花样滑冰是竞技体育和艺术的结合，运动员要有非常好的修养，拥有对艺术的感知，对音乐的感知，对舞蹈的感知。冬奥会比赛中有两个项目最热门：一个是冰球，另一个是花样滑冰，而且花样滑冰的训练都是卖票的，由此可见花滑运动的地位。

翼翔冰雪由佟健于2015年创办，经过近3年持续良好的发展，2018年6月由翼翔冰雪投资建设的庞清佟健冰上艺术中心正式投入运营，中心位于北京东五环朝阳体育中心附近，总占地面积约7000平方米。

公司现已构建起区别于其他运动员单纯商业化创业公司的经营模式，以庞清佟健冰上艺术中心为基础的"体育＋艺术＋娱乐"的全新复合形态冰雪运动优质平台，整合专业培训、Magic on Ice冰上演出、场馆与空间运营、新媒体四大产品。

庞清佟健冰上艺术中心开启全新的花滑培训模式，为世界冠军创业探索了一条全新的路径。以庞清、佟健为原点，携手当今世界炙手可热的运动员、教练员打造国际顶级培训矩阵，为中国花样滑冰事业发展带来全新模式，以专业的国际化资源全面提高学员的技术水准。翼翔冰雪将与IMG在花样滑冰专业培训和人才交流等方面进行合作，旨在推动花样滑冰青少年培训及花样滑冰的商业发展，充分利用IMG旗下明星选手资源。聘请Meryl Davis、Charlie White、Jeffrey Buttle和Yuka Sato四位世界冠军作为中心技术指导，提升培训专业化及国际化水平，加强中心教练员培训。同时，向IMG旗下的演出、俱乐部以及其他平台输出国内优秀的表演人才，彻底打通优秀人才的国际上升通道。

这座亚洲最大的单体冰上艺术中心将为中国花样滑冰行业展现全新的商业模式，并且引入国际资源加速发展，以先进模式提供行业优质内容，助力中国冰雪体育事业发展。

庞清佟健冰上艺术中心在地理位置上就体现出冠军之选，这座同时拥有精准温湿控制的气膜式冰场、器械健身房、舞蹈教室、艺术展厅的冰上艺术中心坐落于东五环朝阳体育中心附近，总占地面积约7000平方米，整合了体育、艺术与教育资源，将为周边滑冰爱好者和培养滑冰特长的孩子们带来堪比国家队标准的训练设施。拥有1800平方米奥林匹克标准冰场。冰上艺术中心配套设施齐全，包含观众看台、舞蹈房、器材训练教室、陆地训练区、书吧、多功能艺术展厅、会议室、餐饮休闲区等。300平方米的开放式多功能区，配有两个VIP休息室、水吧及商品零售区，为中心会员提供了更丰富的商业和生活配套。

为培养一个优秀的冰上舞者，训练之余的饮食与体能康复也尤为关键。为此，庞清佟健冰上艺术中心专门引入健康餐饮和体能康复服务，让训练者得到更科学的饮食搭配服务，训练后的体能康复方式更加专业。同时，中心还定期以讲座形式向会员传递更为专业的花滑相关知识。这种全方位的训练与配套服务在业内首屈一指。

走进冰上艺术中心，在整个空间内，大大小小的雕塑与绘画星罗棋布，似乎在召唤着每一个人投身这项优雅的运动。为了与艺术领域建立起硬连接，中心潜心设计并打造了一个专业水准的艺术展示空间，空间占地面积800平方米，挑高8米，采用LOFT结构，形成一主一副两个展厅。无论是面积、基调、结构还是附属配套设施，均可以满足艺术展览、商业展示、发布会等场地需求。

这个集商业、训练、艺术、生活于一体的冰上艺术中心，源于庞清、佟健两位花滑世界冠军多年来的圆梦情怀。他们一直致力于花样滑冰事业，用自身优势和资源为冰雪爱好者创造条件，改变中国冰雪项目的未来。

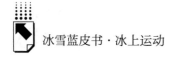
（三）未来规划篇

庞清、佟健对公司的未来规划是成熟稳定后稳步扩张。以北京的冰上运动中心为基地，广泛异业合作，其将项目规划为三类（见图6）。

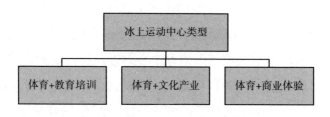

图6　冰上运动中心类型

资料来源：奥山冰雪研究院调查数据及现场访谈。

其中教育培训又分为四个方面：①职业化培训，最终是给国家队及各省市队输送专业运动员。②职业技能培训（冰上表演），是为各类表演单位输送冰上演员。③教练培训，顾名思义就是给各类培训机构培养输送教练。④学业培训（冰雪特产生），就是为花滑学生提供未来的上升路径（见图7）。

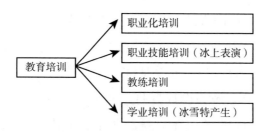

图7　教育培训分类

资料来源：奥山冰雪研究院调查数据及现场访谈。

虽然庞清、佟健退役了，但是他们用最大的努力帮助中国花滑事业前进。

国际借鉴篇

International Experience and Lessons

B.8
芬兰冰球培训体制探析

董峻儒*

摘　要：　芬兰冬季严寒漫长，冬季运动发展历史悠久。芬兰冰
球产业发展尤为突出。本文通过介绍芬兰冰球发展的
历程，分享其发展历程中的得失，为中国冰球产业的
发展提供借鉴。研究可知，芬兰冰球产业发展迅速有
以下几个原因：①经济因素，芬兰注重青少年冰球人
才培训的财政支持，芬兰冰球协会在提高俱乐部专业
性的同时，设立专项基金，支持经济困难的冰球参与
家庭，防止球员流失。②特色教育，芬兰教育体制世
界领先，教师团队经严格的筛选机制选出，综合能力

* 董峻儒，工程学硕士，芬兰巴佛集团中国市场总监，北京巴弗体育运动有限公司市场总监，
负责芬兰冬季体育场馆及北欧木结构建筑设计、冰雪设备设施及工艺推广。

强，冰球教育是芬兰特色教育之一，注重竞技心理素质培养，最大限度地满足球员的锻炼需求。③合理的经费及人才分配体制，使芬兰拥有优秀球员的顶级培养速度。

关键词： 芬兰　冰球　培训体制

一　芬兰冰雪运动发展历程

（一）20世纪90年代

1999 年，挪威冰球世锦赛加时赛中，芬兰负于捷克，夺得银牌。Saku Koivu 成为蒙特利尔加拿大人队的第一位欧洲籍队长，加拿大人队被誉为北美职业冰球联赛（NHL）历史上最成功的俱乐部。

芬兰女子队连续第五次参加世界杯。18 岁以下的选手在德国福森赢得第一个 U18 世界冠军。17 岁少年队在欧洲青年奥林匹克运动会决赛中以 4 比 3 战胜瑞典队。达拉斯之星 Jere Lehtinen 赢得了斯坦利杯，并获得了 NHL 最佳防守前锋奖。Frank J. Selke Trophy、Harry Lindblad、Lasse Oksanen 和 JormaValtonen 进入国际冰球联合会（IIHF）荣誉长廊（Honor Gallrey）。

（二）21世纪初

2000 年，芬兰队在俄罗斯赢得了世界锦标赛铜牌，并且第二次获得了欧洲四国巡回赛冠军，女子国家队连续第六次获得世界杯铜牌。U18 国家队在瑞士克洛卫冕 U18 世锦赛世界冠军。Alpo Suhonen 成为第一位与芝加哥黑鹰队签约的欧洲 NHL 主教练。Jari Kurri 和

GöranStubb 进入国际冰联（IIHF）荣誉长廊（Honor Gallrey）。

2001 年，德国世界杯决赛，芬兰男子国家队赢得银牌。Jari Kurri 成为首位进入冰球名人堂的芬兰人。非官方的欧洲锦标赛——欧洲冰球巡回赛，来到芬兰。青年国家队在莫斯科赢得银牌。U20 在俄罗斯世界杯赢得银牌。芬兰队在 Lahti 和 Heinola 的 18 岁以下世界锦标赛中获得铜牌。科罗拉多雪崩队的 Ville Nieminen 赢得了斯坦利杯。

2002 年，芬兰队赢得捷克世界锦标赛铜牌。连续第四年赢得欧洲冰球巡回赛冠军。这一年明星球员 Raimo Helminen 共参加 300 场全国联赛，为球队贡献 200 分进球，第六次参加奥运会。Kari Lehtonen 入选 IIHF 荣誉长廊。

2003 年，芬兰是第六个举办世界杯的国家。赫尔辛基、图尔库和坦佩雷的比赛现场共有 454000 名观众。芬兰队第五次赢得欧洲冰球巡回赛冠军，并首次赢得波罗的海杯冠军。U20 男子国家队赢得了世界杯铜牌。达拉斯之星 Jere Lehtinen 荣获 NHL 最佳防守前锋奖。Frank J. Selke Trophy、Unto Wiitala 和 Timo Jutila 进入 IIHF 荣誉长廊。

2004 年，芬兰队第六次赢得欧洲冰球巡回赛冠军。男子国家队获得世界杯银牌。沉寂三年后女子国家队获得世界杯铜牌。20 岁以下男子国家队连续第三次获得世界锦标赛铜牌。

2006 年，芬兰队在不失败的情况下打入都灵奥运会决赛，决赛负于瑞典队获得银牌。男子国家队在里加拉脱维亚世界锦标赛上获得铜牌，以 5 比 0 战胜加拿大队。Teppo Numminen 超过 Jari Kurri 成为在 NHL 常规赛出场最多的球员。Teemu Selänne 获得了 NHL 的 Bill Masterton 奖杯。20 岁以下男子国家队获得世界杯铜牌，18 岁以下男子国家队获得世界杯银牌。

2007 年，纳海姆鸭队的 Teemu Selänne 赢得了斯坦利杯。Esa Peltonen

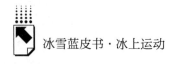

进入 IIHF 荣誉长廊。

2008 年，芬兰队以 4 比 0 击败瑞典队夺得春季世界杯铜牌。芬兰女子队在世界杯上首次战胜当年冠军美国队，但半决赛负于加拿大队，获得铜牌。Valtteri Filppula（底特律红翼队）成为赢得斯坦利杯的第七位冰球选手。

2009 年，芬兰女子队在海门林纳举行的世界锦标赛中获得铜牌。Jenni Hiirikoski 被评为最佳防守队员。Toni Rajala 以 10 + 9 = 19 的新的历史最高分赢得了 18 岁以下世界杯。

2010 年，芬兰国家队在温哥华奥运会上获得两枚铜牌。18 岁以下男子国家队也在白俄罗斯世界杯上获得铜牌。国家队 A 队在欧洲冰球巡回赛夺冠。Petteri Nummelin 被选为德国世界锦标赛的最佳防守队员，第五次参加明星赛。Riikka Nieminen – Välilä 成为第一位入选 IIHF 名人堂的欧洲女性。Antti Niemi（芝加哥黑鹰队）成为第一位赢得斯坦利杯的芬兰守门员。

2011 年，芬兰男子国家队 A 队在斯洛伐克第二次赢得世界冠军。芬兰队在决赛中以 6 比 1 击败了他们的宿敌瑞典队。女子国家队在 Karoliina Rantamäe 的加时赛中击败俄罗斯，在瑞士世界锦标赛上获得铜牌。女子国家队以 3 比 0 击败捷克队获得铜牌。芬兰队在春季获得了另一个斯坦利杯冠军，波士顿棕熊队以守门员托克卡·拉斯克为代表击败了温哥华加人队。

2012 年，获得世界杯男子第四女子第五，男子轮滑曲棍球队在德国因戈尔施塔特举行的世界杯上获得铜牌。

2013 年，世界锦标赛获得铜牌。这场比赛之后，传奇主教练 Jukka Jalonen 掌管狮子队的时代终结。6 月初，Erkka Westerlund 成为 A 队的主教练，由其率领的女子国家队获得铜牌。

2014 年，在索契奥运会上，男子国家队以 5 比 0 战胜美国队获得了铜牌。女子国家队在预选赛中排名第五。3 月，女子国家队在匈牙利世界杯上获得第五名。4 月，芬兰在拉彭兰塔和伊马特拉举办了 18 岁以下世界锦标赛，国青队在半决赛中失利。男子国家队于 5 月初在斯德哥尔摩赢得瑞典锦标赛。在明斯克世界锦标赛中获得银牌——这一年 Erkka Westerlund 为期一年的主教练任期结束，Kari Jalonen 在 6 月初开始担任 A 队的主教练。

2015 年，芬兰 U18 及 U20 女子冰球国家队在加拿大冰球世界杯比赛中均获得了奖牌。女子国家队在瑞典世界杯上获得铜牌，是 2011 年世界杯后获得的第一枚奖牌。4 月，U18 芬兰队在世界杯的比赛中获得银牌。轮滑曲棍球也获得了世界杯银牌。

2016 年，20 岁以下世界锦标赛在赫尔辛基举行，芬兰在这个年龄组中第四次获得了世界锦标赛金牌。1 月初，当 Kalervo Kummola 的总统任期结束时，冰球联盟的权力也发生了变化。新主席 Harri Nummela 于 1 月 7 日就职。4 月，18 岁以下国家队跟随国青队参加了世界杯。U18 芬兰队在决赛中以 6 比 1 击败瑞典队。一个月后，男子国家队晋级决赛，负于加拿大国家队。Patrik Laine 是 20 岁以下世界杯的杰出前锋，被选为男子世界杯最有价值的球员

2017 年，世界锦标赛中女子国家队获得第五名。U18 男子国家队获得了银牌。在赛季结束和新赛季开始时，女子冠军赛被改为女子联赛。

2018 年，男子国家队获得了平昌奥运会铜牌，U18 男子国家队则以 3 比 2 击败美国，赢得了该年龄组的世界冠军。国青队在世界锦标赛中排名第六，世界锦标赛中男子及女子国家队在自己的比赛中均排名第五。

2019 年，是国家队特别成功的一年。由主教练米拉·库斯马（Mira Kuisma）率领的女子国家队以 3 比 0 击败俄罗斯队获得银牌。主教练 Pasi Mustonen 率领男子国家队取得了历史性成功。2019 年在斯洛伐克科希策和布拉迪斯拉发的世界杯决赛中，芬兰男子国家队第

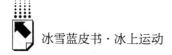
三次获得世界锦标赛冠军。芬兰队在决赛中以 3 比 1 击败加拿大队。Jukka Jalonen 第二次执教芬兰男子国家队参加世锦赛。

1995 年，由 Saku Koivu 率领的 Jere Lehtinen 和 Ville Peltonen 以及被称为"Huey，Dewey 和 Louie"的黄金一代芬兰男子国家队第一次赢得了世界锦标赛冠军。自此以后，直至 2019 年 10 月芬兰男子国家队力克传统冰球强国加拿大再次问鼎世锦赛冠军，从此告别长达二十几年冰球国际赛事中"无冕之王"的遗憾。芬兰虽在顶级赛事中与金牌无缘，但六银三铜，九块世锦赛奖牌，以及过去七届冬奥会中五铜三银，仅一次与奖牌失之交臂的国际赛事成绩依旧耀眼。同时，仅拥有 560 万人口的芬兰，为 NHL、KHL 等国际顶级联赛不断输送高质量球员，其中不乏像 Koivu 和 Teemu Selänne 这样的国际球星。Patrik Laine、Jesse Puljujärvi 和 Olli Juolevi 入选 2016 年 NHL 选秀的前五名；Henrik Borgström 在第 23 顺位被选中，在第一轮选秀中有四名芬兰人入选等，展现了芬兰杰出的冰球人才培养效率，使芬兰成为冰球界不可忽视的强国。辉煌背后没有侥幸，芬兰冰球的成功是一个普惠、科学、协调、平等、全民化的综合体制的成果。同时，也与心理、职业发展的个性化培养息息相关。

回顾历年的成绩，我们发现一个重要的历史性转折点。

2009 年，芬兰冰球协会（FIHA）组织了一次对芬兰冰球体制产生深远影响的冰球运动峰会，该峰会主要由教练、经纪人、球探、球队经理、领队等行业内的相关代表出席。会议的主要议题为"芬兰冰球运动的发展方向以及球员的发展战略"。会议由时任芬兰国家队教练埃尔卡·韦斯特伦德（Erkka Westerlund）主导，埃尔卡教练曾于 2004 ~ 2014 年两次担任赛季国家队主教练，并两次担任大陆冰球联赛（KHL）芬兰小丑队主教练。

埃尔卡的核心思想是：个人综合能力的培养必须从年轻运动员开始，应确保每个球员（不仅仅是俱乐部球员）都能得到国家级专业教练的足够支持。这种培养不仅仅是专业技能的培养，球员的饮食起居，如何科学训练、科学休息，如何培养优秀的心理素质都包括在内。简而言之，每一个年轻球员都朝着能够独当一面、有担当的专业运动员去培养，而不是浪费他的天赋。

埃尔卡的思想得到了冰球协会的大力支持，2009 年峰会之后，冰球协会为所有年龄段男子国家队雇用了全职教练。在此之前，青年队及国家队并无雇用全职教练的先例。

这一举措奠定了芬兰冰球专业青训资源扎根全国所有冰球专业培训机构的基础。国青队冰球全职教练在每年 40 天左右的集训时间外，用剩余的 300 多天时间轮流走访全国各地的青训机构，亲临现场了解每个运动员的饮食起居及训练细节。在最少为期一周的时间内，与本地教练及队员深入交流沟通，在充分了解每个球员基本情况的前提下，提出科学的具有建设性的指导意见，从战略战术以及综合能力培养等角度，对全国的基层运动员培训起到积极促进作用，提高全国运动员训练水平的同时，达到全国范围内青训机制的协调统一。

此外，覆盖所有专业级别的全职教练走访体制，极大限度地刺激了各地冰球培训机构及俱乐部的积极性。获得冰球协会国家队教练的直接评估和协会的个性化指导方案，不仅迅速提升了各培训机构及俱乐部的综合实力，而且使机构管理层以及教练员认识到每一个机构的成功与个人荣誉和整个国家冰球体制的成功与集体荣誉息息相关。同时，还对运动员本身及关注冰球运动的群体的参与积极性产生了巨大的推动作用。

也正是这样的制度，使处于偏远地区或经济相对落后的俱乐部依然能够接受包括专业守门员教练等在内的完善教练团队的阶段性指导。

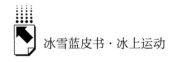

二 芬兰冰雪运动发展的有利因素

（一）经济因素

经济因素对芬兰冰球产业发展的影响，不仅体现在 2012 年冰球世锦赛 820 万欧元获利全部投入青少年培训发展计划对芬兰整个青训机制产生的推动作用；同时也表现在芬兰冰球联盟（Liiga）相比KHL、SHL 和 NLA 等欧洲顶级联盟经济实力不足而导致芬兰俱乐部无法大量签署昂贵的外国球员，反而为更多的本国球员提供了上场及快速成长的机会。一个看似矛盾的现象恰恰体现出合理运用资本的效果，将有限的资本投入并应用于建立平等、协调、高效的球员培训平台，从而为培养出数量可观的优秀年轻球员奠定基础。

在芬兰，青少年参与冰球训练以及向专业运动员转化的核心动力源于对冰球运动的兴趣。虽然，冰球作为芬兰的国球，有较强的群众基础，但是对于身为参与者的父母而言，培养孩子参与冰球训练，不仅仅需要支出俱乐部及培训机构的培训费用，冰球装备也是一笔不菲的开支，因此芬兰冰球协会在提高俱乐部专业性的同时对于防止球员的流失也予以了特别的关注。

据统计，芬兰目前约有 39000 名低龄儿童通过学校及俱乐部活动不同程度地参与冰球训练，每一个孩子都可能在未来成为独当一面的球员。因此，保证参与冰球运动的家长及小球员的兴趣，避免人才流失对于人口基数具有明显劣势的芬兰来讲显得尤为重要。父母和孩子选择冰球，不仅仅需要对兴趣及时间进行考量，同时冰球训练所需的金钱投入对任何一个家庭来说都是需要慎重考虑的。

因此，芬兰冰球协会设立专项基金，每年向存在经济困难的冰球参与家庭提供总计约 200 万欧元的支持资金。由俱乐部团队或相关训练机构代表有需要的孩子申请补助金，FIHA 审核通过后将资金直接注入俱乐部为该球员支付注册和设备等费用。该项资金同时鼓励了许多来自曾经参加过职业冰球比赛的前俱乐部明星，通过这些俱乐部为低收入儿童设立了助学金。

同时，芬兰冰球协会每年为每个俱乐部提供约 3 万欧元的支持经费，为球员提供如守门员装备等较为昂贵的装备，以此减少参与家庭在冰球训练上的投入，提高参与积极性。在此经费的基础上如果俱乐部需要更多的差旅经费，可以向协会提出申请。

正是这些细致且完备的制度，最大限度地为参与冰球的家庭提供了便利，让参与家庭减少后顾之忧。

（二）特色教育

芬兰的教育体制被誉为世界第一，其核心概念是以人为本，以极其严格的筛选机制选出优秀的教师团队，进行心理、业务能力、综合能力的培养，从而实现自主性强、具备创造性的因材施教，形成能够以朋友的身份与学生共同解决问题的教授与学习模式，构建以帮助学生培养解决问题能力及学习能力为目的的教师团队。同时，芬兰社会及职能机构给予教育行业极大的尊重与信任，取消资格评审等考核行为。因此，冰球教育作为芬兰特色教育体制的一个分支，很大程度上受到体制框架的影响。冰球教练不应也不再是拥有绝对话语权的权威，而是一个帮助球员实现梦想的帮手，一个能够引领球员产生正确的规则意识以及价值观的朋友。球员对教练除基本尊重外不会产生恐惧及无条件服从错误理念的盲目尊重。因此，球员可以与教练沟通真实感受，不断成长。

竞技心理素质一直是培养优秀球员不可或缺的关键因素。在过去十年中，芬兰的各级教练在兼顾球员全面发展的基础上，对于自信心、责任感及球员最佳竞技状态觉醒予以重视。业内普遍认为，对于

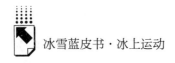
竞技心理素质的培养应在 12 或 13 岁开始。根据芬兰冰球协会理事妮梅拉的理论，"当你在 12 或 13 岁开始培养竞技心理技能，预计可以在 23 或 24 岁时将这些技能融会贯通。"

芬兰冰球协会专家认为年轻时球员最佳竞技状态觉醒的培养与发展，是使得芬兰球员在国际比赛中占据优势的关键之一。

同时年轻运动员最快的成长土壤是在赛场上而不是在替补席上观看年长运动员比赛，只有提供足够的比赛机会才能够培养技术与心理成熟的专业运动员。因此，无论是俱乐部还是培训机构，芬兰冰球协会都着重强调要多给年轻球员提供出场机会，从而最大限度地让球员得到应有的锻炼。

与时俱进是芬兰冰球协会对各级教练的基础要求，冰球运动虽然具有数十年的历史传承，但是在冬季体育产业高速发展的今天，芬兰教练必须走出国门在坚持寻访制度的基础上与 NHL、KHL 一线教练建立稳定的交流沟通机制，保证观念的先进性。

（三）总结

相比经济实力雄厚的 NHL、KHL、瑞典冰球超级联赛等顶级联赛，芬兰从经济体量到人才数量上都无法匹敌。但是合理的经费及人才分配体制是被誉为"顶级守门员工厂"的芬兰拥有可以与顶级联赛媲美的优秀球员培养速度，同时在国际赛事中取得优异成绩不可忽视的因素。

对于冰球运动的热爱是芬兰冰球发展的起点，芬兰冰球从懵懂、步履蹒跚的成长、初尝胜果、茁壮成长到举世瞩目，经历了数十年的发展过程。一个仅有 560 万人口的小国能够在冰球领域取得如此成就，总结起来，主要归功于普惠、科学、协调、平等、全民化的综合人才培养体制。

从经济角度上看，冰球的基础投入较高，合理地运用经费，降低家庭参与成本，增强参与群体的积极性是值得学习和借鉴的。同时如何合理运用有限的经费和优秀的教练资源，最大限度地发挥经费及人才的作用，同时为更多的人才提供机会，应根据不同国家和地区的情况因地制宜。

希望芬兰的经费及人才分配体制可以被更多的冰球发展中国家合理借鉴，从而孵化出更多有竞争力的冰球强国。

B.9
大陆冰球联赛（KHL）产业模式分析

奥山冰雪研究院 *

摘　要： 大陆冰球联赛（KHL）是亚欧大陆上覆盖规模最广、
参赛队伍最多、赛制规则完善、竞技水平最高、商业
化运作最为成熟的冰球赛事，其赛事的影响力也逐步
提升和扩大。从全球范围来看，其规模水平仅次于北
美冰球联赛（NHL）。大陆冰球联赛的发展壮大也为整
个亚欧大陆地区的人们提供了一个良好的冰雪运动环
境和氛围。

关键词： 大陆冰球联赛　赛制规则　商业化运作

大陆冰球联赛（Kontinental Hockey League，KHL），成立于
2008年，其前身为俄罗斯冰球超级联赛（见图1）。KHL最早注重
本土化，也就是吸纳俄罗斯的冰球俱乐部参赛，随着联赛发展战略
的国际化推进，参赛队伍也涵盖了来自亚洲国家和欧洲国家的队
伍，如拉脱维亚、克罗地亚、中国、白俄罗斯、哈萨克斯坦、芬兰
等。KHL应该说是全球第二的冰球联赛，除了北美职业冰球联赛
（NHL），剩下的联赛无论是规模、球队数量还是覆盖范围，都不能

---

　* 奥山冰雪研究院，隶属奥山控股，从事冰雪投资、冰雪场馆规划设计、运营管理、维护保
养、节能等相关方面研究，致力于实现冰雪场馆规范化、生态化、智能化、模块化规划管理
目标，建设各具特色的冰雪运动场馆。

图1　KHL logo

和 KHL 相比。

大陆冰球联赛与常规夏季体育赛事有许多共同点，同样分为常规赛和季后赛。常规赛冠军将为季后赛带来特殊优势，季后赛冠军将被誉为当年 KHL 联赛总冠军，捧得加加林杯（Gagarin Cup），大陆杯（Continental Cup）则由常规赛冠军获得。

参赛球队数：29 支（俄罗斯 22 支，哈萨克斯坦 1 支、白俄罗斯 1 支、拉脱维亚 1 支、斯洛伐克 1 支、芬兰 1 支、克罗地亚 1 支、中国 1 支）。冠军奖杯：总冠军奖杯——加加林杯；常规赛冠军奖杯——大陆杯。最多冠军头衔：喀山雪豹冰球俱乐部（3 次）。

根据赛事设置，KHL 分东部和西部两个赛区。KHL 下属的高级别联赛还有高级冰球联赛（VHL）、青少年冰球联赛（MHL）等。

从球员角度来说，KHL 应该是向 NHL 球队输送球员的大户，以俄罗斯、芬兰等一些优秀球员为主（北美球员则主要来自 AHL、WHL、OHL 和大学体系 NCAA 的球队）。我们熟悉的俄罗斯球员，如马尔金、奥维契金、特拉申科、帕纳林等，基本都来自 KHL（KHL 球队中俄罗斯占了 22 支）。

大陆冰球联赛作为一个以营利为目的的机构，其主要收入来源包括门票、电视转播、赞助、特许经营、产品的开发与拓展等，主要经营成本包括员工工资的相关支出、市场营销宣传推广费用、日常管理费用、税收利息等。大陆冰球联赛经过几十年的发展，联盟内部达到球队与管理层、运动员的一种相对平衡状态，赛事地域越来越广阔，赛事队伍逐渐增加，冰球比赛的商业价值越来越高，联盟总收入连年上升。

（一）门票收入

赛事门票收入是职业体育联盟的主要收入来源之一，它反映了冰球赛事对广大观众的吸引程度，是衡量大陆冰球联赛商业运作水平的重要标志。对于大陆冰球联赛来说，其冰球场馆座位数不具备相应的优势（门票价格和座位数不构成关联）。冰球场馆的规模相对较小，一般只有8000~17000个座位，相比足球赛事场地，座位数上有较大差距，和网球、篮球等其他赛事的场地容纳量基本相同。在场地数量和比赛场次上，相比其他赛事，大陆冰球联赛要多出不少，倘若观众上座率能保持在每场80%的水平甚至以上的话，门票收入将会成为一项重要的收入。在全球范围内同类型的北美冰球联赛（NHL）门票收入可以占到其总收入的60%~70%，当然NHL是目前全球范围内冰球赛事举办最为成熟的赛事活动。大陆冰球联赛未来在赛事的规则、观赏性上有很大的提升空间。同时，大陆冰球联赛在赛事门票收入这个环节还有很大的上升空间。

（二）媒体转播费

除了门票收入外，职业体育联盟还有一项重要的收入构成——媒体转播费。随着媒体转播行业的发展，媒体转播费在职业体育联盟的收入结构中扮演着至关重要的角色。尽管媒体转播没有给大陆冰球联赛带来像足球联赛、篮球联赛那样多的收入，可是媒体转播收入在大陆冰球联赛这个相对较少的收入总额中还是占据着相当重要的分量。电视广播转播费、网络平台直播收入等媒体收入的不断增长，极大地刺激了大陆冰球联赛的发展与繁荣。多元化的转播方式使得广大球迷可以通过各种渠道来收看冰球赛事，这也极大地帮助了冰球文化的传播和推广。

（三）合作商赞助费

大陆冰球联赛自成立以来就与多家本土商家建立合作关系，其中包括俄罗斯保险公司、俄罗斯电信公司。随着大陆冰球联赛的发展，一些跨国企业也纷纷加入赞助商的行列。图 2 为目前大陆冰球联赛主要合作商。

图 2　KHL 主要合作商

资料来源：KHL 官方网站。

赞助商的活跃度一直以来都是职业联赛的价值体现。赞助在职业体育联盟的收入构成中同样是不可或缺的一环，在促进各大俱乐部收支平衡、确保联盟可持续发展等方面发挥着重要作用。通常，赞助商希望通过赞助或冠名赛事的方式，提高企业知名度和美誉度，推广企业产品，获取更广泛的商业效益。也就是说，赞助商有与其品牌相符的俱乐部达成赞助合作的需求。而职业体育联盟，则是有吸引赞助、拉动商业价值的需求。譬如，KHL 就利用广大的受众覆盖面以及联赛的精彩程度，拓展拉动高额赞助，加强联盟商业运作，增加收益。

大陆冰球联赛及其球队的赞助形式较为灵活，不同的赞助商可根据提供的赞助金额和形式以及地域性获得相应权益。一个典型案例是，中国海尔集团曾联合 KHL 向一名患有白血病的 16 岁少年 Denise Ismayilov 提供医疗资金救助，短短 2 天时间，就募集了 20 万卢布（约合人民币 2 万元）。同时赞助商的赞助金额也为大陆冰球联赛提供了收益。不过，从数据来看，大陆冰球联赛在赞助收益方面还有上升空间，可以进一步结合媒体和市场拓展赞助活动，增加赞助商的数量，优化赞助结构，提高赞助总体数额。

（四）周边产品收入

职业体育联盟商务开发主要涉及联盟标志物的转让使用费、俱乐部标志产品（如运动服装、纪念品等）、会员会费、运动场地出租等体育竞赛相关产品的开发和利用。虽然从以往经验来看，商务开发在职业体育联盟收入构成中并不起眼，但它是衡量联盟商务运作的一个重要标志。目前大陆冰球联赛在商务开发这个业务板块还停留在比较初级的阶段，可能还集中在冠名权的出售上，在俄罗斯和欧洲比赛期间可以为球迷提供一些纪念球衣、运动员手套，以及一些相关联的周边产品，KHL 的官方网站上也设置了网店链接出售相关的周边产品。在异业合作及与之关联的活动中大陆冰球联赛还有很大的市场空白。虽然商务开发收益一般情况下只能占联盟总收入的 4% ~ 5%，但它是衡量联盟商务运作的一个重要标志。大陆冰球联赛应该有目的地进行市场调查与分析，并建立相匹配的商务开发机制，创造相对稳定的经济来源，形成一个良性循环的商务开发促进赛事发展的机制。

值得注意的是，对于职业体育联盟而言，扩大影响力的最佳路径就是下好媒体宣传这盘棋。美国和加拿大冰球联盟商业运作的过程中，媒体的作用是毋庸置疑的。每年，KHL 都会邀请全世界冰球水平最高和最有影响力的球员集聚在一起，对他们进行相关的公关课程培训，倡导运动员与媒体之间形成良好的互动关系，积极主动地增加正面曝光的机会，从而提升联赛整体影响力。同时，KHL 也没有忘记"老手段"，依然会向报纸、电视台、杂志、新媒体等形式不一的公共媒体平台提供信息资讯。比赛期间，KHL 更是加大媒体宣传的力度，充分挖掘并发挥各种媒体的潜力，扩大宣传范围和整体效果。

除此之外，积极开发国际市场也是大陆冰球联赛扩大自身影响力、扩增观众和球迷数量的有效路径，是大陆冰球联赛商业运作营销策略的重点。大陆冰球联赛全球推广策略之一是，在有一定冰球运动基础、顶层设计上有相关政策扶持的国家或地区展开海外市场开发，比如中国市场，就是迄今为止 KHL 海外市场开发得比较成功的典型案例之一。昆仑鸿星冰球队就参加了 2016～2017 赛季大陆冰球联赛，所属分区为东部联盟切尔尼舍夫赛区。2018 年 11 月 29 日，昆仑鸿星万科龙对阵西伯尔的比赛中，队长叶劲光独中三元，成为 KHL 历史上首个完成帽子戏法的华裔球员。

图 3 为参加大陆冰球联赛的中国球队——昆仑鸿星万科龙队队标。

图 3　昆仑鸿星万科龙队队标

在开发海外市场这个环节，引进外籍球员，是一种比较常见的有效方法。为了把 KHL 包装成一个具有国际影响力的赛事品牌，KHL

各俱乐部在全球各个地区不断发掘新的优秀球员。这就导致联盟中外籍球员的数量不断增多，而且伴随着球员冰球实力的提升，外籍球员的选秀顺位也更加优异。KHL 引进外籍人员的做法，显著扩大了影响力，国外媒体关于 KHL 的报道明显增多，许多公众媒体平台甚至特派了记者，驻场采访。国际市场的成功开发，大幅扩增了观众和球迷数量，在此影响下，越来越多的广告商、赞助商以及资本都投来了青睐的目光。

积极推崇冰球文化也是大陆冰球联赛营的销策略之一。大陆冰球联赛的商业运作之所以为人称道、令人效仿，主要原因在于赛事质量有保障，赛事内容经得住长期考验，这也是冰球产业的核心竞争力。大陆冰球联赛在其商业运作模式中，以向观众出售各种精彩的赛事获得盈利，通过向全世界推崇冰球运动富有活力和激情的比赛文化而增加"卖点"。

大陆冰球联赛作为全球第二大冰球联赛，其商业运作要素主要由门票、媒体转播、赞助和商务开发构成。各要素之间是相互联系、相互影响、共同发展的。大陆冰球联赛商业运作所采用的营销手段主要依托媒体合作、全球推广、文化推广策略。各个营销策略相辅相成，相得益彰。在总趋势上，大陆冰球联赛营销策略正朝着国际化、社会化、娱乐化方向发展。

未来大陆冰球联赛应该在制定全球推广战略的同时，积极推崇冰球文化和联盟经营理念，积极推动国际市场开发，在不同国家和地区设立代表处和办事处，与不同国家和地区冰球俱乐部合作，通过推出邀请赛和其他赛事活动为联盟拓展经济来源。在世界其他国家广泛开展冰球运动员训练营和冰球教练员训练营，为联盟的生存和发展创造更多市场空间，提高联盟收入。

B.10
韩国冰上运动人才培养体系研究

奥山冰雪研究院*

摘　要： 短道速度滑冰这项运动虽然起源于加拿大，但是在历届世锦赛、冬奥会上韩国运动员都取得优异成绩，这一点尤其引人注目。韩国短道速度滑冰运动在国内有着近乎严苛的训练方法，训练成绩也是有目共睹的。但是训练方法在运动员退役后对身体所造成的负面影响也逐步显现出来。所以，韩国短道速度滑冰的教学方法值得我们学习，也有很多需要我国教练员和运动员改进的地方。

关键词： 韩国短道速滑　花样滑冰　运动员明星　冰上训练　陆地训练

一　短道速滑概述

短道速度滑冰运动于 1905 年起源于加拿大，是一项以身体素质、机体机能、技能水平、心理素质等条件为基础，以战术运用为

---

* 奥山冰雪研究院，隶属奥山控股，从事冰雪投资、冰雪场馆规划设计、运营管理、维护保养、节能等相关方面研究，致力于实现冰雪场馆规范化、生态化、智能化、模块化规划管理目标，建设各具特色的冰雪运动场馆。

灵魂的体能类竞速性冰上运动项目。[①] 1988 年加拿大卡尔加里冬季奥林匹克运动会上，短道速度滑冰首次被列为冬奥会表演项目，不计入正式比赛环节。1992 年法国阿尔贝维尔冬季奥林匹克运动会上，短道速度滑冰成为正式比赛项目。短道速度滑冰列入冬奥会中的时间大概如下：男子 500 米（1994 年列入）、男子 1000 米（1992 年列入）、男子 5000 米接力（1992 年列入）、男子 1500 米（2002 年列入）、女子 500 米（1992 年列入）、女子 1000 米（1994年列入）、女子 3000 米接力（1992 年列入）、女子 1500 米（2002年列入）。

短道速滑比赛采用淘汰制，以预选赛、次选赛、半决赛、决赛的赛制方式进行。每场比赛规定 4~8 名短道速滑运动员在一条起跑线上同时出发。根据最新规定，预选赛通过抽签决定运动员场上站位，预选赛之后的比赛则按照上一轮比赛的成绩确定运动员的站位，上一轮比赛成绩好的选手站内道。比赛过程中，在不违反赛事规则的前提下运动员可以随时超越对手。冬奥会及国际大型赛事标准场地周长为111.12 米，直道宽不小于 7 米，弯道半径 8 米，直道长 28.85 米。[②] 一般情况下，500 米、1000 米等短距离比赛由 4 名选手同时出发；1500 米以上的长距离比赛由 6~8 名选手同时出发。只有每场比赛获得前 2~3 名的选手才可以进入下一轮比赛，因此比起记录，排名更加重要。由于赛道较短，且由多位选手同时滑行，因此允许参赛运动员在比赛过程中一定程度上的身体接触，但是推挤其他选手或阻碍前进路线的行为将被视为犯规。比赛过程中禁止脱离跑道、降低速度、冲撞、踢出局。违规被取消资格的选手将无法进入下一轮的比赛。

---

① 隋宝库：《中韩短道速滑后备人才培养及选拔的对比研究》，北京体育学院硕士学位论文，2013。

② 短道速滑，https：//baike.baidu.com/item/% E7% 9F% AD% E9% 81% 93% E9% 80% 9F% E6% BB% 91/2148315？fr = aladdin。

二 韩国短道速滑人才培养特点

1981 年，日本短道速度滑冰讲学团来华讲学，传授短道速滑运动的技术、竞赛规则和裁判法，从此我国开始开展这项运动，目前短道速滑队已经取得了辉煌的成绩，并多次在世界大赛上获得冠军。同样位于亚洲东部地区的韩国，地理位置、气候、人种、饮食都与我国北方地区相近，1992 ~ 2006 年在参加的五届冬奥会短道速滑项目上已获得 17 枚金牌（见表 1），而我国仅获得 3 枚金牌。两者在国际赛事上的成绩存在较大差距。因此，通过对中韩两国短道速滑国际大型赛事成绩、运动员选材、训练、竞赛、场地、教练员、运动员及社会的重视程度等进行对比分析，学习短道速滑强国的先进经验与训练理念，找出自身不足，提高我国短道速滑的运动成绩，为我国短道速滑运动的快速发展提供建设性建议。

表 1 近几届冬奥会韩国短道速度滑冰获得奖牌情况

单位：枚

届次	年度	奥运会城市	获奖项目	金牌	银牌	铜牌
16	1992	法国/阿尔贝维尔	短道速滑	2	0	1
17	1994	挪威/利勒哈默尔	短道速滑	4	1	1
18	1998	日本/长野	短道速滑	3	1	2
19	2002	美国/盐湖城	短道速滑	2	0	2
20	2006	意大利/都灵	短道速滑	6	3	1
21	2010	加拿大/温哥华	短道速滑	2	2	2
22	2014	俄罗斯/索契	短道速滑	2	1	2

资料来源：中国奥委会官方网站，http：//www. Olympic. cn。

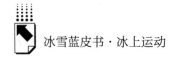

（一）经济发展水平高

韩国冰上运动的大众认知水平、喜好程度、明星带动效应等客观条件要优于我国，短道速度滑冰项目后备人才选拔体系成熟。中国与韩国短道速滑后备人才的主要差距在于，体制特色、教练员教学方法、场地设施硬件基础、投入奖励等多方因素导致的根本性差距。

经济发展水平及地域发展不均衡等因素，客观上限制了我国短道速度滑冰项目的普及与发展；冰上运动基础设施投入少，也不足以调动社会培养后备人才的积极性。韩国境内北部属温带季风气候，南部属亚热带气候，海洋性气候特征显著，冬季漫长寒冷。这种气候也为冰上运动在韩国的发展奠定了基础。其实，历届冬奥会奖牌获得大国都是地理位置上接近北寒带或者位于北寒带，冬季严寒且漫长的国家。这足以说明地理、自然、气候条件对冰上运动发展起着至关重要的作用。

（二）训练技术科学性强

从运动员滑行技术方面讲，韩国训练团队认为，稳健的滑行姿势是发展速度的先决条件，因此特别强调滑行的基本姿势和技术的正确性，重视培养滑行基础姿势柔和、稳健、低中心的特征。韩国短道速滑运动员无论是在陆地还是在冰上，滑行姿势都极低，能够发展弱角度下短道速滑运动所需的能力，使得运动员在冰上滑行更加省力。因此韩国短道速滑运动员在大量的训练中，技术动作始终不变形，滑行动作蹲屈的角度前后保持一致。国内的短道速滑运动员一般在滑行超过一定圈数后大腿肌肉会僵硬，没有办法高质量地完成训练任务。而且短道速滑运动员伴随着年龄的增长，自身的技术动作已基本定型，很难再通过训练或者其他办法来改变，因此短道速度滑冰这项冰上运动需要在运动员青少年时期严格要求其进行低姿势的冰上滑行训练。

韩国教练员注重短道速滑基础滑行技术和弯道滑行的基本功练

习，韩国教练员一般通过抓住最基本的姿势训练来提升滑行速度。从这类体育项目的特性来讲，短道速度滑冰的比赛成绩通常由日常训练和比赛中的细节决定，短道速滑青少年运动员除接受弯道滑行技术训练外，也需要重视直道直线滑行训练，如进行大跑道训练。从训练项目来看，除训练优势项目外，教练员也及时指出运动员的薄弱项目，如青少年短道速滑运动员往往拥有较强的右脚力量，训练时容易忽视左脚的训练，因此要强化左脚训练，虽然短时间来看运动表现和成绩没有单滑右脚的好，但是这样的训练有利于运动员的长期发展。在弯道滑行中最为重要的是重心的移动，与滑行速度息息相关，否则会影响弯道滑行速度。

（三）陆地训练与冰上训练结合

陆地技术训练是短道速滑训练的重要组成部分。由于冰上训练时间有限，青少年短道速滑运动员对于冰上技术的掌握不够成熟，陆地技术训练对运动员滑冰技术有更直接的作用和更直接的意义。韩国短道速度滑冰项目能够取得优异的成绩，与其成熟的陆地技术训练方法息息相关。陆地技术训练通过多途径、多步骤、多手段，使处于各方面指标快速发展时期的青少年短道速滑运动员养成正确的技术动作习惯，为日后的力量增值打下良好的技术基础。

短道速度滑冰陆地技术训练分为陆地直道训练和弯道训练两部分。短道速滑陆地跑道上分为直道和弯道两个部分，运动员滑行技术一样需针对直道和弯道的不同特点进行训练。直道技术方面，通常是通过支撑、蹲起、蹲跳和侧蹲腿的技术动作来完成，如双腿支撑大部分细节要求贯穿整个训练始终，因此是最基础的动作，也是养成良好滑冰姿势最关键的动作之一；弯道技术方面，主要是借助布带来完成。布带练习中，以蹲起和压步为主。由于布带练习使运动员最大化接近冰上弯道训练时的身体倾斜角度和肌肉发力感，因此韩国教练员

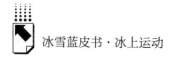

更加注重动作的正确性、标准性。

依据短道速滑的项目性质，训练内容均为运动员获取更好的成绩而服务。韩国教练员首先通过冰上训练，发现运动员在冰上滑行中存在的问题，然后逐一记录并同运动员一道分析总结，逐一拆解问题。在陆地训练中有针对性地进行训练，解决之前发生的动作问题。最后到冰上检验陆地技术训练的效果，这样来提高短道速滑运动员整体技术水平。可以看到，韩国教练员在短道速滑日常训练中，充分地将陆地训练和冰上训练有机结合起来。

在日常的冰上训练和常规的短道速度滑冰比赛中，韩国优秀短道速滑运动员弯道滑跑中存在下肢腾空的时相，具有明显的跑动迹象；双腿快速交替蹬冰，左右膝关节均未充分蹬伸，是产生跑动迹象和下肢腾空的主要因素；结合髋、膝关节角度变化的一致性分析表明，跑动迹象和下肢腾空时相主要是在左腿单支撑蹬冰结束到右腿单支撑蹬冰开始交替时刻，由左腿的不完全蹬伸配合右腿的髋、膝快速前摆着冰引起的。[①]

合理的速度滑冰技术是提高成绩的关键因素之一，弯道技术比直道技术难，而且是提高速度最重要的技术环节。弯道滑行时，身体始终向左倾倒，用左脚外刃、右脚内刃蹬冰。弯道滑行要求运动员在滑行中不仅要保持最基本的平衡，同时还要克服离心力、惯性并且要具有迅速变换滑行方向的能力，所以这种独特的运动形式决定了弯道技术的相对复杂性以及难以掌握等特点。

除了弯道技术在整个赛事过程中有着重要的作用，滑行过程中蹬冰的动作也至关重要。优秀运动员的蹬冰时机好，蹬冰腿能做快速爆发式伸展和有效的侧蹬冰，其特点是：滑行时间长，蹬冰时间短，蹬

---

① 张守伟：《世界优秀速度滑冰运动员弯道"跑滑"技术的运动学分析与探索——以2010年冬奥会季军加藤条治的弯道技术研究为例》，《北京体育大学学报》2013年第7期。

冰速度快，方向侧，蹬冰角度大。

韩国短道速滑运动员的动作基础扎实，体能强劲跟他们的训练强度、训练方法是密不可分的。韩国短道速滑运动员通常成才时间较早，运动员的职业生涯也非常短暂，以至于韩国短道速滑运动员推陈出新的速度之快令人瞠目。韩国短道速滑这项运动 2~3 年就会出现一个新的时代及新的领军人物。这足以说明韩国短道速滑训练方法可能对运动员造成较大的运动损伤。与此同时，韩国短道速滑运动领域最近几年来国内教练员负面新闻不断，国际赛事上韩国运动员恶意犯规等小动作层出不穷。这证明目前韩国短道速滑运动的竞争激烈程度之高。对于韩国短道速滑这套训练方法，我们应该去学习和借鉴，但也不能完全照搬，毕竟优异的运动成绩不能以牺牲运动员身体健康为代价。

三 韩国花样滑冰人才

花样滑冰（Figure Skating）是冬季奥林匹克运动会的正式比赛项目。滑冰运动员穿着脚底装有冰刀的冰鞋、靠自身力量在冰上滑行，表演预先以技术动作为基础加上音乐戏曲等艺术类舞曲综合编排的节目，由裁判组评估打分、排出名次。

（一）金妍儿

滑冰运动在韩国是一项"国民运动"。特别是在冬季，有很多韩国市民一有闲暇时间就会到户外结冰的湖面、河面、室内冰场滑冰、锻炼。而花样滑冰这项体育运动相对于普通的滑冰具有更高的技术水平，它不仅能锻炼运动员的外在形体，同时也能帮助运动员提升内在气质。

金妍儿生于 1990 年 9 月 5 日，是 2010 年温哥华冬奥会女单冠军、2014 年索契冬奥会银牌得主，是第一位在世锦赛和冬奥会赢得奖牌的韩国花滑运动员。她是韩国花滑史上第一位集冬奥会、世锦赛、大奖赛、总决赛、四大洲赛、世青赛冠军于一身的女子单人花样滑冰大满贯得主，也是第一位职业生涯所有比赛未下领奖台的女单选手。

金妍儿出生于韩国富川市，六岁时移居韩国军浦市。金妍儿身体条件优越，对花样滑冰拥有极高的天赋。她 7 岁时接触滑冰，很快便参加全国各项赛事，并获得冠军，12 岁已可完成 5 种三周跳动作。2002 年，13 岁首次参加国际比赛——Triglav 大奖赛并赢得冠军，随后又获得了第二个国际大赛冠军（Golden Bear of Zagreb），并赢得韩国青少年花样滑冰大赛冠军，成为该项赛事史上最年轻的获奖者。14 岁成为最年轻的国家队队员。此后，在匈牙利青少年大奖赛上创造了韩国花滑史上最好成绩，2006 年世界青少年锦标赛上击败当时已在国际崭露头角的选手夺得金牌，遇到了布莱恩·奥瑟并成为其第一任弟子。从青少年时期开始，金妍儿每一次突破都重新书写韩国花滑历史。

2014 年 5 月，金妍儿在 All That Skate 退役纪念表演中正式宣布退役。这说明，花样滑冰这项冰雪体育运动对运动员年龄和身体有着极高的要求。

（二）其他后起之秀

除金妍儿之外，韩国也有很多后起之秀，如 2016 年只有 11 岁的柳英夺得韩国花样滑冰锦标赛女子单人滑金牌，打破了此前 12 岁的金妍儿保持的最小夺冠年龄纪录。

林恩秀出生于 2003 年，6 岁开始练习滑冰，在 2016～2017 赛季国际滑联花样滑冰青少年组大奖赛上表现突出，在 2018 年 8 月的亚洲花样滑冰公开赛上以 184.33 分获得冠军，在 2018～2019 赛季国际滑联世界花样滑冰大奖赛俄罗斯站的比赛中获得铜牌。

在获得铜牌之后，林恩秀成为韩国花滑史上继金妍儿之后的首位获得成年组大奖赛奖牌的运动员，作为这个项目的霸主同时是东道主的俄罗斯的扎吉托娃和萨莫杜洛娃分别获得了第一、第二名。

对于林恩秀，韩国网友也非常看好她，对她抱有非常大的期望。韩国网友把她誉为金妍儿的接班人，不过她能否真正接过金妍儿的衣钵还得看她今后的表现。

除了女子单人花滑选手，韩国男子单人花样滑冰也是人才辈出。值得一提的是，童星出道的车俊焕就是近年来活跃在各大赛场的新星。目前车俊焕是韩国最年轻的花样滑冰 5 级选手。在金妍儿的启发下，车俊焕去加拿大和她的前教练布莱恩·奥瑟一起训练。2015 年，车俊焕搬到多伦多，进入了奥瑟的学校。

不管是短道速度滑冰还是花样滑冰，在韩国都有着完善、成熟的培训体系，丰富的教学经验，雄厚的群众基础。而纵观我国短道速滑运动和花样滑冰运动，从教学体系、硬件设施水平、教练员教学方法及手段上同韩国还有一定的差距。最为关键的是，在我国滑冰运动的全民参与感十分有限。当然这些客观存在的问题随着 2022 年北京冬奥会的举办将逐步得到很大程度的改善。相信随着 2022 年北京冬奥会的举办，我国冰上运动会得到一定程度的发展，硬件设备设施逐步完善，赛事成绩得到大幅提高，民众参与积极性大大提高。

B.11
加拿大冰球运动人才培养体系研究

奥山冰雪研究院*

摘　要：　冰球运动起源于加拿大，作为加拿大的国球，其技战术水平在全球范围内都是顶尖级的。之所以能获取当前骄人的成绩，得天独厚的自然环境、深厚的群众基础、完善的硬件设备设施以及最为重要的人才培养体系，这些因素都是缺一不可的。

关键词：　CHL　CJHL　NCAA　加拿大冰球

一　概述

作为冰球运动的发源地，加拿大的冰球运动从全世界范围来说也是最具代表性的。因为国土面积大部分位于北寒带，所以加拿大有着"冰雪国度"之称，因为地理位置和天气气候的关系，冰雪运动在加拿大拥有广泛的群众基础，冰球运动也成为加拿大民众最喜爱的体育运动之一。

加拿大拥有冰球人口约 637000 人，实际生活中参与冰球运动的人口数量远在这之上。其中青少年冰球运动员注册 440750 人，青少

---

* 奥山冰雪研究院，隶属奥山控股，从事冰雪投资、冰雪场馆规划设计、运营管理、维护保养、节能等相关方面研究，致力于实现冰雪场馆规范化、生态化、智能化、模块化规划管理目标，建设各具特色的冰雪运动场馆。

年占有率约70%，而青少年所占人口比例仅1.79%；我国冰球注册人员（注册冰球运动员）仅2764人，2018年我国青少年冰球运动员在中国冰球协会注册人数仅2273人，青少年冰球运动员占总人口的比例微乎其微。不过近年来随着北京冬奥会的举办，我国冰雪运动的发展在地域范围上有了明显的扩张，从原来的东北、华北区域逐步向西北、南方城市发展；在场地、场馆、硬件设备设施方面，由政府主导新建一批赛事场地、公共场馆，企事业单位内部新建的冰上场馆、由市场推动的大型购物中心新建的真冰溜冰场也在逐年增加；竞技专业水平上，索契冬奥会、平昌冬奥会中国冰上运动赛事成绩都有了跨越式的发展，赛事成绩全面超越亚洲其他国家。

从国家地理位置来看，加拿大大部分国境都处在北温带及北寒带地区。加拿大北部为寒带苔原气候，北极群岛终年严寒，北部最低气温低至 -60℃，冬季时间漫长。这样的自然条件和客观因素促使了冰球运动在加拿大的盛行，以至于冰球成为代表加拿大的国球。

从一些统计数据的对比可以发现加拿大冰球运动目前的发展水平，首先是人才梯队培养方面（见表1）。

表1　中国、加拿大冰球运动员人口对比

单位：人，%

国家	总人口数	注册冰球人数				
		总数	男子	女子	青少年	所占人口比例
加拿大	35623680	637000	107750	88500	440750	1.79
中国	1379302771	2764	252	239	2273	0.00

资料来源：国际冰球联合会（IIHF）2019年数据，中国数据不包括中国台湾。

其次，冰上体育场馆是开展冰上运动的重要硬件基础，室内冰球场馆数量是冰球事业健康发展的重要保障。加拿大室内冰球场馆数量众多，远高于世界其他国家及地区的数量（见表2、表3）。

表 2　中国、加拿大室内冰球场馆对比

单位：家

国家	总冰球场馆	室内冰球场馆	户外冰球场馆
加拿大	8300	3300	5000
中国	410	213	197

资料来源：国际冰球联合会（IIHF）2019 年数据，中国数据不包括中国台湾。

表 3　中国、加拿大冰球教练员人数对比

单位：人

国家	教练员
加拿大	31415
中国	92

资料来源：国际冰球联合会（IIHF）2019 年数据，中国数据不包括中国台湾。

加拿大冰球协会（Hockey Canada），是官方政府组织，主管冰球事务，包括青少年冰球发展、全民冰球普及、国家队征召等业余冰球事务。冰球协会下属 13 个分支机构，基本覆盖了加拿大的 13 个省（行政区），分别管理加拿大冰球运动、赛事、人才培养等相关事宜。但是加拿大青年专业联赛（CHL）和加拿大校级体育联赛（U Sports）并不隶属于加拿大冰协，而是合作伙伴关系。

二　加拿大青少年冰球人才培养模式

加拿大青少年冰球人才培养机制完善，冰球人才培养体系健全，冰球赛事组织机构完善，青少年冰球运动员数量众多。加拿大青少年冰球培养体系主要由少儿阶段（Minor Ice Hockey）（一般也称为快乐冰球阶段）、青少年阶段（Junior Ice Hockey）、青年阶段（Senior Ice

Hockey）三个阶段构成。三个训练阶段相对独立，但是在 Minor（少儿）阶段通往 Junior（青少年）阶段这中间有着很强的关联性（见图1）。

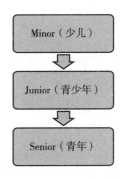

图1 加拿大青少年冰球培养体系

资料来源：奥山冰雪研究院调查数据及现场访谈。

加拿大的孩子达到 5 岁后才能加入有组织的冰球队和赛事，即 Minor。但对于一些加拿大家庭来说，家长可能很早就会带着孩子去冰场或者接触冰面，学习一些基本的滑行或射门技巧。比如克球王 2 岁就在家里的地下室练习射门，麦球王 3 岁时开始学习滑冰。就加拿大整体而言，大部分学员都会在 5 岁以前上冰或者接触冰上活动。

（一）Minor（少儿）阶段

Minor 根据孩子年龄划分为不同的年龄组（见表4），不过这个分组并不是严格固定的，也会根据小朋友的身体发育情况、运动水平做一些调整。因为这个层面的赛事活动大多是娱乐性的。一些小地方因为人数少会合并几个组别，像麦球王这样的小天才也会"跳级"，他 6 岁时已经和 9 岁的孩子一起比赛了。

在相同的阶段同年龄组内，根据不同能力水平分为不同的等级。如果想进入高级别球队，需要经过严格选拔；球队级别越高，实力和教练员水平也越高。有一点需要强调的是，分级也不是完全固定的，有些地区可能凑不出这么多级别的球队。但不管怎样，在加拿大，即使是很小的城镇也至少会有 1～2 支 Minor 球队。比如安大略省只有 3 万多人口的小城奥里利亚，仅 Hockey 3 组就有 4 个级别的球队。

表 4　Minor 年龄组划分

级别	年龄
Initiation（U7）	5～6 岁年龄分为 5 岁运动员 Hockey1 6 岁运动员 Hockey2
Novice（U9）	7～8 岁年龄分为 7 岁运动员 Hockey3 8 岁运动员 Hockey4
Atom（U11）	9～10 岁
Pee Wee（U13）	11～12 岁
Bantam（U15）	13～14 岁
Midget（U18）	15～17 岁
Junior/Juvenile（U20）	18～19 岁

资料来源：奥山冰雪研究院调查数据及现场访谈。

House Leve 是娱乐性的市区比赛，比赛级别如图 2 所示。

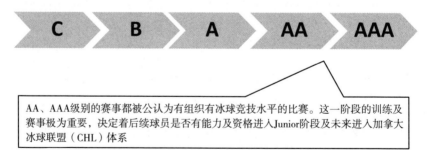

AA、AAA级别的赛事都被公认为有组织有冰球竞技水平的比赛。这一阶段的训练及赛事极为重要，决定着后续球员是否有能力及资格进入Junior阶段及未来进入加拿大冰球联盟（CHL）体系

图 2　House Leve 比赛级别

资料来源：奥山冰雪研究院调查数据及现场访谈。

在加拿大，不列颠哥伦比亚省和魁北克省有自己独立的分级系统。以不列颠哥伦比亚省为例，Midget 年龄组年龄分布为 15～17 岁，在省内举行 AAA 级别联赛，Atom ~ Bantam 年龄组年龄分布为 9 ~ 14 岁，魁北克省则是多了一个"double"的级别：C—B—A—BB—AA—AAA。[①]

Minor（少儿/快乐冰球阶段）一般从 Bantam 年龄组（13 ~ 14 岁）开始有联赛性质的大规模赛事，比较有影响力的有 GTHL（加拿大多伦多冰球联赛）、QBAAA（魁北克 3A 级联赛）、AMHL（阿尔伯塔冰球联赛）等。Midget 组（15 ~ 17 岁）还有全国性的锦标赛，争夺"研科杯"（Telus Cup），克球王在 2002 年拿到过这项赛事的 MVP。

加拿大冰球协会规定，允许 13 岁以上的孩子在比赛中进行身体冲撞，但近期一些北美儿科协会要求把这个年龄下限提高到 15 岁（2013 年，加拿大冰球协会把允许冲撞的年龄从 11 岁提高到 13 岁。）因为整体的冰球运动规则曾经因过于暴力而导致像 NHL 这样大型的赛事观众有一定量的流失，门票收入下降。这一话题在北美一直存在广泛的争论，支持的人认为，青少年时期孩子身体发育差异很大，身体冲撞容易造成脑震荡等伤病；反对的人则认为，"冲撞是冰球必不可少的一部分"，越早让孩子学会这种身体对抗方式，越能更好地保护他们。这个议题仍在讨论之中，加拿大容许身体冲撞的最低年龄目前还是 13 岁，锤炼技巧之外身体素质的增强必不可轻视。

Midget 阶段（15 ~ 17 岁）是冰球少年们非常关键的时期，学员要进入更高级别的球队需要参加相关的比赛和选拔活动，随着球员所在队伍的级别越来越高，匹配的教练员能力要求也越来越高。这一阶段的学员根据自身情况及能力会进入 Junior（青少年）阶段。这之后学员会面临一个相当重要的选择：努力进入加拿大冰球联盟（CHL），还是进入美国大学生体育协会（NCAA）。这两个组织体系

[①] 加拿大冰球协会，https：//www.hockeycanada.ca/en - ca。

的区别在于 CHL 是职业的冰球联盟，学员在这一组织体系内走的大概率是专业冰球运动员的职业规划和生涯。而 NCAA 是不招收 CHL 球员的。因为 NCAA 是美国大学生体育协会，他们认为球员的首要身份应该是大学生，其次才是冰球运动员。

而这一阶段青少年冰球运动员会面临较大的改变和人生选择。因为在北美冰球赛事体系内（特别是加拿大），CHL 和 CJHL 存在一定的竞争关系。这个竞争关系一方面是优秀球员的选拔；另一方面则是相关赛事观众、赛事赞助的竞争。CHL 选拔球员的过程非常复杂且对目标球员的观察时间特别长。一般情况下，受雇于 CHL 的球探会随机参观一些高水平的俱乐部赛事和 GTHL（加拿大多伦多冰球联赛）、AMHL（阿尔伯塔冰球联赛）、QBAAA（魁北克3A级联赛）及加拿大全国竞标赛，当然也绝对不限于这些赛事。在这样一些赛事的观察中寻找到目标球员后还需要向所负责俱乐部汇报，并对目标球员做相关的背景调查。这之后还需要其他的球探来观察相关赛事进行考察，最后进行综合评估。而同样是加拿大青少年冰球运动的顶级赛事 CJHL，其球员选拔方式相对来说就会比较简单、直接一些。受雇于 CJHL 的球探在观看冰球赛事的过程中如发现优秀的冰球运动员会直接同球员所在俱乐部和负责教练沟通加盟事宜。虽然 CJHL 的球员选拔方式简单一些，但这不代表其球员的选拔质量会低。

对于冰球运动员来说，在进入 Juior 阶段之前，自身身份的选择是至关重要的。CHL 和 CJHL 的最大区别可能就是 CHL 联赛里加拿大本国地域特性更为明显一些。可以看到的是，从 CHL 走到 NHL 的球员大概只有1%的比例。而 CJHL 的球员主要通往 NCAA 这样的整个北美地区的赛事。然而从 NCAA 的赛事中进入 NHL 的球员比例约为37%（当然这里存在一个基数的问题：NCAA 是美国大学生体育协会，冰球运动只是其中一项，冰球运动员的数量相对较少，进入 NHL 的比例自然也就表现得相对更高一些）。

（二）Junior（青少年）阶段

进入 Junior（16～21 岁）阶段前，冰球学员需做好选择，走专业路线还是升学特长路线。因为此时做出的一些决定可能会让冰球学员失去申请 NCAA 的资格。

Junior（青少年）阶段开始有完整的联赛体系，大部分由加拿大冰球协会下属的分支机构按区域进行组织管理。加拿大的 Junior 赛事分为五级，分别是 Major Junior、JuniorA～D。美国与之相对应的分级为 Tier Ⅰ～Ⅲ。

加拿大最高级别的青少年赛事是 Major Junior，就是在北美地区盛行的 CHL（Canadian Hockey League），下属 WHL（Western Hockey League）、OHL（Ontario Hockey League）和 QMJHL（Quebec Major Junior Hockey League）三个联赛，共有 52 支加拿大球队和 8 支美国球队（见表 5）。三个联赛独立运行，经过常规赛和季后赛决出各自的冠军后，三支冠军球队＋东道主球队将角逐 CHL 的最高荣誉"纪念杯"（Memorial Cup）。纪念杯赛的举办地每年轮换，赛季前由申办城市竞标决定。[①] Cliff Pu 就在 2015～2016 赛季和 Mitch Marner 等人

表 5　CHL 联赛分类

单位：支

CHL		
联赛	地区	队伍数量
WHL	加拿大西部、华盛顿、俄勒冈州	22
OHL	安大略省、宾夕法尼亚州、密歇根州	20
OMJHL	魁北克省、加拿大大西洋地区	18

资料来源：奥山冰雪研究院调查数据及现场访谈。

---

① 加拿大冰球协会，https：//www.hockeycanada.ca/en－ca。

一起拿下了 OHL 和 CHL 的总冠军。近年来，OHL 和 WHL 的水平要高于 QMJHL。

CHL 是目前最好的青少年联赛，源源不断地为 NHL 输送人才，是立志走职业道路球员的首选。CHL 的球探会根据球员在 Minor 阶段的表现，向优秀球员发出邀请，像克罗斯比 7 岁时就已经得到了球探和媒体的关注。球探会将考察重点放在 AAA 级别的球队，教练也会依靠球探发掘新人，所以 Minor 阶段及早进入 AAA 级别并及时和教练沟通是很重要的。

CHL 三个联赛的选秀独立进行，其中 WHL（Western Hockey League）最早，允许 15 岁以上的青少年球员参加选秀，即 WHL Bantam 选秀，该选秀活动可以从加拿大及美国西部选择优秀的青少年冰球球员。OHL 和 QMJHL 允许参加选秀的最低年龄均为 16 岁，OHL 选秀的范围是安大略省和美国密西西比河以东的一些州；QMJHL 的范围是魁北克省及以东和美国的新英格兰地区。

CHL 也有海外选秀，允许每队最多有 2 名外籍球员且是非守门员球员，未来该项政策可能会进一步调整名额，可能会减少到 1 名（整个北美地区球员都不计算为外援）。这一政策也证明了 CHL 的本土地域性（北美地区）。在这里可以了解到的是对于外籍球员的选拔要求也是特别严格的。这其中就要求球员或者球员监护人在加拿大当地的信用卡、借记卡的消费记录证明，房屋地契或者房屋租赁协议等相关证明，而不会只看在当地的居住时间。通过与球队签约，少数球员能够直接参加 CHL，大部分球员要先参加 Junior A 和 Junior B 级别赛事。

CHL 球员每周训练 7 天，每天 5 小时；高中上课的时间一般是每周 5 天，每天 6 小时，不过需要注意的是，因为 CHL 发给球员一些补助并允许与 NHL 签职业合同，NCAA 视 CHL 为一个职业联赛，这与 NCAA 只录取业余运动员的宗旨相悖，因此在 CHL 打过比赛的球员会丧失通过冰球特长进入美国大学的机会。黑鹰队长 Jonathan Toews 当年在 WHL Bantam 选秀中位列第一，但他放弃了进入 WHL 的机会，而是继续留在 Midget AAA 球队，大学则进入北达科他州大学打 NCAA。

在 CHL 的最高年龄是 20 岁（每支球队最多只能有 3 个 20 岁以上的球员），球员年满 20 岁离开 CHL 后，大部分加入已签约的职业球队，如果没有办法参加职业联赛，则会得到相对应的奖学金，同时可以进入加拿大大学参加 U Sports（2016 更名为 CIS，即 Canadian Interuniversity Sport）。进入 CIS 的球员可以享受大学 4 年期间学费减免政策。当然这个决定需要尽快做出，一般情况下时间在 1 个月左右。如果超过了这个时间，CIS 架构下的大学可能就不会录取了。

加拿大次级的 Junior 赛事是 Junior A，赛事级别和关注度都低一些，但是由于被 NCAA 看作业余联赛，部分球员会选择放弃 CHL 而进入 Junior A，从而确保学业部分，参加 NCAA 的冰球赛事。这样的发展路径可以让球员更好地融入整个北美的冰球赛事体系中。当然这其中也有一部分球员在 Junior A 阶段就直接在 NHL 举办的选秀活动中被选中。

Junior A 的联赛是 CJHL（Canadian Junior Hockey League），分为四个区、十个联赛，拥有 132 支球队，覆盖加拿大全境和美国部分州（见表6）。CJHL 的最高荣誉是"皇家银行杯"（Royal Bank Cup），四个区的冠军球队 + 东道主球队可竞逐这一奖杯。BCHL（不列颠哥伦比亚）、AJHL（阿尔伯塔）、OJHL（安大略）和 CCHL（东部安大略），这些都是比较顶尖的联赛。[1]

---

① 文投体育：《国内外青少年冰球赛事分析报告》，https://new.qq.com/omn/20180131/20180131A15WHM.html。

表 6　Junior A 联赛分区

单位：个

地区	联盟	省份	小组数
太平洋地区	不列颠哥伦布比亚省冰球联盟	不列颠哥伦比亚	17
	艾伯塔少年冰球联盟	艾伯塔	16
西区	萨斯喀彻温少年冰球联盟	萨斯喀彻温	12
	马尼托巴省少年冰球联盟	马尼托巴省	11
中心区	国际高级冰球联盟	西北安大略省	6
	北安大略小辈冰球联盟	东北部安大略省	12
	安大略小辈冰球联盟	大多伦多地区	22
东区	加拿大中部冰球联盟	安大略东部	12
	魁北克小辈冰球联盟	魁北克	12
	海事少年冰球联盟	NS/NB/PEI	12

资料来源：奥山冰雪研究院调查数据及现场访谈。

Junior B 级别及以下将组织区域性赛事，不再有全国性赛事，作为 Minor 赛事的扩展，娱乐性质居多，或是作为高级别球队的青训队伍（见图 3）。若无法进入 Junior A，球员就要考虑是否放弃职业冰球的梦想了。不过凡事也没有绝对，比如两座斯坦利杯得主 Dustin Penner，在被 Junior A 球队淘汰后一度面临无球可打的窘境。但他还是选择坚持冰球的梦想，凭借着在一所专科学校的优异表现打动了缅因大学的冰球教练，并通过 NCAA 进入了 NHL。但这一路的艰难和挣扎，远超想象。

从整个北美地区来看，加拿大与美国在冰球人才培养体系、赛事体系、俱乐部规则上趋近或基本相同。在整个体育人才培养方面，以市场化运作为前提，充分地为运动员的职业规划和生涯考虑，打通学员从小到大的升学、就业路径。不同水平的运动员有相对应的赛事，同时也通过确认学员的运动水平发展方向给予明确的引导。将冰球运动作为兴趣且有一定技术水平的队员，可选择学业路径，在本科 4 年期间参与美国大学生体育协会（National Collegiate Athletic Association，NCAA）。对于在冰球领域有天赋且一直致力于成为职业选手的运动员可以参加加拿大本国的冰球青少年最高赛事 CHL，往后可以参加北美职业冰球联盟（NHL），进而成为职业运动员、球星。

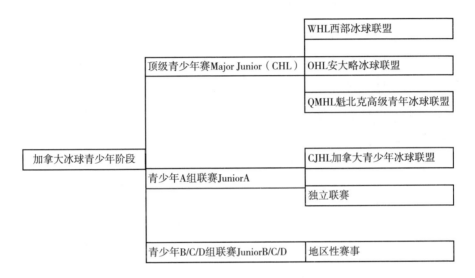

图3　加拿大冰球青少年阶段联赛

资料来源：奥山冰雪研究院调查数据及现场访谈。

（三）Senior（青年）阶段

Senior 即业余或半职业性质赛事，球员多为年龄超过 Junior 阶段限制，又未进入职业联赛或大学的。Senior 分区域组织，没有全国性赛事。最高级别为 AAA，含五个联赛，北美地区有 10 个左右成规模的 Senior 联赛。从赛事知名度、赛制规模、水平来讲，Senior 都更为业余。NHL 是整个北美冰球体系中最高规格赛事。作为一个职业冰球运动员，进入 NHL 则是最大的目标和追求。

可以直观看到的是，在加拿大，冰球运动拥有雄厚的群众基础、完善的硬件设施设备以及成熟的教育培训体系。而这些长期积累所奠定的基础是值得我们学习和借鉴的。目前，在冰球后备人才的培养方面，我国冰球运动同世界冰球强国存在较大的差距。2022 年北京冬奥会来临之际，我们可以借此推广冰雪运动，提高其在人民群众中的认知水平；兴建一批冰上运动场馆；借鉴加拿大等冰雪运动强国的人才培养体系，结合我国自身实际情况，建立完善我国冰球后备人才培养体系。特别是冰球运动人才培养方面，我们需要从源头抓起，借鉴加拿大的冰球人才体系，结合自身实际情况，为青少年冰球学员打造一条完整的冰球教育培训体系、赛事标准体系和运动员未来的职业发展体系。

B.12
冰球夏令营模式探析

奥山冰雪研究院*

摘　要： 冰球夏令营顾名思义就是以冰球运动为主要内容的体育类型的夏令营活动。冰球夏令营的类别都比较相近，只是各有侧重。有的冰球夏令营可能更注重游学类型，了解欧美著名学府，为高中、大学的考取做一些准备。有的冰球夏令营则是以冰球训练、赛事参观等与冰球息息相关的活动为主。

关键词： 冰球　夏令营　游学　冰球训练

一　夏令营发展历史

"夏令营"（Summer Camp）是暑假期间提供给儿童及青少年的一套受监管的活动，参加者可以从活动中寓学习于娱乐，具有一定的教育意义。[①]

夏令营种类不同，提供的活动也不同，如户外拓展训练、艺术训

---

* 奥山冰雪研究院，隶属奥山控股，从事冰雪投资、冰雪场馆规划设计、运营管理、维护保养、节能等相关方面研究，致力于实现冰雪场馆规范化、生态化、智能化、模块化规划管理目标，建设各具特色的冰雪运动场馆。

① 百度百科，https：//baike. baidu. com/item/% E5% A4% 8F% E4% BB% A4% E8% 90% A5/10952400？ fr = aladdin。

练、语言训练、体育训练等。起初，大部分夏令营由教育机关赞助，如今越来越多的私人单位也在举办夏令营活动。

起初，营队只开放给来自特定学校或特定地区的学生；近几年营队活动已经开放给来自不同成长背景及各地区的孩子们。不可否认的是，夏令营的目的性和商业性也越来越强。

"夏令营"这一概念的发源地是美国。在1861年夏天，一位康涅狄格州的青年教师带领学员展开历时两周的户外活动，活动内容包括爬山、户外野营、钓鱼等相关的体育类、户外生存类活动。后来这项活动有了自己的名称——"肯恩营队"。营队每年暑假八月的第一周会选择在一座森林或者郊野的湖畔集结，这项活动持续进行了12年之久。

中国夏令营活动最早出现在新中国成立后，中国共产党少年先锋队（以下简称"少先队"）成立之初，我国首批少先队员到苏联参加黑海夏令营，这是新中国成立以来最早出现的中国夏令营，属于国家出资的免费性公益活动，具有宣传与奖励性质。受经济条件所限，只有极少数优秀学生才能参加。20世纪70~80年代出生人口接受义务教育阶段，也会有相应的军事训练、学农活动等，类似现今的夏令营活动。

1992年，在日本教育部门的建议下，中日两国在中国内蒙古草原上举办了一场中日学生草原探险主题夏令营。在这之后，国内夏令营的组织者或单位突破学校、教委等教育部门的局限，参与夏令营的学生数量也逐渐增加，真正意义上的大众化夏令营开始发展起来，出现了大批低廉的夏令营活动。曾经有全校参加一个夏令营的情况出现，且"吃苦"夏令营风行。20世纪80年代到21世纪初，国内的中小学都会有一些农业类型、军事类型的夏令营。随着时代的变迁，这些类型的夏令营活动也逐渐消失在人们的视野中。随之而来的是一些更加贴近学术、艺术、体育运动等的夏令营。

二 夏令营特点

（一）主题类型众多

夏令营主题类型众多，如励志类型、学术类型、艺术类型、科技类型、体育类型、军事类型、素质拓展类型。随着人们收入水平的提高，拓展类型及课程也越来越得到明确的细分。在这些大的分类下又可以做出很多细分。就拿艺术、体育来说，艺术类可细分美术、声乐、舞蹈；体育类可以细分到各种球类运动，诸如足球、篮球、棒球、冰球、橄榄球等。

（二）学校教育和家庭教育之外的补充

夏令营活动是开展素质教育的有效途径，是学校教育和家庭教育之外的合理补充，是加强未成年人思想道德教育的重要办法。学生们通过一种不同于学校和家庭的生活，尝试全新的生活体验，获得在课堂上与书本中感受不到的乐趣，提高个人自理自立能力。同时，在夏令营中，参与学生同吃同住，真诚互动，学习课外技能，完成冒险活动，培养了自身团结协作的精神。

（三）接触社会的途径

夏令营活动是一种体验，它使学生走出校园，融入社会大课堂，感受学校以外的世界。随着时间的推移、社会经济的发展，夏令营中校外体验活动日益丰富，在校的学生根据自身年龄段与兴趣爱好，分门别类地参加夏令营活动。

夏令营活动对城市儿童而言是一次提升能力的集会。从小在城市里成长的孩子无法体验自然，成长的过程中多接触家长、老师与同学，缺乏与外界的正常社交，如邻里、同年龄社工等，缺乏吃苦耐劳的精神。参加夏令营活动，为城市中的孩子提供了优质的锻炼平台，能够促进其身心发展，与其他孩子共同生活，能够增长知识，提高与他人共处的能力。

（四）海外游学夏令营

夏令营不只是享受、娱乐，也是一种活动的感受，是人生某一阶段的体验。通过参加国际游学夏令营，参与国际化活动，亲身体验国外风土人情与异域文化氛围熏陶，能够增长阅历和见识，培养全球化思维习惯，充分感受人与自然和睦共处的乐趣。

三　冰球运动

关于冰球运动的起源有两种不同版本的说法。根据相关资料查询，最早的关于冰球的记录是在 17 世纪荷兰的期刊上，每年冬季年轻人脚穿绑有骨头磨成的刀刃的冰鞋，在结冰的河面、湖面上带着圆饼状物体滑行、穿梭；19 世纪初期，相关资料明确记载着加拿大印第安斯的一种类似的冰上运动游戏，只不过在使用的工具和材质上有一定的区别，在北美地区人们使用的是棍棒和木质的圆饼；另外一种说法是冰球起源于一种古老的美洲运动——长曲棍球（lacrosse）；最为广泛接受的说法是其由陆地曲棍球演变而来。陆地曲棍球在英国殖民统治后由北欧带入北美地区，曲棍球的历史已有 500 年之久。随着每年冬季的到来，北美地区大部分湖面、河面都会结冰。驻扎在北美地区的英国士兵便将陆地曲棍球在冰上进行对战活动，充分利用场地优势，逐渐地演化出冰球运动。受到英国殖民的影响，这种比赛每年冬季在当时的新英格兰及北美的其他地方很流行。人们在室外冰面上进行这种自发的、无纪律的、无规则的游戏，既无固定场地，也无特定器材设备。

随着时间的推移以及这项运动的发展，19 世纪加拿大金斯顿出现了一种冰上游戏：穿着冰刀鞋在冰上滑行，双手握弯曲木棍，在冰冻的湖面、河面上追逐木片制成的圆饼状冰球，用两根竖起的木杆作为球门，把球击进球门，参加人数不限。这就是现代冰球运动的前身。这也是冰球作为加拿大国球的一个重要原因。

1860 年，加拿大冰球的材质发生了很大的改变，逐渐由木质的冰球改变为橡胶材质。这也影响着后续冰球运动的发展，对赛制规则的制定有着深远的影响。

1875 年 3 月 3 日，加拿大蒙特利尔的维多利亚冰场举办第一次正式冰球赛，在麦克吉尔大学的两支队伍间进行，每支球队有 30 名队员参加比赛。

1879 年对于冰球赛制的发展来说是里程碑式的一年。加拿大麦克吉尔大学的学生罗伯逊和史密斯教授共同制定了比赛规则，首次规定每队场上比赛人数为 9 人。

1885 年，第一个业余冰球协会在加拿大成立，冰球爱好者均可参与其中。冰球协会会向业余的冰球爱好者收取一定的费用。冰球运动发展到这个阶段，冰球运动员开始使用更多的护具来保证参与赛事时的身体安全，这其中可以看到冰球守门员的护腿板、头盔尤为突出。

1902 年，欧洲第一个冰球俱乐部在瑞士莱萨旺成立。

1904 年，美国成立了国际职业冰球联盟。

1908 年，国际冰球联盟在法国巴黎成立，总部设在瑞士苏黎世。同年，欧洲成立国际业余冰球联合会，此联合会的首次比赛在苏格兰格拉斯哥举行，英国、波希米亚、瑞士、法国和比利时为最初的五个会员国。

1910 年，欧洲举办第一届冰球锦标赛，这次比赛英国获得冠军。

1912 年，加拿大国家冰球协会首创六人制打法，并被国际冰联

沿用至今。

1917年，北美冰球联盟（NHL）成立，其中第一支职业冰球球队蒂湖队成立于美国密歇根州。1967年，北美冰球联盟参赛队伍只有6支。北美冰球联盟发展到今天已经成为全球范围内最成功、职业化和商业化最为成熟的联赛。随着北美冰球联盟（NHL）的影响越来越大，与NBA之于世界篮球相似，NHL的斯坦利杯也成为具有传奇色彩的荣誉。

四　冰球夏令营

冰球夏令营，顾名思义，其实就是以冰球运动为主要内容的体育类型的夏令营活动，将夏令营和冰球运动有机结合。

关于冰球夏令营，目前国内推出的一些项目主要是北美国家项目，当然国内一些经济欠发达又盛行冰球运动的城市也会考虑俄罗斯这类国家的夏令营项目，这类项目收费普遍要低于北美夏令营项目，但还不是主流的冰球夏令营项目。一些国内的冰球俱乐部也会组织国内的冰球夏令营，这类夏令营可能更多的是聘请一些国内外的知名教练员组织一些短期的冰球集训和比赛。这一类冰球夏令营训练强度一般都会很大，当然目的也很明确，集中式突出训练，对学员的成绩提高有很大的帮助。

北美冰球夏令营这种类型的项目主要优势在于：著名高校云集，其中常春藤名校尤为吸引学员和学员家长（这些高等院校也都有加入NCAA）；冰球文化底蕴丰厚；冰球人才培养体系、教学优势突出；自然风景优美。

北美冰球夏令营在国内受到热捧很重要的一点就是常春藤名校和一些优质高中，这些高中大多数是培养出美国政要、体育明星的名校。这对于日后希望赴美留学的学员来说也是提前预热，了解一下北美的校园环境。很多北美冰球夏令营活动都会以美国的某个著名高校为标题，这样似乎更能吸引学员及家长的眼球。但是作为学员和家长，一定要注意参与冰球夏令营自己真正的需求是什么？是为之后的留学做准备，还是通过短期的集训提高自己的冰球成绩，抑或是简单的旅游。

北美地区中加拿大将冰球视为国球运动，北美地区有全球规格最高的冰球联赛 NHL（见图 1），北美大学生体育协会 NCAA 最为重要的四个球类赛事中冰球就是其中之一。这些足以说明冰球在北美地区深厚的群众基础和文化底蕴。

图 1　NHL 标志及各俱乐部队徽

冰球夏令营中最为重要且时间占比最大的就是冰球训练，有了顶级的赛事、顶级的运动员、顶级的教练员，那么训练也就不在话下了。在整个冰球夏令营过程中营员会接受高水平教练员的培训。一般情况下会让学员及家长参加一些冰球类的专题讲座，介绍一些常春藤名校如何利用冰球这项体育运动来帮助学员"爬藤"；优质高中的校队特招的水平要求；针对留学目的较强的学员会讲解一些关于选择冰球强的学校还是学术强的学校的信息。这些讲座有很多会根据学员的需求来进行安排和选择；训练部分也分为陆地训练和冰上训练，其实更为重要的是同本地球队组织的友谊赛和趣味活动；一般冰球夏令营也会安排教练员一对一的课程，这种类型课程的目的主要是有针对性地发现球员的一些短板和在训练、比赛中出现的问题。通过这样一对一的专门训练发现问题从而解决问题，帮助球员快速提高冰球成绩及运动表现；有一些特殊行程安排会加上一些球赛的观看或者同球星的互动。

如果参加冰球夏令营以寓教于乐为主的话，那欣赏一下北美地区的自然风光是必不可少的。

除了国内盛行的北美冰球夏令营以外，国内一些其他城市和俱乐部也会组织俄罗斯等国家的冰球夏令营活动。冰球运动在俄罗斯的受欢迎程度仅次于足球，俄罗斯冰球场馆设施、球员水平也相当完善和优秀。其中大陆冰球联赛的成功举办就足以说明这一点。目前大陆冰球联赛的热度在国内逐年递增。中国昆仑鸿星万科龙队也在近年加入大陆冰球联赛，华人球星的身影也常出现在大陆冰球联赛中（见图2）。如果学员及家长参加夏令营的活动目的并不是在未来一定要留学北美地区、考进常春藤名校的话，俄罗斯冰球夏令营这类项目还是相当具有性价比的。

前面两类冰球夏令营项目都是出国参加的，或多或少会有一些休息娱乐、旅游参观的项目，是一种比较综合的夏令营项目。只不过主要目的和特色都与冰球运动息息相关。在国内，一些俱乐部或者协会组织也会根据实际情况组织安排国内的冰球夏令营项目。这种类型的项目主要是聘请国内外知名的冰球运动员、教练员对学员组织一些密集型的冰球训练和比赛。通过短时间、高强度、高质量、有针对性的训练来帮助提高学员的运动成绩。这类冰球夏令营项目对于热衷冰球运动的家庭来说无疑是一个不错的选择。

冰球夏令营作为一种全新的生活体验，是学校教育、家庭教育和

图 2　参加大陆冰球联赛的中国球队：昆仑鸿星万科龙队

日常课外冰球训练的良好补充，是实施素质教育的有效途径，有利于开阔视野、增长见识、提高冰球运动水平。从长远来讲，对形成正确的人生观将产生良好的作用。

所以，参加冰球夏令营的目的就是更好地让学员得到锻炼，提高学员的综合素质，为学员今后的学习、冰球训练做好铺垫，为茁壮成长打下坚实基础。

Abstract

Annual Report on Development of Ice – Sports Industry in China (*2019*) is a comprehensive research report on the ice sports industry in China. Following the 2018 Edition, this report also gives a summary of views of relevant Chinese businesses on the development of this industry in the past year.

This book mainly describes the past, the present and the futuredevelopment of the ice sports industry in China.

With a rapidly growing economy in recent years, Chinese people's consumption demand for ice sports has been on the rise and the Chinese government has formulated policies, laws and regulations on ice sports.

At the same time, China will have more new opportunities for the development of its ice sports industry following its successful bidding of the 2022 Winter Olympics.

This report collects from multiple aspects information on the ice sports industry. Through data collection and analysis on the industry in the past several years as well as market investigations, expert interviews, project market surveys and literature study, this report has collated, analyzed and summarized the development of this industry in China in the past few years, summed up the problems faced by the industry in its development, and put forward some suggestions, thus providing reference for the development of China's ice sport industry.

Annual Report on Development of Ice – Sports Industry in China (*2019*) fell into four parts: General Report, Hot Spots, Cases and International Experiences.

In the General Reportpart it gave an overview on the development of ice sports and analyzed the status quo of the commercial ice rinks in China, hoping that readers would have a better understanding of its current situation.

In the Hot Spots part it described China's experiences in all winter Olympic games over the years, expounded China's policies on ice sports, summarized the development of ice sports in the three provinces in the northeast of China, as well as the history of Beijing Ice Sports Association and its short introduction to its players and events, and the characteristics of major commercial ice rink operators in China.

To predict the future direction of development of China's ice sports industry, in the International Experiences part, through the analysis of cases from Finland, Sweden, Korea, Canada and other countries, it gave an introduction to the ice sports industry abroad.

Keywords: Beijing Winter Olympic Games; Ice-sports; Southward Movement of Northem Ice-sports; Eastwand and western Expansion

Contents

I   General Report

Abstract: By reviewing the Chinese team's performance in the history of the Winter Olympics, this report elaborates on the development trend of ice-sports in China and makes a judgment on the future development of China's ice-sports industry based on the development course and present situation of China's ice-sports industry in order to provide some reference for the future development of China's ice-sports industry.

Keywords: Winter Olympics; Ice-sports; Southward Movement of Northern Ice-sports; Eastward and Western Expansion

II   Hot Reports

Abstract: By describing the development background of the Winter Olympics in China, this article presents China's relevant policies on the development of the ice-sports industry and makes an analytical judgment on the quantitative changes that took place in the development of China's ice-sports industry before and after the release of the policies in the hope of providing reference for the development of China's ice-sports industry.

Keywords: Winter Olympics; Ice-sports; Policy on Ice and Snow Sports; Background of Winter Olympics

B. 3　Analysis of Adolescent Ice-sports

Ji Junfeng, Yao Bingyan / 056

Abstract: Adolescents are the foundation for the development of ice-sports and the core driving force for the development of ice and snow sports. By describing the current situation of the adolescent ice-sports training system, this article analyzes the problems existing in the development of adolescent ice-sports in the hope of providing reference for the development of adolescent ice-sports. The research shows that as the Winter Olympics is drawing near, there been a sharp increase in the number of Chinese adolescents involved in ice-sports and the frequency of their involvement in ice-sports, leading to a rise in both number and quality of adolescent ice-sports events; Beijing City has actively set refereeing standards management measures for ice-sports to regulate the ice-sports event system; as the state attaches increasing importance to ice-sports, especially adolescent ice-sports, China's ice-sports training system is continuously improved.

Keywords: Ice-sports; Carnival; Replacement of Roller Skating with Ice-sports

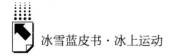

Ⅲ   Case Studies

B. 4   Analysis Report on the Development of the Northern

Ice-Sports Industry

Orsun Ice and Snow Research Institute / 080

Abstract: This report analyzes the influence of the Winter Olympics on ice-sports in the northeast three provinces, the development status of ice-sports in the northeast three provinces, the development status of ice-sports halls in the northeast three provinces, the development trend of ice-sports in the northeast three provinces and the current situation of short-track speed skating talent training in Qitaihe City in order to provide guidance for the development of ice-sports in other regions. The research shows that since Beijing City won the bid to host the 2020 Winter Olympics, new opportunities have been brought to the development of ice-sports in the northeast three provinces. As policy support is offered, the northeast three provinces have made great headway in upgrading ice-sports equipment, building ice-sports halls and training ice-sports talents. In terms of talent training, Qitaihe City is a typical of ice-sports talent training base in the northeast three provinces. By improving the hardware facilities, innovating the work style, strengthening system innovation, building an incentive mechanism and holding competitions to promote training, Qitaihe City has achieved sound, orderly development of ice-sports talent training.

Keywords: Northeast Three Provinces; Ice-sports; Qitaihe City; Short-track Speed Skating

B. 5   Analysis Report on the Development of the Beijing

Ice Hockey Association

Abstract: Founded in 2012, the Beijing Ice Hockey Association has made outstanding contributions to promoting Beijing adolescents' enthusiasm in ice hockey and involving more people in ice and snow sports. This report introduces the development history, development characteristics and future development trend of the Beijing Ice Hockey Association in order to provide reference for the development of other cities' ice hockey associations. The analysis results show that the Beijing Ice Hockey Association's steady development is owed to the following facts: (i) it stands high and is committed to promoting the development of ice hockey in Beijing; (ii) it develops in a standard manner by improving the organizational mechanism, rules and regulations and developing registered members; (iii) it focuses on talent training, has a perfect ice hockey event system, and focuses on adolescent echelon construction; (iv) it keeps pace with the times and hosts competitions to promote talent training; (v) it has seized the opportunity of the Winter Olympics to actively popularize ice hockey on campus and in communities; (vi) it attaches importance to referee training and team construction, filling in the gap in Beijing's ice hockey referee system; (vii) it creates income and carries out publicity through multiple channels to upgrade Beijing's ice hockey sports.

Keywords: Ice Hochey Association; Sports Event; Ice Hockey Popularization; Channel Publicity

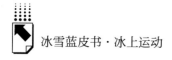

B. 6　Report on Talent Training for the Ice-Sports Industry
—*A Case Study of the Beijing College of Sports*　　*Li Fei* / 144

Abstract：This report expounds and analyzes how ice-sports talents are trained at the Beijing College of Sports. In 2016, Beijing City issued *Opinions on accelerating the Development of Ice and Snow Sports* (*2016 - 2022*) and seven supporting plans (hereinafter referred to as the "1 + 7" document). There is a clear task in the document that the construction of ice and snow sports talents should be strengthened. The Beijing College of Sports is a higher vocational college based in Beijing that is committed to cultivating outstanding professional skaters and also trains social sports and sports industry professionals for the country. With the aim of training technical and skilled service talents, the College took the opportunity of the 2022 Winter Olympics to offer courses in sports operation and management (ice and snow sports services and promotion) at the Department of Social Sports in 2016. After three years of development, the College has initially formed a model for ice-sports talent training.

Keywords：Beijing College of Sports; Ice-sports; Talent Training

B. 7　Analysis of the Development Patterns of Chinese
　　　Ice Arena Operators

Orsun Ice and Snow Research Institute / 162

Abstract：This article analyzes the operation principle of mainstream Chinese ice arena operators, such as ORSUN, Aozhong, Bloomage, ICE STAR, Qidi and Pangqing Tongijan Skating & Art Center, in the hope of promoting the development of ice-sports in China. ORSUN Holding has built ice-sports schools by combining the characteristic ice and snow industry with commerce and established three major business lines, including training, sports event management and ice and snow sports popularization on campus, forming a complete ice and snow industry chain; Aozhong Sports actively explores a path for the market-oriented development of ice hockey in order to an all-rounder in the whole ice hockey industry; Bloomage International has established an ice and snow industry development system for "civil + professional" sports development; ICE STAR has combined "ice" with "real estate" and established four business lines in the ice-sports industry, including student training, sports event management, vocational training and ice-sports technology development; Qidi Ice and Snow is committed to building the ice and snow industry into an "ice and snow" culture and education industry composed of "training, sports event management, entertainment and cultural tourism"; Pangqing Tongijan Skating & Art Center has established a new figure skating training mode and explored a new entrepreneurial path for world champions.

Keywords: Ice-sports; Operator; Public Participation; 300 Million People on Ice and Snow

IV   International Experience and Lessons

Abstract: Finland has a long, cold winter and a long development history of winter sports. Finland's ice hockey industry is particularly developed. This article introduces the development process of Finnish ice hockey and analyzes Finland's experience in developing ice hockey in order to provide reference for the development of China's ice hockey industry. The research shows Finland's ice hockey industry is developed rapidly for the following reasons: (ⅰ) Economic factors, i. e. , Finland focuses on providing financial support for adolescent ice hockey talent training. While making itself increasingly professional, the Finland Hockey Association has set up special funds in supporting economically disadvantageous families involved in ice hockey sports in order to prevent player loss; (ⅱ) Characteristic education, i. e. , Finland has a world-leading education system and strictly selected teachers with strong comprehensive capacity. Ice hockey education is one of Finland's characteristic education programs. It is focused on psychological quality cultivation in order to meet players' practical needs to the greatest extent. (ⅲ) The reasonable funding and talent distribution system enables Finland to cultivate excellent players under top standards.

Keywords: Finland; Ice Hockey; Training System

B. 9　Analysis of the Kontinental Hockey League'sIndustry Model

Orsun Ice and Snow Research Institute / 206

Abstract: KHL is an ice hockey sports event in Eurasia characterized by the largest coverage, the maximum number of participating teams, the best-established competition rules, the highest competitive level and the most mature commercial operation. Its influence is gradually enhanced. From a global perspective, its scale is second only to the National Hockey League (NHL). As it develops and grows stronger, KHL provides an excellent ice and snow sports environment and atmosphere for people throughout the Eurasian continent.

Keywords: Kontinental Hockey League (KHL); Competition Rules; Commercial Operation

B. 10 Research on South Korea's Ice-Sports Talent Training System

Orsun Ice and Snow Research Institute / 213

Abstract: Although short-track speed skating originated in Canada, it is impressive that Korean skaters have made outstanding achievements at all previous World Championships and Winter Olympics. South Korea has a rigorous method for short-track speed skating training, and their training performance is universally recognized. However, the negative impact of the training method on skaters' body gradually emerges after their retirement. Therefore, even though South Korea's short-track speed skating training method is worth learning for us, it also needs to be improved for Chinese coaches and skaters.

Keywords: Korean Short-track Speed Skating; Figure Skating; Star Skater; On-ice Training; Off-ice Training

B. 11 Research on Canada's Ice Hockey Talent Training System

Orsun Ice and Snow Research Institute / 222

Abstract: Ice hockey originated in Canada, which is excellent at this sports item as its national ball sport on a global scale. The advantaged natural environment, profound mass base, perfect hardware facilities and critical training system are essential for the current impressive achievements.

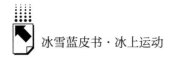
Keywords: Canadian Hockey League (CHL); Canadian Junior Hockey League (CJHL); NCAA; Canadian Ice Hockey

B. 12   Introduction to the Ice Hockey Summer Camp Mode

Orsun Ice and Snow Research Institute / 235

Abstract: An ice hockey summer camp, as its name suggests, is an ice hockey-based summer camp activity. Different ice hockey summer camps are similar to one another, and they are just focused on different points. Some ice hockey summer camps may be more focused on the types of study abroad and help to learn about famous universities in Europe and America as preparations for admission to a higher school. Some other ice hockey summer camps are closely related to ice hockey training and competition watching.

Keywords: Ice Hockey; Summer Camp; Study Abroad; Ice Hockey Training

社会科学文献出版社

皮 书

智库报告的主要形式
同一主题智库报告的聚合

✦ 皮书定义 ✦

皮书是对中国与世界发展状况和热点问题进行年度监测，以专业的角度、专家的视野和实证研究方法，针对某一领域或区域现状与发展态势展开分析和预测，具备前沿性、原创性、实证性、连续性、时效性等特点的公开出版物，由一系列权威研究报告组成。

✦ 皮书作者 ✦

皮书系列报告作者以国内外一流研究机构、知名高校等重点智库的研究人员为主，多为相关领域一流专家学者，他们的观点代表了当下学界对中国与世界的现实和未来最高水平的解读与分析。截至 2020 年，皮书研创机构有近千家，报告作者累计超过 7 万人。

✦ 皮书荣誉 ✦

皮书系列已成为社会科学文献出版社的著名图书品牌和中国社会科学院的知名学术品牌。2016 年皮书系列正式列入"十三五"国家重点出版规划项目；2013~2020 年，重点皮书列入中国社会科学院承担的国家哲学社会科学创新工程项目。

中国皮书网

（网址：www.pishu.cn）

发布皮书研创资讯，传播皮书精彩内容
引领皮书出版潮流，打造皮书服务平台

栏目设置

◆ **关于皮书**
何谓皮书、皮书分类、皮书大事记、
皮书荣誉、皮书出版第一人、皮书编辑部

◆ **最新资讯**
通知公告、新闻动态、媒体聚焦、
网站专题、视频直播、下载专区

◆ **皮书研创**
皮书规范、皮书选题、皮书出版、
皮书研究、研创团队

◆ **皮书评奖评价**
指标体系、皮书评价、皮书评奖

◆ **互动专区**
皮书说、社科数托邦、皮书微博、留言板

所获荣誉

◆ 2008 年、2011 年、2014 年，中国皮书
网均在全国新闻出版业网站荣誉评选中
获得"最具商业价值网站"称号；
◆ 2012 年，获得"出版业网站百强"称号。

网库合一

2014 年，中国皮书网与皮书数据库端口
合一，实现资源共享。

权威报告·一手数据·特色资源

皮书数据库
ANNUAL REPORT(YEARBOOK)
DATABASE

分析解读当下中国发展变迁的高端智库平台

所获荣誉

● 2019年，入围国家新闻出版署数字出版精品遴选推荐计划项目

● 2016年，入选"'十三五'国家重点电子出版物出版规划骨干工程"

● 2015年，荣获"搜索中国正能量 点赞2015""创新中国科技创新奖"

● 2013年，荣获"中国出版政府奖·网络出版物奖"提名奖

● 连续多年荣获中国数字出版博览会"数字出版·优秀品牌"奖

成为会员

　　通过网址www.pishu.com.cn访问皮书数据库网站或下载皮书数据库APP，进行手机号码验证或邮箱验证即可成为皮书数据库会员。

会员福利

● 已注册用户购书后可免费获赠100元皮书数据库充值卡。刮开充值卡涂层获取充值密码，登录并进入"会员中心"—"在线充值"—"充值卡充值"，充值成功即可购买和查看数据库内容。

● 会员福利最终解释权归社会科学文献出版社所有。

数据库服务热线：400-008-6695

数据库服务QQ：2475522410

数据库服务邮箱：database@ssap.cn

图书销售热线：010-59367070/7028

图书服务QQ：1265056568

图书服务邮箱：duzhe@ssap.cn

社会科学文献出版社 皮书系列
SOCIAL SCIENCES ACADEMIC PRESS (CHINA)

卡号：284993363367

密码：

基本子库
SUB DATABASE

中国社会发展数据库（下设 12 个子库）

整合国内外中国社会发展研究成果，汇聚独家统计数据、深度分析报告，涉及社会、人口、政治、教育、法律等 12 个领域，为了解中国社会发展动态、跟踪社会核心热点、分析社会发展趋势提供一站式资源搜索和数据服务。

中国经济发展数据库（下设 12 个子库）

围绕国内外中国经济发展主题研究报告、学术资讯、基础数据等资料构建，内容涵盖宏观经济、农业经济、工业经济、产业经济等 12 个重点经济领域，为实时掌控经济运行态势、把握经济发展规律、洞察经济形势、进行经济决策提供参考和依据。

中国行业发展数据库（下设 17 个子库）

以中国国民经济行业分类为依据，覆盖金融业、旅游、医疗卫生、交通运输、能源矿产等 100 多个行业，跟踪分析国民经济相关行业市场运行状况和政策导向，汇集行业发展前沿资讯，为投资、从业及各种经济决策提供理论基础和实践指导。

中国区域发展数据库（下设 6 个子库）

对中国特定区域内的经济、社会、文化等领域现状与发展情况进行深度分析和预测，研究层级至县及县以下行政区，涉及地区、区域经济体、城市、农村等不同维度，为地方经济社会宏观态势研究、发展经验研究、案例分析提供数据服务。

中国文化传媒数据库（下设 18 个子库）

汇聚文化传媒领域专家观点、热点资讯，梳理国内外中国文化发展相关学术研究成果、一手统计数据，涵盖文化产业、新闻传播、电影娱乐、文学艺术、群众文化等 18 个重点研究领域。为文化传媒研究提供相关数据、研究报告和综合分析服务。

世界经济与国际关系数据库（下设 6 个子库）

立足"皮书系列"世界经济、国际关系相关学术资源，整合世界经济、国际政治、世界文化与科技、全球性问题、国际组织与国际法、区域研究 6 大领域研究成果，为世界经济与国际关系研究提供全方位数据分析，为决策和形势研判提供参考。

法律声明

"皮书系列"（含蓝皮书、绿皮书、黄皮书）之品牌由社会科学文献出版社最早使用并持续至今，现已被中国图书市场所熟知。"皮书系列"的相关商标已在中华人民共和国国家工商行政管理总局商标局注册，如LOGO（▨）、皮书、Pishu、经济蓝皮书、社会蓝皮书等。"皮书系列"图书的注册商标专用权及封面设计、版式设计的著作权均为社会科学文献出版社所有。未经社会科学文献出版社书面授权许可，任何使用与"皮书系列"图书注册商标、封面设计、版式设计相同或者近似的文字、图形或其组合的行为均系侵权行为。

经作者授权，本书的专有出版权及信息网络传播权等为社会科学文献出版社享有。未经社会科学文献出版社书面授权许可，任何就本书内容的复制、发行或以数字形式进行网络传播的行为均系侵权行为。

社会科学文献出版社将通过法律途径追究上述侵权行为的法律责任，维护自身合法权益。

欢迎社会各界人士对侵犯社会科学文献出版社上述权利的侵权行为进行举报。电话：010-59367121，电子邮箱：fawubu@ssap.cn。

社会科学文献出版社